世界典型国家减贫实践与启示

赵鸭桥　晋　燕　曾　艳　王　静　郭静伟　著

科学出版社
北　京

内 容 简 介

本书基于世界典型国家减贫的实践案例，从贫困成因、减贫措施、重要经验三个方面进行比较研究，进而总结其特点及教训，提出对我国未来减贫的建议。通过阅读本书，可以了解发达国家、发展中国家和欠发达国家在后工业社会和信息化时代贫困问题的产生机理及解决路径，为我国现阶段尤其是2020年之后的减贫实践提供参考。

本书可供社会学、管理学等专业方向的本科生、研究生学习使用，也可供研究社会保障、社会救助、减贫发展、贫困问题等的相关人员参考。

图书在版编目(CIP)数据

世界典型国家减贫实践与启示 / 赵鸭桥等著. —北京:科学出版社, 2020.11
ISBN 978-7-03-064058-1

Ⅰ.①世… Ⅱ.①赵… Ⅲ.①扶贫-研究-世界 Ⅳ.①F113.9

中国版本图书馆 CIP 数据核字 (2020) 第 014631 号

责任编辑：叶苏苏/ 责任校对：彭 映
责任印制：罗 科 / 封面设计：墨创文化

科学出版社出版
北京东黄城根北街16号
邮政编码：100717
http://www.sciencep.com

四川煤田地质制图印刷厂印刷
科学出版社发行 各地新华书店经销

*

2020年11月第 一 版 开本：B5（720×1000）
2020年11月第一次印刷 印张：7 3/4
字数：160 000

定价：89.00 元
（如有印装质量问题，我社负责调换）

前　　言

“五谷丰登，六畜兴旺”“风调雨顺，丰衣足食”“仓廪实而知礼节”，这些认知和表述几乎与人类社会的产生和发展相依相伴，它既是公众社会对发展的期待，又是每一个国家和政府努力的目标。时至今日，减贫问题在世界范围内仍然没有完全得到解决，仍然是许多国家和政府的重要工作，“人人享有温饱的生活”对于一些国家来说依然是难以企及的目标。

我国自改革开放起，明确提出了扶贫攻坚的历史使命，明确了政府和社会的责任，先后走过了“区域扶贫”“扶贫到户”“整村推进”“片区开发扶贫”“精准扶贫”等不同的历史阶段。到 2020 年，我国将如期实现消灭绝对贫困和全面建成小康社会的历史性目标。这既是中国共产党领导中国人民从生存到发展的胜利，也是中国社会对世界减贫事业的重要贡献。从这个意义上来讲，2020 年之后，中国减贫的实践、模式和经验将成为世界发展中国家减贫发展的重要参考。但从我国 2020 年之后的减贫工作来看，仍然需要未雨绸缪、超前研究，因为相对贫困依然存在，发展过程中新的困难群体还会产生，如农村留守群体、城市低收入阶层、新技术新产业淘汰人群等。发展不平衡、不充分的问题和形势依然严峻，仍然需要跟随时代发展的步伐进行减贫的探索与实践，以解决新的发展过程中出现的新问题。

世界上不同国家走过了不同的减贫发展之路，尤其是发达国家，大都经历了“初期对部分人群进行掠夺，中期建设高福利社会，后期被高福利社会所累，现在开始强调低收入群体的自主意识和能力提升”的减贫与发展过程。发达国家在后工业社会和信息化时代所遭遇的减贫问题以及应对措施，无疑对我国 2020 年之后的减贫实践具有重要的启示和参考作用。有鉴于此，本书选择美国、泰国、巴西和肯尼亚，分别代表发达国家、发展中国家（中等发达国家、缓慢发展国家）和欠发达国家的情况，逐一分析其减贫的思路、实践和成效，总结其经验和教训，然后对照我国现阶段尤其是 2020 年之后的减贫特点，提出对我国 2020 年之后减贫的建议。其目的一是借鉴发达国家在后工业社会和信息化时代解决低收入群体问题的方法与模式，或者是借鉴其建立高福利制度的经验并总结教训；二是分析中等发达国家在跨越“中等收入陷阱”过程中减贫的问题与方法；三是了解欠发达国家能否依靠国际援助走出贫困状态。本节涉及货币换算汇率若无特别说明，均以文献引用时间计算。

全书的参与者有赵鸭桥、晋燕、曾艳、王静和郭静伟，田东林教授对书稿进行了审读和校对，特此表示感谢。

2020 年 3 月

目　　录

第一章 研究概述

第一节 研究背景与意义

一、研究背景

作为世界性难题，减贫一直是各国共同致力要达到的重要目标。2015 年，联合国提出《2030 年可持续发展议程》，制定了 17 个目标，涵盖社会和经济发展中的重要议题，包括贫困、饥饿、健康、教育、卫生等方面，而“消除贫困”位列第一目标。据联合国开发计划署（United Nations Development Programme, UNDP）官网显示，截至 2015 年，全世界约有 7.36 亿人口依然生活在 1.9 美元/天的贫困线标准之下，其中，80%生活在东南亚和撒哈拉以南非洲地区。全世界约有 13 亿人口生活在多维贫困之中，约 50%的贫困人口不满 18 岁，很多贫困人口缺乏充足的食物、干净的饮用水及卫生条件。虽然一些经济增长较快的国家（如中国、印度）使数亿人口脱离了贫困，但是发展却不平衡。在一些欠发达地区（如东南亚、非洲），依然有较多人口生活极端贫困，气候变化、地区冲突、食品安全等问题又带来了新的威胁因素。消除贫困已成为所有国家——无论是发达国家还是发展中国家——可持续发展需要解决的首要问题。

经过多年的反贫困实践，国外在反贫困领域积累了财政扶贫、微金融扶贫、教育扶贫、旅游扶贫、产业扶贫等一系列丰富经验。尤其是在加强农民组织化建设、推进农业现代化方面，美国、丹麦、德国、日本等都取得了显著成效（黄林和李康平，2017）。

中国规模化减贫工作始于 20 世纪 80 年代中期，通过多年的不懈努力，中国实现了经济的高速增长，同时也取得了举世瞩目的减贫成就，研究和学习中国的经济增长和减贫经验成为国际发展理论与实践领域的热点（李小云 等，2016）。2016 年 10 月 17 日，国务院新闻办公室发表《中国的减贫行动与人权进步》白皮书，白皮书介绍，改革开放 30 多年来，7 亿多贫困人口摆脱贫困，贫困发生率持续下降，中国农村贫困人口的比例从 1978 年的 97.5%（77039 万人），下降到 2015 年的 5.7%（5575 万人）。联合国《千年发展目标 2015 年报告》显示，中国极端贫困人口比例从 1990 年的 61%下降到 2014 年的 4.2%，中国对全球减贫的贡献率超过 70%，成为世界上减贫人口最多的国家，也是世界上率先完成联合国千年发展目标的国家(中国经济周刊采制中心，2016)。

二、研究意义

多年来，中国政府致力于减贫工作，实现了居民最低生活保障城乡全覆盖，建立了医疗、住房、教育等专项救助制度，实施了针对困难群众的各种减免、优惠、帮扶和临时救助措施(米勇生，2012)。在具体工作中，政府更加重视让受助对象直接参与减贫活动，贫困人口主要集中于西部地区的现象越来越突出，特别是有些偏远山区和少数民族地区的贫困问题需要引起足够重视(樊胜根等，2010)。为了更好地推进减贫工作，中国政府积极学习海外经验。例如，1995 年成立的扶贫经济合作社就借鉴了孟加拉国格莱珉银行模式，在贫困人口集中的地区开展小额信贷扶持(中国社会科学院贫困问题研究中心课题组，2010)。有些国际非政府组织也积极参与中国的减贫工作，其实施的一些项目惠及山区贫困和弱势人口(刘源，2016)。减贫的国际经验引入中国后，激发了政府、非政府组织在减贫工作方面的创新，但面对大量涌入的国际经验，需要我们系统梳理和深入探讨(陈旭堂，2017)。

当前，我国的减贫工作已进入“啃硬骨头、攻坚拔寨”的冲刺期，采用常规思路和办法，按部就班难以完成任务。中国农村贫困地区和贫困人口的贫困状况决定了中国需要汲取国际经验，国际社会具有先进的减贫理念、丰富的减贫经验和科学的减贫方法，这些均有益于中国减贫实践稳步推进(何玲，2015)。截至 2015 年底，我国仍有 14 个集中连片特困地区、12.8 万个建档立卡贫困村、5575 万建档立卡贫困人口。在我国深入实施精准扶贫战略、全面建成小康社会的过程中，研究和借鉴国外反贫困行动的有益经验，对加快我国反贫困进程、提高扶贫工作成效具有重要现实意义(黄林和李康平，2017)。

本书旨在深入分析国际层面减贫案例和做法，梳理国际有效减贫措施，对比不同地域、不同经济发展水平下的减贫模式，从而有助于我们从国际视角了解世界范围内的减贫做法及经验教训，切实把握国际减贫动态；有助于我们从实际需求出发，对中国最艰难的减贫区域及问题提出更具针对性的建议及方法，切实开展减贫工作；有利于提前规划中国进入小康社会之后减贫工作的新策略与新方法。

第二节 研 究 内 容

第一章，研究概述。本章主要介绍研究背景、研究意义及主要研究观点。贫困是一个世界难题，消除贫困是所有国家实现可持续发展的前提。世界各国经过多年反贫困实践，积累了重要的成功经验。梳理国际减贫重要经验有助于为研究铺垫理论基础。

第二章，减贫和发展理论基础。本章首先介绍贫困的定义及类型。贫困的定义具有社会性、历史性和地域性的特征，国际上对贫困的定义不同，采用统一的概念有助于界定研究概念。本书采用2017年世界银行1.90美元/天的标准界定极端贫困。其次介绍世界主要减贫理论发展的五个阶段，呈现世界范围内对减贫理论研究的转变及进展。最后介绍中国特色的减贫理论，从探索阶段、形成阶段、完善阶段和创新阶段进行分析。

第三章，世界典型国家的减贫分析。本章选取美国、巴西、泰国、肯尼亚四个国家(分别代表三种不同经济发展阶段)作为典型案例，深入剖析这些国家的贫困成因、减贫措施及重要经验，是本书的核心内容之一。美国是西方发达国家中最早建立贫困线制度的国家之一，美国的贫困线不仅用于贫困人口统计，其年度变迁也反映了美国政府对贫困的界定及其成因研究，是制定社会救助政策的参考标准。因此，贫困线在美国的社会保障体系中具有非常重要的作用。巴西作为“金砖五国”之一，其经济社会的发展不仅关系本国的繁荣发展和长治久安，还关系拉美地区的稳定。该地区长期以来一直受贫困问题困扰，研究巴西经济社会发展方式的转变，对促进拉美经济社会跨越式发展意义重大。泰国贫困的原因主要可归结为区域经济发展不平衡、政府在经济快速增长和工业化进程中提供社会安全网的失败、国家教育体系的薄弱、政府实行农地改革政策的失败及社会老龄化速度的加快。肯尼亚各地区发展严重不平衡，其贫困成因包括自然灾害影响、基础设施薄弱、社会经济因素影响、人口增长过快及医疗落后等。

第四章，典型国家减贫特点、经验与教训。以美国为代表的发达国家通过积极价值观导向、分类实施多重减贫项目，以市场化和社会化的方式管理减贫福利。巴西重视运用政策、计划、优惠政策减贫；泰国采取以社区为核心整合资源减贫。欠发达国家肯尼亚以国际援助为减贫的重要支撑力量。本章从国别案例中总结典型国家的减贫经验，包括充分发挥贫困者的主体性和主动性、经济可持续发展、消除政策与机会的不平等、提升贫困者的发展能力、综合扶贫、建立与经济发展相适应的社会保障体系。同时，在汲取国际减贫经验时，要避免将外来模式机械地植入本地社区，警惕样板式扶贫带来的高成本，探讨如何在扶贫运动之后保持发展的可持续性。

第五章，我国未来的贫困与贫困人群特点。目前，农村贫困人群和贫困问题已经部分转移到城镇，城市后生代贫困人群已经出现，贫困地区留守人群的内生发展动力严重不足，扶贫攻坚地区的经济贫困与资源闲置浪费并存，社会资本整合贫困地区资源开始涌现。

第六章，从国际实践出发对我国未来减贫的建议。结合国际经验，从中国国情出发，尤其是针对2020年小康社会全面建成后新的贫困问题，本书建议减贫应更加重视培养贫困人群的主体性和参与性，用市场性行为实现贫困农户由农民变农工，逐步建立完善贫困地区社会保障网络，强调可持续减贫策略，建立灾害救助体系以减少因灾致贫，城乡联动识别新的贫困人口，用更加市场化的方法推动社会减贫。

第三节 研 究 综 述

一、主要研究观点

（一）国内减贫主要观点

我国有关减贫的研究始于20世纪80年代中期，在以市场为先导的经济发展初期，历史机遇较好，减贫速度较快（李小云 等，2016）。

20世纪90年代，国际机构开始大规模援助中国扶贫开发。中国政府先后与世界银行、亚洲开发银行、联合国开发计划署和德国技术合作公司等开展了卓有成效的减贫项目合作。外资扶贫机构把国际社会先进的减贫经验、理念和方法应用到中国反贫困实践中，对中国扶贫开发工作产生了积极影响，提升了扶贫开发水平和效益。同时，中国政府反贫困的成功经验和模式也得到了国际社会的广泛赞同与认可，中国为国际反贫困事业做出了重要贡献。随着国际合作项目的开展，参与式、小额信贷、整村规划、监测评估和精确瞄准等理念和方法广泛应用于扶贫开发实践中，对中国扶贫开发政策、制度、模式和机制的建立与完善产生深远影响。同时，中国政府积极同国际社会共建减贫交流合作平台，积极开展对其他发展中国家的扶贫援助，提高了国际影响力（何玲，2015）。

2010年以来，国内对汲取国际减贫经验研究的广度和深度明显增加。国际机构，包括国际劳工组织、世界银行、联合国开发计划署、发展援助委员会等发布了关于减贫战略的框架（施锦芳，2010）。石芸译自马丁·拉瓦利恩所著的《巴西、中国及印度减贫工作之比较》，从经济政策、社会政策、发展模式等方面阐述了三国不同经验及互相借鉴的做法（石芸，2010）。中印两国在解决人口贫困、积极开展扶贫工作方面都有许多深刻的认识，都制定了许多政策，采取了众多措施。但是，由于两国在认识程度、目标确定、战略选择、治理方式、方法运用、策略制定以及组织利用民间社会力量参与扶贫等方面存在一定的差异，其各自的扶贫效果自然有所不同（邓燕和徐仲伟，2017）。

大部分非洲国家与中国一样，同属发展中国家，大部分国家在国际非政府组织援助下采取间接援助的模式，涵盖技术、资金、教育、基础设施、法律、环境保护等领域（李湘云和王涛，2011），明确了中非减贫合作范式及未来发展路径，丰富了南南合作国际减贫新模式（安春英，2016）。

吴华（2012）对比美国、哥伦比亚、马来西亚和印度尼西亚减贫的主要做法与经验，提出了减贫的三大发展战略，以及从财政税收、金融扶贫、人力资源等方面促进中国减贫的政策建议。

刘子富（2016）介绍了国际减贫机构在我国贵州地区实施的减贫项目，从生态环境、生活条件、教育、卫生服务和群众健康水平改善方面体现了减贫成效。刘源（2016）介绍了乐施会践行的参与式工作手法、社会性别平等视角等，从精准扶贫提高减贫效应的视角分析了国际非政府组织在中国减贫道路上发挥的作用。

贺胜年（2016）以发展中国家女性贫困问题和女户家庭贫困问题为研究视角，通过细分女性脆弱性等研究，为当前我国脱贫攻坚关键期针对女性贫困制定减贫精准措施提供参考依据。

鞠海龙和邵先城（2015）提出东盟十国经济发展水平极不平衡，农业人口的贫困是东盟部分国家的重要特点之一。在中国与东盟减贫国际合作中，柬埔寨、老挝、越南、菲律宾、印度尼西亚、缅甸的贫困状况堪忧。中国的减贫项目主要通过政府推进，在直接惠及受援国民众方面略显不足，今后应将减贫经验交流与项目援助并重，引导本土民间组织成为减贫合作的重要力量（覃志敏，2017）。

姜印安和张庆国（2016）总结和梳理中国汲取国际减贫实践的经验，提出中国的减贫实践为“一带一路”沿线国家和地区受不同的经济发展阶段、不同的形成机理、不同的限制条件所制约的减贫工作提供了多视角的借鉴。此外，中国减贫模式也有自己本土化的特点和探索。李小云等（2016）认为中国减贫与特定的历史、政治和经济发展相联系，政府的主导作用、优先发展农业以及将农村工业与相应小城市的发展有机地联系起来的经验是中国减贫发展和减贫经验国际化中的重要内容。汪三贵（2016）分析当下减贫模式，提出应探索一条特色的精准扶贫之路。中国推行的金融扶贫、社区发展基金、参与式扶贫、整村推进等模式，也是对国际减贫经验的借鉴和本土化创新（唐丽霞，2016）。

（二）国际减贫主要观点

在国际层面，随着全球化进程加快，部分国家或地区进一步被边缘化，贫困现象反而加重，单靠经济增长并不足以解决贫困问题，并且贫困不平等问题解决不好，将会影响经济的持续、稳定发展。

1. 发达国家和地区减贫研究

1）美国

过去200多年间，全世界财富大多流向发达国家，最贫穷国家的发展陷入恶性循环。令人意外的是，贫困问题的实质如今发生了变化，贫困问题不再是最贫穷的国家所特有，发达国家也同样面临严重的贫困问题。

美国作为经济发达国家的代表，却比其他生活水平相近国家拥有更多的贫困人口。通过评估美国的经济救助及社会福利项目，发现福利制度的实施有助于降低残疾人、老人以及介于二者之间的一些群体的贫困率。但由于这些福利措施只针对残疾人、老人，最低收入群体和高收入群体并不能享受，也导致一些群体的深度贫困率升高。美国的贫困也与非裔美国人、阿巴拉契亚山区农民、印第安人和外国移民等特定的种族或族裔背景有关，经济衰退和日益扩大的收入差距，成为美国贫困问题日益凸显的主要原因(Iceland，2013)。

美国人口调查局数据显示，2017 年全美约有 3900 万贫困人口，占总人口的12.3%。贫困人口主要为女性(如单亲母亲)、教育程度较低的成年人以及贫困儿童(Pressman，2018)。美国的贫困已经突破了区域性的、集中连片的农村贫困，呈现出全国性、结构性、城镇贫困的特点。农村贫困、城市贫困、信息化技术贫困是美国当下面临的三种贫困类型。针对现阶段贫困特点，美国采取“不给福利给工利”的减贫理念，通过学前教育行动、低收入农村家庭和流动农业工人特殊资助与贷款项目、一揽子社区行动、社会力量参与扶贫、救济与福利项目尽可能私有化等一系列措施，缓解贫困(王永红，2011)。

2)欧盟

早在 19 世纪晚期，一些欧洲国家就已建立起较为完善的福利制度，最重要的一项使命就是减贫，然而反贫困斗争依旧是欧盟的重要目标。Caminada 和 Martin(2011)对比了美国和欧盟减贫的政策、贫困线划分标准以及贫困率的差别，美国的贫困率依旧较高，社会支出较少；欧盟与美国减贫的不同之处是政策基础不同。欧盟国家减贫不仅需要有效的就业政策，也需要充分的社会保障措施，其中一个重要方面是提倡对劳动力的激励。一项有效的减贫策略需要从多方面考虑，包括引起不公平的因素是什么、低收入群体的压力、适量的财政金融激励等因素(Collado et al.，2016)。Chrysa 和 Holly 等(2017)认为欧盟国家的收入贫困受到现行政策的影响，包括儿童福利、社会救助、较低的收入纳税门槛等政策。然而，减贫最有效的途径是增加儿童权益和社会救助。

3)新西兰

新西兰未划定官方贫困线，也没有衡量贫困的常规要求，而是依据个人收入水平判断是否贫困(New Zealand Council of Christian Social Services，2017)。Frank(2013)以家庭为单位，研究家庭退税及所得税对中年人的影响，发现效果并不明显，并建议新西兰及类似的高收入国家的健康部门，不应该以扶贫税收减免及所得税退税制度来减贫，应该改善中年人群总体健康状况，促进健康平等来实现减贫目的。贫穷和物质匮乏对儿童成长有诸多不利影响，不仅影响儿童的生活经历和机会，而且对新西兰的社会结构和经济发展也会产生严重影响。为了实现减贫的重要目标及可持续发展，提高儿童的福利水平，新西兰于 2014 年颁布了《儿童减贫法》，制定儿童减贫目标，提出儿童减贫措施，要求政府、社会等多部门参与儿童减贫(Hester，2016)。

4）英国

英国保护穷人和弱势群体的福利体系比较完善，20 世纪 90 年代后，英国政府系统地制定和实施了以促进贫困人群可持续就业为主旨的新型反贫困政策，主要包括以新福利契约促进贫困人群对就业的持续参与、增强他们的持续就业能力、激活其持续就业潜力、规范灵活就业及拓展就业机会等（王三秀，2011）。

但是在福利体系多水平交织的后工业时代，包括就业、社会服务、反贫困等机构和部门在内，公共部门与社会组织在减贫中均发挥作用（Hayley，2016）。引起贫困的因素比较广泛，涉及很多社会问题，如人口结构变化、贫困传递、国际反贫困战略、宗教信仰、福利、就业等，均与贫困问题紧密相连。例如，个人和家庭收入水平影响贫困，则相应的对策，如纳税信用及优惠措施就需要引起重视，也需要提供相应的技能培训、提供免费必需品以照顾好儿童。再如，面对贫困儿童数量激增、贫困儿童早期教育极度缺乏的社会现实，英国政府自 1997 年起实施儿童保育战略行动，多渠道财政投入，完善社区早教服务，有效提高了英国贫困儿童的早期教育质量。至 2015 年仍有 370 万儿童处于“相对贫困”的生活水平，家庭收入低于中等收入标准的 60%即可判断为相对贫困（Hochlaf，2019）。以上社会问题的影响互相交织，以致英国在设计“国家行动计划”时，不能简单列举发生了哪些问题而不考虑相互之间的联系（Joseph Rowntree Foundation，2014）。

5）日本

日本是世界上人口老龄化程度较高的国家，日本人口老龄化不仅意味着老年赡养负担的加重，而且带来老年贫困问题（丁英顺，2017）。其中，65 岁以上单身女性的贫困率高达 46.6%，该群体缺乏来自家庭和工作的收入保障，且其占总人口比例不断上升。改变建立在标准家庭模式之上的社会保障制度，完善以个人为单位的社会保障制度是缓解老龄单身女性群体贫困的途径之一（张宇涵，2017）。日本年轻人失业、女性失业也与贫困挂钩，日本在提高最低工资以观察减贫的效果后发现，约 50%的最低工资收入者的年收入在 500 万日元，提高最低工资改善了年轻人以及中年已婚妇女的就业状况，但同时也可能造成在校学生过早就业（Daiji and Yuko，2009）。

日本社会福利改革与国际上流行的工作福利一致，推行以“自立”为主的生活支援。日本政府先后提出“生活保护支援自立计划”（2005 年）、“摆脱生活贫困实现经济成长的战略”（2010 年），最终于 2015 年确立了“生活贫困者自立支援制度”。新制度以综合咨询为主导，向贫困者提供“自立”陪伴式支援。同时，为了解决个人情况错综复杂的问题，要求各地区的有关人员携手共同进行生活支援。通过这样的改革，现代日本的社会福利从只能解决经济困难的贫困对策，上升到恢复社会关系、解决社会问题的对策（白濑由美香和李晓魁，2018）。

2. 发展中国家和地区减贫研究

在发展中国家，当深刻的社会不平等阻碍个人获得经济发展机会时，个人的工作积极性往往不足以帮助穷人摆脱贫困，问题的根本在于某些社会群体被排斥在公平参与发展机会和决策之外，建设一个更加公正、包容、自由的社会是根除贫困更有效的途径。

1) 拉丁美洲和加勒比地区

长期贫困是困扰拉丁美洲和加勒比地区的首要问题。据联合国开发计划署2014年数据显示，在过去的十多年内，按照日均4美元的贫困线[①]，拉丁美洲地区人口贫困率从2000年的45%下降到2014年的25%，约有1.4亿人口生活在贫困线之下，经济增长缩小了贫富差距[②]。还有很大一部分人口生活不稳定，这一部分人口既没有被划分为贫困人口，也没有获得稳定的收入。这一类人群是这一区域内的脆弱人群，大约占了总人口的1/3(总人口约为5.88亿)，约有2亿人每天依靠4～10美元生活[③]，重返贫困的风险较大。在这一群体当中，约50%的人有工作(非正式职员)，49.6%的人不能享有医疗服务，46.1%的人不能享有退休金，53.2%的人没有签订正式劳动合同[④]。但是依旧有1.3亿人口生活在贫困线之下。这1.3亿人口的日均支配金额低于4美元，即在5个拉丁美洲人口中，就有1人生活在长期贫困当中，这一部分人并没有从使大多数人受益的减贫政策或项目中受益，成为贫困中的最贫困者(Jessica，2014)。

要解决拉丁美洲和加勒比地区的长期贫困问题，应开展三个方面的工作：第一是改善贫困人口的环境，如提供教育、技能培训、就业机会、质量较好的卫生保健条件；第二是推广有助于减贫的社会项目，确保这些项目能将不同区域、不同机构以及不同的合作者联合起来共同参与减贫；第三是在制定减贫项目及政策时，充分考虑长期贫困的负面影响，进行行为干预(Vakis et al.，2016)。

2) 巴西

巴西是拉丁美洲地区乃至整个世界贫富分化最严重的国家之一。在经历了20世纪80年代的债务危机之后，巴西进行了以新自由主义为特征的经济改革。改革在促进经济发展、降低通货膨胀率的同时加剧了贫富两极分化。从20世纪90年代开始，巴西历任总统都将保证社会公平作为政府工作的重中之重。从卡多佐政府的“雷亚尔计划”到卢拉政府的“零饥饿计划”再到罗塞夫政府的“无贫困计划”，巴西的减贫政策呈现不断深化与务实的特点(张庆，2014)。巴西作为“金砖五国”之一，其经济社会的发展，不仅关系本国的繁荣发展和长治久安，还关

① 4美元/天贫困线的提法，目前没有直接的材料证明是由哪一机构颁布，目前对拉丁美洲和加勒比地区直接采用4美元/天贫困线。提到“4美元/天贫困线”相关文章的图表、分析数据引用自Center for Distributional, Labor and Social Studies(分配、劳动和社会研究中心，CEDLAS)和世界银行。世界银行制定了每人每天2美元的较高贫困线，是发展中国家的中值或平均贫困线，通常被中等收入国家采用。2017年10月，世界银行将中等收入国家的贫困线更新为3.20美元/天。4美元/天标准对拉美国家贫困是一个分界线。低于4美元日支配金额，即为长期贫困；介于4～10美元/天，为风险贫困。

② https://www.brookings.edu/opinions/poverty-in-latin-america-where-do-we-come-from-where-are-we-going/。

③ http://www.bbc.com/news/world-latin-america-28946221。

④ http://www.latinamerica.undp.org/content/rblac/en/home/ourperspective/ourperspectivearticles/2014/08/21/。

系拉丁美洲地区的稳定。

巴西于20世纪90年代中期率先启动社会领域的改革，形成了一套行之有效的社会政策措施。卡多佐政府在实行全面经济体制改革的同时也实施了一套精心设计的社会发展战略；以卢拉为首的劳工党政府在实施务实经济政策的同时，也推行了以反贫困为目标的积极社会政策。巴西社会政策体现了“包容性发展”的发展观，注重政策的合法性和顶层设计的科学性，政策目标明确，社会参与广泛，取得了显著的减贫成效，体现出较强的社会治理能力(苏振兴，2015)。具体来说，巴西在减贫时，综合运用贫困人口政策和贫困地域政策化解贫困，贫困人口政策注重“造血能力”，贫困地域政策注重社区与经济共同发展(张新红，2017)。应实行有条件的资金支持，建立专门执行国家干预政策的机构直接服务贫困人口，对贫困地区制定和执行优先发展计划，寻找贫困地区的增长点并给予优惠政策，推行“零贫困”措施(收入再分配、提供必要公共服务设施、提供基本生产技能培训等)(Wang and Sun，2013)。

3)印度

印度是世界人口大国，也是贫困人口最多的国家之一，消除贫困、减少贫困人口的数量，不仅有利于印度经济的快速发展，对世界范围的减贫事业也意义重大。长期以来，由于城市化进程缓慢，印度全国超过半数的人口至今仍然居住在农村。虽然近年来印度的城市化进程有所加快，但发展的不均衡，已经对印度社会，特别是印度的农村发展造成了巨大影响。在城市化的进程中，印度选择了不同于其他国家的发展道路，使得数以百万计的农村人口到城市寻找就业机会，印度的农村日益变得空心化，农业生产受到严重影响(宋志辉，2012)。

20世纪90年代以来，印度突出发展的服务业为其经济快速发展做出了巨大贡献，同时，印度的贫困率也在迅速下降，服务业已经成为推动印度经济发展的主要动力。印度的发展模式不同于世界上其他任何一个国家，从一个农业大国跨越工业化阶段，直接步入了服务经济时代，成为世界主要服务中心之一(刘畅，2013)。印度政府也加大对城市和农村基础设施的投入，改善城乡居住环境，增加就业机会，通过加速城市化进程，迅速发展经济，提高居民生活水平，特别是贫民区居民的生活水平。

印度的经验显示：工业化并不是经济快速发展的唯一途径，通过服务业的发展促进经济增长和降低贫困是可能的，服务业能成为减贫的推动力(刘畅，2013)。此外，印度抓住当下全球化的机遇，充分挖掘其旅游资源，开辟了通过旅游业增长促进减贫的独特路径。其模式主要由五个部分协调完成，包括国家部门、地方政府、旅游相关产业、社会组织、民意评估，这五个部分互相联动形成一个支撑体系，从而帮助贫困人口走出困境(Wang and Sun，2013)。

4)老挝

老挝是我国西南邻国，贫困形势严峻，“陆锁国”一直被视为老挝的国家特征之一。对老挝贫困的研究资料，主要集中在贫困的历史成因及现实发展障碍方面。老挝公务员等管理者能力素质较低、经济发展不平衡、教育区域发展不平衡是制约老挝减贫的主要问题(王耀华和宁龙堂，2018)。老挝的大规模减贫是在一系列政治、经济和制度因素的共同作用下进行的。老挝仍然面临长期的反贫困任务，需要进一步调整发展战略、扶贫体制和政策以适应变化的环境，以保证在未来取得更大的反贫困成就(春花，2011)。

近年来，旅游业的蓬勃发展，对于老挝经济整体增长的带动效应明显，旅游业在老挝经济领域的地位也日益重要，使得老挝政府对旅游业的关注度越来越高。旅游业能促进落后地区经济发展，促进当地道路、通信等基础设施建设，提供就业机会与改变贫困人口的思想观念并提高其综合素质。旅游减贫对老挝经济增长有启示作用，推动老挝旅游业健康、稳定、可持续的发展，有助于为旅游减贫的实践提供政策建议(文丽芳，2012)。

二、研究述评

梳理国内外主要减贫研究观点发现，减贫案例及做法具有明显分层。发达国家减贫重在提供更好的服务和社会保障，参与减贫的主体比较广泛，政府、社会力量、企业均参与减贫。减贫对象主要为老人、儿童、妇女、残疾人等弱势群体。减贫领域划分较为具体，如改善社会福利、提供公共服务、关注弱势群体、关注成年人健康、关注儿童贫困等方面。贫困线划分按照本国情况，根据经济收入水平制定本国标准。发展中国家减贫重点是发掘可用自然与社会资源、提供资金支持、实施优惠政策、释放地方能量、创造就业机会。

我国已有文献主要关注国际机构对中国项目援助的内容、方法及不同发展阶段国家的做法。从比较研究的视角分析国际减贫模式、对比优势、案例比较等研究明显不足，研究资料较少。加之外文资料分散，缺乏系统性，也是研究较为欠缺的一个重要因素。中国与东盟地区山水相连，国内关于南亚和东南亚减贫措施、国际援助模式等研究极为欠缺，这也是“一带一路”背景下研究的一个空白。中国 2020 年全部贫困人口脱贫时间紧、任务重，亟须创新减贫方法、探索减贫有效途径，促进脱贫攻坚。

第二章　减贫和发展理论基础

第一节　贫困的定义与类型

一、贫困的定义与标准

贫困的定义具有社会性、历史性和地域性的特征。《2000/2001年世界发展报告》中，世界银行对贫困的定义再次深化为：贫困是指福利的被剥夺状态，贫困不仅意味着低收入、低消费、缺少医药、没有住房、生病时得不到治疗、不识字且得不到教育，还包括风险和面临风险时的脆弱性，没有发言权和缺乏影响力。

国家统计局课题报告提出，贫困一般是指物质生活困难，即一个人或一个家庭的生活水平达不到一种社会可接受的最低标准。他们缺乏某些必要的生活资料和服务，生活处于困难境地。康晓光(1995)认为，贫困是人的一种生存状态，在这种生存状态中，人由于不能合法地获得基本的物质生活条件及参与基本社会活动的机会，以致不能维持一种个人生理和社会文化可以接受的生活水准。

本书对贫困的定义采用世界银行2000年使用的贫困概念，国际国内对减少贫困采用的“减贫”“反贫困”“扶贫”等，在本书引用时均作为同一概念使用。

2015年10月5日，世界银行发布报告，将每天1.90美元的标准作为国际贫困线。根据这一新贫困线，全球贫困人口从2012年的9.02亿人减少到2015年的7.02亿人，占全球人口的比例从12.8%下降到9.6%。2017年10月，世界银行公布了新的国际贫困线：中等收入国家的国际贫困线设为3.20美元/天；中高收入国家国际贫困线设为5.50美元/天。国际极端贫困线依旧是1.90美元/天(康晓光，1995)。

本书采用2017年世界银行公布的极端国际贫困线的标准，1.90美元/天为最低贫困线门槛。中国2015年的贫困线标准为2800元/年，按照购买力平价分析，大约相当于2.2美元/天，已经高于世界银行制定的1.90美元/天。我国最低贫困线标准将继续上调，2018年，2855元/年是我国最低扶贫标准，各省还可以根据实际情况制定高于此标准的地方扶贫标准，一般为3000～6000元/年。

二、贫困的类型

(一)绝对贫困与相对贫困

绝对贫困(也称生存贫困)是指缺乏维持基本生存需要所必需的最低生活标准，包括基本的食品、住房和衣着消费等，贫困人口获得的实际收入水平、拥有的消费资料和得到的服务达不到维持其基本生存需要的最低水准。

相对贫困是指一个人或家庭的收入低于社会平均收入水平的状况，其收入虽然能够达到或超过维持生存和基本发展的需要，但与一定时期内社会经济发展水平相比较仍处于较低的生活水准，反映社会分配不平等的状况。

(二)收入贫困、能力贫困和权利贫困

收入贫困是指影响人基本存活的物质匮乏状态；能力贫困是指劳动人口所具有的体力、智力、知识和技能在获取生活资料方面的能力不足或缺乏；权利贫困则是指贫困人口作为社会弱势群体，缺乏参与经济、社会、文化和政治生活的权利，存在被社会排斥或歧视现象。收入贫困是贫困的外在表象，能力贫困是贫困的内在根源，权利贫困是贫困的社会效应。

(三)整体贫困、边缘化贫困和冲击性贫困

都阳和蔡昉(2005)把中国贫困分为整体贫困、边缘化贫困和冲击性贫困。整体贫困是指中国改革开放以前，人民生活水平普遍较低，特别是农村地区，基本的温饱无法得到保证的状态；边缘化贫困是指贫困集中在由于自然、历史、经济和社会政策等方面的原因而处于发展弱势的“老、少、边、穷”地区；冲击性贫困是指由于外部经济或是本国经济体制转轨和经济结构调整，对既有的经济秩序产生冲击，影响经济增长的安全性和社会发展的稳定性，从而造成适应能力弱的人群陷入贫困。整体贫困和边缘化贫困在中国主要表现为农村贫困，而冲击性贫困实质是指特定人群面对贫困的脆弱性。

(四)持久性贫困、暂时性贫困和选择性贫困

李实和 John(2002)把贫困分为持久性贫困、暂时性贫困和选择性贫困。持久性贫困是指在某一时期，如果人们的收入和消费都低于贫困线标准，那么他们就是持久性贫困人口。暂时性贫困是指由于人们具有预期的收入，当期的收入低于贫困线而消费高于贫困线的状况。选择性贫困是指有的家庭虽然有高于贫困线的收入，但是由于过去和未来有着特殊的支出需要，不得不将现有消费水平压低到贫困线以下。

第二节 世界主要减贫理论

一、18 世纪工业革命时期

国外学者对减贫理论的研究较早，减贫理论又称为反贫困理论。反贫困理论研究是一个循序渐进的发展过程（黄承伟 等，2017）。

工业革命以来，贫困作为一种社会问题进入国家和公众视野。18 世纪以后，国际贫困与反贫困理论研究经历了从经济学到社会学学科领域的拓展，研究视野从个体到社会结构、从微观到宏观再到微观的发展和转变。工业革命在带来巨大财富的同时，也产生了贫富差距、加剧了分配不公的现象。以亚当•斯密（Adam Smith）、托马斯•罗伯特•马尔萨斯（Thomas Robert Malthus）、大卫•李嘉图（David Ricardo）为代表的古典经济学派，在自由主义思想下对贫困问题进行了论述。他们反对相关经济贫困法律法规的存在，认为贫困是个体的选择，并提出社会财富的分配能够自然实现公平分配，以及通过人口减少等方式来减少贫困人口的消极策略。

与此同时，卡尔•马克思（Karl Marx）等则在古典政治经济学基础上提出了无产阶级贫困理论，首次在制度上对贫困问题进行了反思和批判，对国家和世俗社会尤其是工人阶级的贫困认知产生了巨大影响。英国企业家和管理学家本杰明•西伯姆•朗特里（Benjamin Seebohm Rowntree）在伦敦进行了大范围的工人阶级生活状况调查，并于 1901 年将研究结果呈现在其著作《贫困：城镇生活研究》一书中。

二、19 世纪工业革命完成以后

伴随着工业革命的完成，19 世纪英国社会的贫困问题越发严重，促使国家进一步出台了济贫政策和救助措施，并引发了一批中产阶级进行广泛的社会调查。亨利•梅休（Henry Mayhew）、查尔斯•布思（Charles Booth）、亨利•乔治（Henry George）等纷纷开展了一系列社会调查，贫困问题得以真实、形象地呈现在国家和社会公众面前，国家对于贫困的责任以及建立福利国家的构想开始受到空想社会主义以及功利主义的推崇和提倡。特别是国家干预主义明确提出了国家对于贫困问题的责任，为西方现代福利制度建立奠定了理论基础。

三、20 世纪初资本主义世界市场体系形成时期

由于资本主义世界市场体系形成，贫困研究开始突破传统的国家视野，逐渐扩展至世界范围内的贫困落后现象。特别是伴随世界资本主义发展以及区域发展

发展不平衡问题的突出，一大批经济学家开始将国家内部的贫困研究转向对区域发展不平衡问题的讨论，形成了保罗·罗森斯坦·罗丹(Paul Rosenstein Rodan)的大推动理论、罗格纳·纳克斯(Ragnar Nurkse)的贫困恶性循环理论、纳尔逊(Nelson)的低水平均衡陷阱理论、哈维·莱宾斯坦(Harvey Leibenstein)的临界最小努力理论，以及阿尔伯特·赫希曼(Albert Otto Hirschman)的不均衡增长理论等。这些理论开始从经济学视域对宏观层面的经济发展问题进行分析阐释，形成了国家发展以及区域发展视角下的反贫困理论。

最具代表性的莫过于马克思的反贫困理论。在马克思看来，劳动的异化是资本主义社会贫困的根源。基于这一见解，其反贫困理论的精髓在于站在人类解放及全面自由发展的目标上，从制度层面指出反贫困的根本途径即消灭剥削制度。著名发展经济学家罗丹于 1943 年提出的大推动理论指出以农业为主的不发达国家对诸多产业的投资都是以一定的规模和速度持续进行的，这种投资的持续作用突破了发展瓶颈，从而推进了工业化的发展，成为摆脱贫困最主要的途径。在此进程中，伴随社会学的兴起发展，社会学视域的贫困研究获得空前发展。与经济学家相比，社会学家更加关注贫困的社会结构研究，奥斯卡·刘易斯(Oscar Lewis)、爱米尔·杜尔凯姆(Emile Durkheim)、罗伯特·金·默顿(Robert King Merton)等通过贫困的代际传递、贫困文化、社会情境等理论对贫困问题进行解释，形成了社会结构层面的贫困理论研究。

四、20 世纪中后期

20 世纪中后期，社会学视角下的贫困研究得到进一步拓展，形成了贫困定义的拓展及微观视角的反贫困理论，相对贫困、广义贫困以及多维贫困的理论相继被提出，有关贫困的功能意义使其产生了新的研究方向。美国发展经济学家纳克斯指出只有进行大规模、全面的投资，实施全面增长的投资计划，才能走出贫困恶性循环的怪圈。法国经济学家弗朗索瓦·佩鲁(Fransois Perroux)于 1955 年提出了发展极理论，该理论指出经济发展在时间和空间上并非都是均衡分布的，经济发展应当在不同的部门、行业或地区之间按不同的速度进行，应尽可能把有限的稀缺资源集中投入到发展潜力较大、规模经济和投资效益较明显的少数地区或行业中。西奥多·舒尔茨(Theodore W. Schultz)认为提高人的知识、能力以及综合素质等人力资本，对于促进经济增长，摆脱贫困贡献更为重要。

瑞典经济学家卡尔·冈纳·缪尔达尔(Karl Gunnar Myrdal)在其《世界贫困的挑战——世界反贫困大纲》一书中，首次将“反贫困”作为学术研究术语提出，揭开了专门性贫困研究的历史序幕。有关贫困问题的研究，开始作为一项全球共同事业，在多个国家和部门以及学科领域得到深入推进，形成了贫困与反贫困的专门性和综合性研究理论，这不仅对于国际社会的贫困与反贫困问题和实践是一种经验总结和理论提升，也进一步指导、推动和影响了世界各国的贫困认知及反贫困实践。20 世纪 80 年代后，贫困问题逐渐与全球发展问题相联系，突出了贫困与反贫困理论研究的综合性，产生了益贫式增长、包容性增长、绿色减贫增长等多元发展理论、资产建设理论以及治理理论下的反贫困研究。

20 世纪 90 年代以后，国际社会有关贫困与反贫困的理论研究进一步加强，产生了主观贫困、信息贫困的反思以及空间贫困理论的拓展和家庭经济的反贫困理论创新。贫困与反贫困理论在内容和形式上都得到了进一步拓展和深化。贫困问题的研究从承认贫困向解释贫困转变，同时伴随贫困研究的深化，更趋综合性的贫困研究开启，贫困定义出现从物质贫困、文化贫困到权利贫困的转变。

总体来看，国际贫困与反贫困理论的研究呈现三个重要转变：一是从解释框架到个体与结构并重转变；二是学科视角从经济学到经济学与社会学并重转变；三是研究范围从国家内部贫困到宏观区域发展转变，反贫困主体从国家、社会到国家、社会、个体并重转变。

第三节　中国特色的减贫理论

贫困是人类社会面临的共同挑战，消除贫困、实现共同富裕是全世界人民的共同愿望。中华人民共和国成立之前的很长一段时间，贫困问题在中国表现出的深度和广度是世界罕见的，当时中国的大部分人民都生活在贫困之中，物质极度匮乏，普遍贫困现象显著。中华人民共和国成立以后，在七十多年的反贫困历程中，特别是改革开放以来，中国取得了世界瞩目的减贫成就，谱写了中国反贫困事业的光辉篇章，根据不同历史阶段贫困特征的变化，在长期扶贫实践中不断形成、发展和完善了中国特色的减贫理论体系。

一、中国特色减贫理论探索阶段(1987 年以前)

(一)仁爱思想

中国的贫困问题在古代就受到关注，扶贫济世、改善民生的扶贫思想和扶贫实践从先秦就开始萌芽。早在先秦时期，诸子百家就提出了“仁爱”“民本”“大同”的思想，形成了古代中国国家履行扶贫救助职能与民间进行社会慈善活动的重要思想渊源；秦汉至南北朝时期，国家扶贫救助职能得到深化发展，仓储制度的建立在灾荒时期发挥了巨大的扶贫效果，对鳏寡孤独的赈济也越来越日常化。民间慈善事业在国家的激励下得到发展，慈善会社、宗教慈善开始萌芽，出现了秦汉的“僤”、东汉的“太平道”和“五斗米道”、魏晋南北朝的“六疾馆”，佛教、道教组织开展了一系列济贫救灾、施粥舍药、养老扶困的救助活动。隋唐时期，国家社会保障趋向制度化发展，一方面完善了国家仓储制度体系，细化了国家救助程序，另一方面更加重视和扶持民间慈善会社、宗教社邑的发展，鼓励宗族的救助行为，形成了国家、宗族、宗教会社相互协作、互相补充的运作雏形。宋元时期，在理学思想的影响下，中国古代助贫事业快速发展，建立了中央与地方、国家体系与民间社会相互补充的扶贫救助体系；一方面从国家治理层面推动了社会保障制度，另一方面，民间慈善机构的多种形式得到蓬勃发展，更加系统化、完善化、具体化。明清时期，随着经济的发展，以及“泛爱众”思想的继续流传，各种类型的慈善机构蓬勃发展，国家更加重视善政，仓储制度深化，明代出现了济农仓和预备仓，提倡建立更具有民间自助作用的社会仓储，清代的常平仓、义仓、社仓得到广泛推广。同时，创办了国家官办慈善机构，创建了安养院、育婴堂、普济堂等官办机构，开展了养老、育婴、扶困等多种形式的慈善活动。知识分子纷纷将扶危济困作为理想和抱负。国家的支持和知识分子的参与进一步激发了社会慈善机构的活力，慈善机构数量剧增、组织化程度更深、社会参与度更高。

(二)三民主义思想

晚清以降，随着战争和自然灾害的集中爆发，中国人民陷入了长期的贫困和灾荒，国家经济的落后、社会的动荡、人民生活的艰辛和国民政府的腐败无能引发了知识界的讨论，不少学者开始关注和研究贫困问题，奠定了近代贫困思想发展的基础。其中，孙中山先生的三民主义思想具有重大的贡献。三民主义提倡通过一系列挽救民族危亡的革命来实现国富民强和天下为公的“大同社会”。在“民本”和“大同”思想的引导下，孙中山指出了清政府的腐朽、帝国主义的经济剥削是当时中国民穷财尽的主要原因，人口的膨胀和生态环境的破坏则加剧了贫困和灾荒。孙中山还提出了社会救助的法制化、制度化是解决贫困问题的途径，为我国近代反贫困实践指出了道路。

(三)改良主义思想

民国时期，中国的知识分子对贫困问题的研究十分活跃，尤其是经济学和社会学者对贫困问题的关注较多，呈现了丰富的理论和实践成果。在社会学领域，大批社会学家进行了农村贫困问题的调查、研究和分析，产生了主张改良主义的乡建学派，梁漱溟(2005)提出只有乡村建设才能救农村，并组织开展了广泛的乡村建设运动；著名教育家晏阳初(1992)认为中国农村最基本的问题是农民的“愚穷弱私”，认为乡村改造要和平民教育相结合；社会学家费孝通(1986)提出要减少人口、平均地权、减少苛捐杂税、平衡城乡关系等观点，并提出以“不饥不寒”的最低限度生活水准来识别贫困；还有李树青(1934)和吴景超(2008)也基于实证，对农村贫困的成因、现象和解决措施提出了看法，形成了如《中国民族自救运动之最后觉悟》《乡村建设理论》《江村经济》等传世佳作，为这一时期中国的贫困问题研究和实践做出了巨大贡献，夯实了我国近现代系统化、科学化贫困研究的学术基础。在经济学领域，学者们对贫困成因和现象进行了研究，乔启明(1946)提出了“人口压力致贫说”，在其《中国农村社会经济学》一书中通过实证研究论证了农村人口数量剧增导致的农村贫困问题；陈其鹿(1934)基于对陕西农村的研究，提出军阀争夺是导致农村灾荒和农村经济崩溃的主要原因；任树春(1934)指出田赋制度加重农户负担是贫困产生的根结所在；吴半农和韩德章(1936)、千家驹(1936)、卜凯和张履鸾(1936)、薛暮桥(1980)、李金铮(2013)、符平和杨典(2019)对农民“愚穷弱私”观点进行了批判，提出了各自的理论观点(黄承伟 等，2017)。

二、中国特色减贫理论形成阶段(1987～2000年)

(一)共同富裕思想的深化与“先富带动后富”思想

在国家层面，邓小平继承和深化了毛泽东的共同富裕理论，并提出了两条根本原则：一是以社会主义公有制经济为主体，二是共同富裕。中共十一届三中全会决定把党和国家的工作重心转移到经济建设上来，把发展社会生产力作为党和国家的根本任务，这是新中国发展历史上的伟大转折。邓小平同志明确指出：“社会主义的本质是解放生产力，发展生产力，消灭剥削，消除两极分化，最终达到共同富裕。”[①]邓小平把共同富裕作为社会主义的目的，并将其提升到社会主义国家立国之本的高度。邓小平在1992年南方谈话中，更指出了共同富裕是社会主义的本质，从生产力、生产关系、最终目的三个层面论证了社会主义与贫穷的关系，并提出了“农村制度改革”“先富带动后富”“两个大局”“三步走”等影响扶贫开发的战略思想，实际上初步形成了中国特色扶贫开发理论，明确了扶贫开发的区域对象，成立了扶贫开发的专门领导机构，构建起以政府为主导、自上而下的中国扶贫开发组织体系，制定并实施《国家八七扶贫攻坚计划(1994—2000年)》。经过大规模攻坚扶贫，中国贫困人口由1986年的1.25亿人减少到2000年的3209万人，15年间减少了约9300万人(公丕宏和公丕明，2017)。邓小平同志在总结了中国近30年社会主义建设实践经验的基础上，打破了过去的所有制分配局限，主张通过改革开放、计划生育等一系列效率导向的具体措施消除贫困，从战略层面和对策层面均提出了构想，中国特色的扶贫理论体系初步形成。

(二)经济学界要素配置扶贫思想

在学术界，贫困问题因其广泛的社会影响，引起经济学、社会学、人类学、政治学、人口学、生态学领域的学者们的关注，但无论是哪个学科，在研究内容

① 《邓小平文选》第三卷，人民出版社。

方面都具有一致性，就是主要集中于对贫困的定义和测量、贫困类型的划分、贫困成因的分析和扶贫措施的改进方面。

这一阶段，在大力发展市场经济的现实背景下，学术界以经济学领域对贫困问题的探讨最为丰富。在贫困的成因方面，经济学者更倾向于从经济要素配置角度研究贫困性质，认为贫困是贫困者对生产要素——土地、资金和劳动力不能进行有效配置的结果。例如，王小强和白南风(1986)在《富饶的贫困》一书中率先把人口素质低下确定为贫困、落后的本质规定，认为中国的贫困地区存在着令人震惊的富饶自然资源和贫穷的现实，贫困的本质规定，不是资源的匮乏，不是产值的高低，也不是发展速度的快慢和收入的多少，而是“人的素质差”——指人从事商品生产和经营的素质；沈红(1992)认为人口增加不仅直接降低生活水平，而且使得短缺生产要素更短缺，达不到正常积累点，贫困无法缓解，贫困小农陷入生产要素流动的恶性循环或低水平资源配置均衡；冯宗宪等(1994)讨论了交通因素对贫困的影响，对中国贫困地区交通经济进行了综合评价研究，提出贫困地区交通运输系统已初具框架，但存在结构和功能缺陷的结论；罗必良(1991)借鉴系统论的词汇，认为贫困的根源是由“陷阱-隔离-均衡”所构成的一个“低层次的、低效率的、无序的、稳定型的区域经济社会运转体系”，这个体系规定着贫困延续的轨迹；在贫困的阶段性特征方面，朱玲(1992)对中国扶贫理论和扶贫政策进行了梳理，她指出这一阶段中国处于地区性贫困阶段，针对研究贫困人口特征的成果进行了综述，并评价了这一阶段的效率导向扶贫战略的有效性；康晓光(1995)也借鉴系统论的观点，评价了中国的区域性贫困特点，他认为区域配置是复合系统与其环境相互作用协同进化的过程，各种因素构成了一个错综复杂的因果关系网络，其中存在着众多反馈回路，所谓区域性贫困陷阱就是各反馈回路相互耦合形成的网络系统，它们共同作用的结果就是使贫困成为区域的持久性状态；向恒(1998)从人力资本理论的角度给出了贫困的新概念，指出对贫困的认识要从人本身出发，在分析我国主要反贫困对策得失的基础上，提出人力资本投资是消除我国农村贫困的一种战略选择；蔡荣鑫(2000)回顾了国外贫困理论的发展，主要对贫困的定义、贫困线的确定、贫困测量方法、扶贫战略与资源分配，以及反贫困效果的测量方法等进行述评，在此基础上讨论了上述理论对我国反贫困实践的借鉴作用。

(三)社会学界以“人”为主体的扶贫思想

自社会学恢复重建以来，社会学研究者对贫困问题的研究成果虽然数量不丰，但也初具形态。社会分层、不平等、社会结构、阶层理论、社会参与等社会学理论被运用于对贫困问题的研究。林志斌(1998)对于参与式扶贫项目进行社会学分析，以外部干预对于贫困社区的必要性为假设，研究了参与角色差异性、领导行为方式、组织安排与计划过程和项目效果之间的关系，证明这些因素影响着扶贫项目的效果。性别因素也被引入贫困问题的研究中。赵捷(1997)认为，贫困妇女摆脱贫困是新的社会化过程，促使其精神和人格的独立化，是对传统性别角色的一次改造。运用如小额信贷这样的扶贫方式，以贫困妇女为目标主体，使扶贫成为一种女性赋权的过程。其他学科学者们也逐渐参与到对贫困问题的探索中来，如地理学家姜德华等(1989)的《中国的贫困地区类型及开发》一书从自然资源的角度对中国贫困类型进行分析，划分了中国的6个连片贫困地区，首次量化了贫困区域的差异性；马戎(1996)、尹绍亭(1991)、沈红(1993)等人类学学者则通过微观观察和“深描”等方法，阐释区域性贫困、民族贫困的发生机制、贫困的周期性等问题；发展研究学者李小云于1999年出版的《谁是农村发展的主体》一书，主张致力参与式“本土化”扶贫行动，对忽视农民需求所导致的发展效率低下这一问题进行讨论，主张从重视农民的需求出发，探讨建立乡村发展中的新型伙伴关系。

(四)开发式扶贫共识的形成

20世纪80年代中后期，中国经济的全面增长在缓解贫困方面的作用日渐衰减，相反还拉大了地区间和农户间的经济收入的绝对差距。因此，中国政府决定在全国范围内有组织、有计划、大规模地开展扶贫开发工作。目标是通过采取特殊的政策和措施，促进贫困人口集中地区尽快减少贫困。1986年国务院贫困地区经济开发领导小组成立，提出要“彻底改变过去那种单纯救济的扶贫办法”，实行“新的经济开发方式”，安排了专项扶贫资金，放宽地区间农民迁移的限制，支持劳动密集型产业发展，制定和调整给予国家贫困县扶贫援助的宏观经济政策，对传统救济式扶贫进行了彻底改革，确定了开发式扶贫的方针。1994年，中央召开全国扶贫开发工作会议，部署实施《国家八七扶贫攻坚计划(1994—2000年)》，明确提出“开发式扶贫方针”这一术语，并将其基本含义表述如下：“继续坚持开发式扶贫的方针：鼓励贫困地区广大干部、群众发扬自力更生、艰苦奋斗的精神，在国家的扶持下，以市场需求为导向，依靠科技进步，开发利用当地资源，发展商品生产，解决温饱进而脱贫致富。”实施开发式扶贫是我国扶贫工作的一个根本性转变，是一个重大创造，这个方针必须长期坚持。

开发式扶贫方针是我国扶贫开发实践创新、理论创新和制度创新的结晶，是改革开放以来我国扶贫开发成功实践充分证明了的、符合中国基本国情的一项基本方针，并得到国际社会和众多发展中国家的高度评价和赞誉。

三、中国特色减贫理论完善阶段(2001～2012年)

(一)“三个代表”重要思想与科学发展观

在国家层面，这一阶段主要是以“三个代表”重要思想、科学发展观为指导，将农村扶贫开发与国家发展战略相结合，将解决贫困人口温饱问题与贫困地区全面开发相结合，将政府主导与社会参与相结合，将政府扶贫开发责任与贫困群众自力更生相结合，按照“以人为本”的理念，以建设社会主义新农村战略为基本路径推进扶贫开发。

这一时期制定并实施了《中国农村扶贫开发纲要(2001—2010年)》《中国农村扶贫开发纲要(2011—2020年)》，开始了对扶贫机制新的探索与设计，突出表现在两个方面：①扶贫瞄准机制从贫困县细化到了贫困村，重新设计扶贫机制；②把贫困地区尚未解决温饱的贫困人口作为扶贫开发的首要对象，把贫困人口集中的中西部少数民族地区、革命老区、边疆地区和特困地区作为扶贫开发的重点区域，强调综合开发、全面发展、自力更生、政府主导、全社会共同参与。根据21世纪初调整后的贫困标准，我国农村贫困人口从2000年的9422万人，减少到2010年的2688万人。

(二)多维贫困思想与贫困陷阱理论

在经济学界，对贫困识别的研究仍在继续，多维贫困的概念被学界接受并认同，开始了对贫困的多维度测量的深度研究(王素霞和王小林，2013)，贫困陷阱理论得到发展。首先，贫困陷阱类型更加丰富。与早期的物质资本匮乏导致贫困陷阱的理论不同，贫困陷阱的形成因素被扩展到自然资源、教育文化、政治制度、腐败犯罪、地理环境、疾病灾害等。其次，贫困陷阱的形成机制更加多样。与早期单一的“资本形成不足”机制不同，贫困陷阱理论致力于从微观角度建立贫困陷阱形成的各种机制，如门槛效应、邻里效应和制度失灵等。最后，更加注重实证检验分析，经济学家针对不同国家和不同地区的贫困陷阱做了大量的实证检验分析，得出的结论更具有指导性和说服力(习明明和郭熙保，2012)。

(三)其他思想

在社会学领域，学者们对贫困的认知不断深化，知识贫困(胡鞍钢，2001)、文化贫困(方清云，2012)、权利贫困(胡大伟，2012)、社会排斥(方菲，2012)和贫困主体性(王建民，2012)等问题得到了社会学者更多的重视。徐静和徐永德(2009)用生命历程理论，梳理了贫困老年人生命发展轨迹；治理理论逐渐流行，并衍生出合作治理、多中心治理、整体性治理等多种理论模式，成为贫困研究的重要理论。吕方(2012)基于对连片特困地区的调查，提出多元发展、多重视角、文化自觉三个层面的创新贫困治理观点；个体视角的反贫困理论兴起；赵娜(2012)基于个体与结构的视角对贫困研究的社会学理论进行了梳理。个体视角源于经济学领域的人力资本理论，个体视角认为个人的缺乏是致贫原因，通过人力资本的提高可以提升商品化水平，可以通过贫困的个体视角来阐释贫困的代际传递理论、主观贫困理论、社会资本理论、能力贫困理论等。陈银娥和高思(2011)、钟玲和左停(2012)及宋宪萍和张剑军(2010)也分别从个体视角提出自己的理论观点。

四、中国特色减贫理论创新阶段（2012 年后）

2011 年，我国第一个扶贫开发十年纲要完成，率先实现联合国千年发展目标的扶贫要求，赢得了国际社会的一致赞许。同时，制约剩余贫困地区发展的深层次问题开始逐步暴露出来，中国贫困治理遇到新阻碍、新挑战。党的十八大以来，习近平高度重视扶贫开发工作，在继承改革开放以来中国国家扶贫经验的基础上，围绕贫困治理问题发表了系列讲话，形成了内涵丰富、思想深刻、体系完整的扶贫开发战略思想，提出了精准扶贫理论。2013 年 12 月，中共中央办公厅、国务院办公厅印发《关于创新机制扎实推进农村扶贫开发工作的意见》，明确提出建立精准扶贫工作机制。

（一）精准扶贫理论

精准扶贫理论是贫困治理的巨大理论创新，是中国未来反贫困实践的重要理论引领。习近平指出，做好新形势下的扶贫工作必须坚决反对“一刀切”，要根据各个贫困地区、贫困家庭的不同情况，“实事求是、因地制宜、分类指导、精准扶贫”。他明确提出“扶贫开发贵在精准，重在精准，成败之举在于精准”；从扶贫开发的流程上阐述了“六个精准”，即“扶持对象精准、项目安排精准、资金使用精准、措施到户精准、因村派人精准、脱贫成效精准”。

精准扶贫理论具有丰富的理论内涵。精准扶贫理论的思想是基于我国现阶段基本国情、贫困地区贫困人口的贫困特征提出的，其核心要义是通过精准扶贫的工作机制，动员和集中全社会力量，瞄准贫困村、贫困户、贫困人口，构建扶贫脱贫的长效机制。精准扶贫包括精准识别、精准帮扶、精准管理和精准考核等过程。精准扶贫是一个内在联系的有机体系，是宏观、中观、微观不同层级相互联系、协同推进的有机统一，包括建档立卡、干部驻村帮扶制度建设、扶贫开发三大品牌建设，这几项工程共同发力，是协同效应在扶贫开发实践中的实现。同时，精准扶贫与精准脱贫的辩证关系集中体现为手段与目标、过程与结果、量变与质变、战术与战略的关系。习近平精准扶贫理论以“扶持谁”“谁来扶”“怎么扶”为出发点，以“扶真贫”“真扶贫”“真脱贫”为落脚点，将农村扶贫开发战略的对象进一步细化，使措施更具针对性、效果更具持续性，是中国扶贫开发理念的又一重大创新，成功实现了农村扶贫从“漫灌”到“滴灌”的转变。

党的十九大报告就党的十八大以来脱贫攻坚战取得的决定性进展进行了全面论述，就坚持精准扶贫、精准脱贫以及坚决打赢脱贫攻坚战做出了明确部署。习近平在党的十九大报告中回顾过去 5 年的工作时说，脱贫攻坚战取得决定性进展，6000 多万贫困人口稳定脱贫，贫困发生率从 10.2%下降到 4%以下。中国共产党创新提出的精准扶贫政策，以每年减贫 1300 万人以上的成就，书写了人类反贫困斗争史上“最伟大的故事”，赢得了国际社会的高度赞誉。党的十九大报告提出：“要动员全党全国全社会力量，坚持精准扶贫、精准脱贫，坚持中央统筹，省负总责，市县抓落实的工作机制，强化党政一把手负总责的责任制，坚持大扶贫格局，注重扶贫同扶志、扶智相结合，深入实施东西部扶贫协作，重点攻克深度贫困地区脱贫任务，确保到二〇二〇年我国现行标准下农村贫困人口实现脱贫，贫困县全部摘帽，解决区域性整体贫困，做到脱真贫、真脱贫。”中国的成功经验不仅印证了自身选择的正确性，而且给世界上那些既希望加快发展又希望保持自身独立性的国家和民族提供了全新选择，为解决人类问题贡献了中国智慧和中国方案。中国的精准扶贫理论和经验对其他中等收入国家来说非常有借鉴意义。

（二）绿色减贫思想

习近平指出：“我们既要绿水青山，也要金山银山。宁要绿水青山，不要金山银山，而且绿水青山就是金山银山。”应立足于绿色发展的扶贫理念，提倡生态扶贫模式，倡导扶贫开发工作者建立和加强绿色发展理念，统筹和平衡减贫脱贫的短期攻坚与生态扶贫长期发展的时间周期矛盾、“金山银山”的经济效益与“绿水青山”的生态环境矛盾等问题。注重产业扶贫与生态保护的有效结合，实现“金山银山”减贫经济效益与“绿水青山”长远生态保护的双重成效，健全生态精准扶贫的良性运行机制。习近平将通过“生态补偿脱贫一批”加入原有的“四个一批”中，至此进一步表述为“五个一批”。扶贫开发是一个长期的过程，如何防止出现后劲不足的情况，对于推动贫困地区的可持续发展而言显得尤为重要。相较于大规模工业化式的发展，生态扶贫的成效在短时间内很难完全显现，可持续发展能力和长期减贫的动力在力求生态和谐的扶贫开发中具有关键作用。换句话来讲，要想平衡长期发展与短期利益的关系，区域的长效发展动力恰恰是实现全民脱贫的根本所在。

（三）决胜全面建成小康社会思想

习近平在党的十九大报告中指出：“从现在到二〇二〇年，是全面建成小康社会决胜期。”我们要充分认识全面建成小康社会、如期实现第一个百年奋斗目标在中华民族伟大复兴征程中的重大意义，采取力度更大、针对性更强的举措，决胜全面建成小康社会，为开启全面建设社会主义现代化国家新征程奠定坚实的基础。全面建成小康社会是我国“三步走”战略的重要里程碑，确保小康社会的全面建成，对于我国实现在21世纪中叶建成富强民主文明和谐美丽的社会主义现代化强国具有重要意义；全面建成小康社会也将标志着我国从中等收入国家迈向高收入国家的步伐稳健。

（四）人类命运共同体思想

习近平在多个场合说“中国是世界上最大的发展中国家，一直是世界减贫事业的积极倡导者和有力推动者。改革开放 30 多年来，中国人民积极探索、顽强奋斗，走出了一条中国特色减贫道路”“消除贫困是人类的共同使命。中国在致力于自身消除贫困的同时，始终积极开展南南合作，力所能及向其他发展中国家提供不附加任何政治条件的援助，支持和帮助广大发展中国家特别是最不发达国家消除贫困”“中国将发挥好中国国际扶贫中心等国际减贫交流平台作用，提出中国方案，贡献中国智慧，更加有效地促进广大发展中国家交流分享减贫经验”“维护和发展开放型世界经济，推动建设公平公正、包容有序的国际经济金融体系，为发展中国家发展营造良好外部环境，是消除贫困的重要条件”“加强同发展中国家和国际机构在减贫领域的交流合作，是我国对外开放大局的重要组成部分”“在国际减贫领域积极作为，树立负责任大国的形象，这是大账。要引导广大干部群众正确认识和看待这项工作”。这些论述充分展现了习近平作为大国领袖的全球视野和宽广胸怀，为我们在做好国内扶贫工作的同时，如何推进国际减贫合作，发挥扶贫软实力、树立大国形象、增强我国在全球治理中的话语权，明确了目标，指明了方向。

习近平关于共建一个没有贫困的人类命运共同体的思想，深刻阐述了以下内涵：中国减贫的成就彰显了四个自信，是国家重要的软实力，开展减贫合作能够有效彰显中国人民重友谊、负责任、讲信义，能够充分呈现中华文化历来具有扶贫济困、乐善好施、助人为乐的优良传统；全球减贫需要更加有效地合作，需要在发展和减贫上协同推进；以减贫合作来推进扶贫外交具有重要和深远的意义。我们要深刻理解、准确把握，更加有力有效、力所能及地深化国际减贫合作，为全球 2030 年可持续发展议程的推进，提出中国方案，贡献中国智慧，更加有效地促进广大发展中国家交流分享减贫经验，树立负责任大国的形象。

在学术界，随着我国扶贫工作进入新阶段，贫困研究探索更加体现了时代特点，特别是针对精准扶贫的学术研究成为各个学科的新热点。汪三贵和郭子豪（2015）认为精准扶贫是为了抵消经济减贫效应下降而必须采取的措施，将成为未来中国农村扶贫的主要方式。我国在精准扶贫方面的困难体现在精准识别、精准扶持和精准考核三个方面；邓维杰（2014）认为精准扶贫的实际执行效果并不令人满意，主要原因在于精准扶贫中出现了突出的对贫困户的排斥现象，包括在精准识别环节对贫困人口规模的人为限定形成的规模排斥、集中连片扶贫开发对片区外贫困群体的区域排斥，以及自上而下的贫困村和贫困户识别过程中对贫困群体的恶意排斥和过失排斥等；葛志军和邢成举（2015）认为中国的精准扶贫工作面临多方面的困境，如贫困户参与不足，帮扶政策缺乏差异性和灵活性，扶贫工作遭遇上访困扰，扶贫资金有限，驻村扶贫工作效果较差。导致困境的主要原因是：

农民的社会流动、自利性和信息的缺乏，精准扶贫的内在矛盾，维稳工作的优势地位，结构性贫困的挑战，驻村扶贫干部的双重身份和扶贫资金筹集渠道的单一等。整体来说，对于精准扶贫的关注热点集中于精准扶贫的理论解析、运行机制、路径选择、政策效果、困境剖析、未来挑战几个方面。

(五) 中国特色贫困研究理论评价

从总体上看，我国已经形成了中国特色的贫困研究理论体系，但由于贫困研究起步较晚、基础比较薄弱，就广度和深度而言，相关研究仍未能深入，主要表现在六个方面。

(1) 从研究的类型看，运用性研究多于理论性研究。大多在引用和吸收国外理论研究成果基础上，进行扶贫开发的具体应用性的研究和经验推广，研究明显偏重应急式的对策研究，缺乏综合性和系统性，理论研究较少。

(2) 从研究的重心看，对绝对贫困的研究多于对相对贫困的研究。现有贫困研究主要集中于农村的绝对贫困方面，对农村贫困问题的研究基本上构成了我国贫困研究的主体，而对相对贫困的关注和研究较少。

(3) 从研究的学科看，单学科讨论多，跨学科研究少。中国现有的贫困研究具有较明显的单学科倾向，在探讨贫困原因和寻找减贫对策时，大多局限于单学科研究框架，特别是经济学研究框架，从社会、文化、政治等角度进行的理论研究相对较少，多学科视角的研究成果更为少见。

(4) 从研究的内容看，对“贫困”的外部因素讨论多，对“贫困”的主体关注少。长期以来，研究者的注意力更多集中于围绕贫困本身及外在的“物”开展研究，而忽视了从历史和人类社会大视角下关注贫困中“人”的研究。贫困归根到底是人的贫困，消除贫困归根结底需要发展人的能力，实现人的价值，调动人的积极性、主动性和创造性。因而，对于贫困的分析，如果仅仅从贫困的外部因素去分析思考，是不能触及贫困的本质的。

(5) 从研究的对象看，对区域贫困问题探讨多，对个人贫困或家庭贫困的探讨少。

(6) 从研究的方向看，目前虽然相关贫困问题的理论研究很丰富，但大多聚焦于分析和论述贫困“来自何方”“是什么”“怎么办”，而对贫困要“走向何处”却探讨和研究得很少。这不仅使贫困的研究失去了目标，而且使现实中的反贫困战略制定和路径选择失去了方向引领。

第三章　世界典型国家的减贫分析

第一节　美国的减贫分析：从普惠到分类减贫

美国是世界上最富裕的国家之一，但也未能避免贫困的现实问题，美国也是发达国家中贫困问题比较严重的国家。作为只有200多年历史的发达国家，从某种意义上说，美国的发展史就是减贫史。在美国的发展（减贫）进程中，有三个方面的动力导向至关重要：①新老移民冲击导向的发展力量，包括从欧洲新移民与印第安土著居民的碰撞，到现代社会贫富差距的党派纷争、舆情压力和社会冲突；②区域发展不均衡导向的农村贫困及其减贫力量，即从19世纪西部大开发到20世纪的南部经济扶植；③经济变革，尤其是周期性经济萧条导致的就业率偏低及城市减贫力量。三股力量贯穿美国的减贫历史。

美国的减贫理念经历了从精英主义的刻意无视到危机迭代中的贫困认知和基准变化，与此并行的是福利制度的建构和完善。对贫困的归因影响了政府的减贫对策。从归因指向看，美国的贫困成因有外因和内因两种。外部归因呈现纵向和横向两方面，纵向主要是由经济社会发展变迁所导致的：早期农村贫困、城市化背景下的移民适应不良贫困以及当代经济危机造成的城市贫困。贫穷是资本主义演变的一个组成部分。横向原因则是由种族或族群、家庭和文化因素导致的社会分层和经济社会发展不平衡导致的贫困。20世纪以前，在独立创造精神和个人自立主义的社会价值观指导下，贫困被归因为个人的责任，只有地方政府和慈善团体的不稳定救济。随着美国资本主义社会的发展，周期性经济危机造成的失业率上升和社会矛盾激增，迫使政府不断构建并完善福利制度和保险体系，用社会资源再分配的方式进行社会救助和制度性的福利减贫。

在减贫路径上，美式减贫呈现从普惠到分类减贫的转折、从政府购买的项目运作到完整福利制度体系的建构，呈现市场导向、积极福利和价值观驱动的、阶段性变迁的减贫路径。21世纪以来，美国学界和社会展开了深度反思，其中的经验和教训值得进一步思考。

一、贫困成因

美式贫困的成因充斥着平等主义和精英主义的对立，也因此贯穿着外因和内因的交织。总体而言，当代美国社会的贫困问题呈现交错、复合的内外部社会文化力量影响，极强的文化地理特点和社会分层格局，突出地表现为独特的“富裕中的贫困”。陈恕祥(2000)认为“美国的贫困问题从根本上讲是收入分配问题”，是资本主义的必然产物。

美式贫困的成因表现在美国历年的贫困线变化中。而对贫困成因的分析需要首先搞清楚贫困的定义和界定标准，主要涉及绝对贫困和相对贫困的界定。绝对贫困或赤贫是指无法满足人类的基本需求，通常包括清洁的淡水、营养、保健、教育、衣物和住房，低于国家规定的贫困线在统计上而言就属于绝对贫困。当然，相对贫困问题也广泛存在，相对贫困是相对于当时社会经济发展程度和基本生活水平而言的，是一种相对比较的概念，有学者将收入低于家庭收入中位数的50%作为标准来估算相对贫困人数，但这种计算方法得到的数据并未纳入官方统计口径。

美国是西方发达国家中最早建立贫困线制度的国家之一。美国的贫困线不仅用于贫困人口统计，其年度变迁也反映了美国政府对贫困的界定及其成因，是制定社会救助政策的参考标准，因而在美国的社会保障体系中具有非常重要的作用。

(一)美国贫困线的年度变迁

20 世纪美国的经济以高速领跑全球，总体生活水平位居世界前列。富兰克林曾预言美国将建立一个历史上独一无二的没有贫困的平等社会。然而，随着 20 世纪 20 年代末经济大萧条爆发，由此带来的失业和贫困问题凸显，美国政府不得不出面统计贫困的经济指标并进行政府层面的干预。美国的贫困线正是在这种背景下诞生的。

美国贫困线一般是指官方贫困线，又称绝对贫困线。“贫困线即收入水平线，按照一定年份生活资料价格和服务收费标准，一定人口的家庭获得这样的收入，可得到维持生活最必需的商品和服务，低于这个收入水平的家庭，就属贫困家庭”(陈恕祥，2000)。这意味着官方贫困线会以家庭税前收入为标准，随着家庭规模、城乡区位和物价水平的不同而变化。1955 年，在保守派的压力下，基于经济学家 Orshansky 的收入界定方法，美国政府将保证有足够营养的经济食品最低价格的 3 倍作为参照，“人口调查局将税前现金收入，包括社会保障、社会福利以及任何其他从政府得到的所谓转移拨款的总和低于贫困线的人都算作穷人”(陈宝森，1988)。通过 1959 年美国劳工部在美国 20 个城市的调查，以及 1961 年美国农业部“经济食品计划”和对不同规模及构成的消费模式的讨论，1964 年美国政府社会保障总署根据统计数据，正式创建了贫困线：将贫困标准设定为“家庭年收入低于 3000 美元的定为贫困家庭，其成员均为贫民；单身户年收入低于 1500 美元者为贫民”(王志章和何静，2015)，官方宣布“向贫困宣战”。这是美国正式出台的第一个官方贫困线，并以住户(household)和个人作为测量单位，一般以非农业四口之家(两个成年人和两个小孩)为“标准家庭”，然后选择不同家庭对标准家庭的调整系数，以此参照收入来建立差别化的贫困线。随后，1980 年美国政府按照收入和家庭规模对贫困标准做了全面界定，并每年随着物价水平做出调整，具体如表 3-1 所示。

表 3-1 美国历年贫困线变化表

年份	贫困率/%	贫困人口/百万人	家庭贫困率/%	贫困家庭数/户	四口家庭年均收入/美元
1964	22.2	39.9	—	—	3000
1965	17.3	33.2	—	—	3223
1970	12.6	25.4	—	—	3968
1975	12.3	23.0	—	—	5500
1980	13.0	29.3	—	—	8414
1983	15.2	35.3	—	—	10178
1987	13.5	32.5	—	—	11600
1990	13.5	33.59	10.7	7098000	—
1991	14.2	35.71	11.5	7712000	—
1992	14.8	38.01	11.9	8144000	—
1993	15.1	39.27	12.3	8393000	—
1994	14.5	38.06	11.6	8053000	—
1995	13.8	36.43	10.8	7532000	—
1996	13.7	36.53	11	7708000	—
1997	13.3	35.57	10.3	7324000	—
1998	12.7	34.48	10	7186000	—
1999	11.9	32.79	9.3	6792000	17029
2000	11.3	31.58	8.7	6400000	17603
2001	11.7	32.91	9.2	6813000	17650
2002	12.1	34.57	9.6	7229000	18244
2003	12.5	35.86	10	7607000	18810
2004	12.7	37.04	10.2	7835000	19157
2005	12.6	36.95	9.9	7657000	19350
2006	12.3	36.46	9.8	7668000	—
2007	12.5	37.28	9.8	7623000	—

续表

年份	贫困率/%	贫困人口/百万人	家庭贫困率/%	贫困家庭数/户	四口家庭年均收入/美元
2008	13.2	39.83	10.3	8147000	22025
2009	14.3	43.57	11.1	8792000	21954
2010	15.1	46.34	11.8	9400000	—
2011	15	46.25	11.8	9497000	22314
2012	15	46.50	11.8	9520000	—
2013	14.8	45.32	11.2	9130000	—
2014	14.8	46.66	11.6	9467000	—
2015	13.5	43.12	10.4	8589000	22000
2016	12.7	40.62	9.8	8081000	24300
2017	12.3	39.70	9.3	7758000	24600

资料来源：根据 https://www.statista.com/study/10064/poverty-and-income-in-the-united-states-statista-dossier/ 等文献数据综合整理

从罗斯福政府实行新政并确立《社会安全法令》起，美国开启了应对周期性经济萧条时期就业问题与减贫对策的制度性探索，但由于不同政府福利政策导向不同，美国贫困人口和贫困率呈 V 字形同步变化，从 20 世纪 60 年代开始形成从高到低再升高后趋于稳定的情况，如图 3-1 所示。

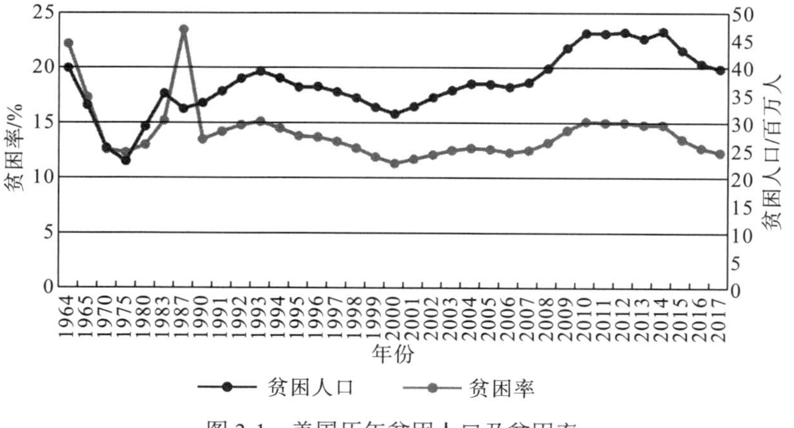

图 3-1 美国历年贫困人口及贫困率

资料来源：根据表 3-1 绘制

从图 3-1 可知，从 20 世纪 60 年代开始，美国人民从黄金时代的梦幻中惊醒，经济学家的研究反映出贫困问题的加剧状况。在经济学研究和现实压力之下，约翰逊政府正式宣布打响反贫困之战，在生计、老年人、住房等层面投入大量普惠性项目和福利政策支持。由此，贫困人口和贫困率呈现幅度较大的下降趋势，1975年比1964年减少贫困人口1690万，年均消除贫困人口140万，贫困率从22.2%下降到12.3%，下降9.9个百分点。结合表3-1和图3-1可知，20世纪70年代，美国的贫困人口保持在2500万人左右，处于贫困人口较少、贫困率较低、减贫效果最好的时期。1980年，美国贫困人口逼近3000万，截至2017年一直未回落到3000万人以内。

1980年后的贫困率总体呈上升趋势。这背后与政府的政策导向是密不可分的。1981年里根总统就任后，一方面大幅削减社会福利开支，并正式撤销了"反贫困"计划，"为有未成年人家庭设立的基金降低了17%，失业救济金降低了9%，社会保障金降低了17%……食品券也在1981年降低了17%"（陈恕祥，2000），原本获得救助的贫困人口大量复贫。另外，贫困线的变动也是贫困人口增加的原因之一。1981年，美国贫困线发生了几个变化：①取消家庭户主性别的分类；②取消农业户家庭的分类，统一了农业户和非农业户家庭的贫困线；③增加了七口之家到九口之家的更为详细的贫困线。农业户与非农业户贫困线的统一反映了美国农业经济的快速发展，贫困成因已经突破了区域性的、集中连片的农村贫困，呈现全国性的结构性城镇贫困特点。随后，1983年，美国贫困线首次升到年均家庭收入为10000美元以上。这两个方面的原因导致了贫困人口激增，1983年，美国贫困人口已突破3000万人关口，到1987年贫困率高达23.5%，几乎每四个人就有一个生活在贫困线以下。其中，白种人贫困率仅为10.5%，其他人种则高达33%。

从表3-1和图3-1中，我们可以看到美国发展过程中贫困线及其背后原因的变化。作为世界发达国家之一，美国的贫困问题具有阶段性和特殊性，在不同发展阶段，美国的贫困成因不同，可以从五个阶段分析美国不同时期的贫困成因。

（二）美式贫困的分期及其成因分析

人们普遍认为贫困对某些人来说是发展自由市场的不幸后果。毕竟，竞争的本质是必须有输家。然而，由于国情变化和历史发展的特点，美式贫困在不同历史时期对贫困的界定不同而有不同的类型和多样化的成因。依据主要减贫政策或重大减贫事件，主要可以划分为镀金时代之前的原初型贫困期、镀金时代的发展不平衡导致的贫困期、镀金时代之后经济危机导致的失业与绝对贫困期、新镀金时代的结构性贫困与相对贫困期、新经济危机导致的隐性增长型贫困期等五个阶段。

1. 第一阶段：1877年镀金时代之前的原初型贫困期

18世纪70年代美国建立初期，北美大量荒芜的沃土是那些尚未脱贫的人们走向富裕的保障。移居这里的欧洲先民在这里大肆开发。这时，美国社会主要是要解决移民城市化建设与印第安原住民碰撞下产生的原初型贫困。一方面是在以高新技术、机械化和市场化为武装的资本主义发展模式面前，原住民被定义为贫穷的。也就是说，在发展面前，欠发展被定义成贫困，因此经济发展就成为消除贫困的最根本、最有效的途径，在发展主义的话语体系下，经济提速的开发型减贫成为必由之路，同时也埋下了发展的隐患。另一方面，随着拥有田园美好生活的人们被卷入到工业革命中，城市化被加冕为社会进步的标志之一，以完全货币化为标志的经济脱嵌使人们无法回到过去，城市化进程与贫困化进程不断加剧，失业率成为一体两面的贫困源头和现实问题。

1873 年，马克·吐温出版了长篇小说《镀金时代》(*The Gilded Age*)。通过对一位企业家兼政客的描写，揭露了西部投机家、东部企业家和政府官吏三位一体掠夺国家和人民财富的黑幕。小说大胆揭露了美国南北战争以后，资本主义发展阶段的腐朽黑暗，对资产阶级的民主制度进行了深刻的讽刺，对当时流行于美国的投机行为、贪污受贿进行了深刻揭露。之后，美国人用“镀金时代”一词来称呼从南北战争结束到 20 世纪初的那一段美国历史。

2. 第二阶段：1877～1920 年镀金时代的发展不平衡导致的贫困期

美国的镀金时代实际上是美国发展史上的黄金时代，也是美国政治上的黑暗和腐败时代，时间大概为 1877～1920 年。这是美国经济发展突飞猛进的时期。镀金时代让美国完成了两个过渡：①从农业国向工业国的过渡；②从自由资本主义向垄断资本主义的过渡。到 20 世纪初，美国已经是世界上最强的工业国了。

1877～1920 年，美国的现代工业经济得到迅猛发展，土地大量开发，人口急剧增长，移民潮与工业的成长是这个时期美国的历史特征，也成为财富和收入巨大差异的代名词。在镀金时代，大约有 1000 万新移民移居美国。一些是来寻求新开垦土地的富裕农场主，还有一群人是极度贫困的农民，他们梦想着在新大陆上通过在农场、矿场和工厂工作实现他们心中的“美国梦”。

在这一时期，发展不平衡逐渐成为导致贫困的关键原因。一方面，由于工业化主要在东部和北部展开，西部广大的荒野地区和南部地区就成为相对欠发展地区，因此当地以农业为主的人就成为减贫的对象。这时期以解决区域发展不均衡导致的农村贫困为主，包括西部大开发到 20 世纪的南部经济扶植。另一方面，美国社会白人统治者在政治思想上盛行的社会达尔文主义，将“无能者的贫困、鲁莽者的不幸、懒人的饥饿、强者的征服”视为一种必然结果，而不是一种偶然性事件或社会结构的问题。在这种社会达尔文主义的理念下，美国南部各州存在并且日益泛滥的种族隔离制度逐渐合法化。因此当时在全国大部分地区，“隔离和不平等”早已成为白人社会心照不宣的信条。在南部各州，种族隔离还严格限制了黑人的职业选择范围。比如，佐治亚州的亚特兰大市的法律禁止黑人理发师给白人理发，以防止他们与白人理发师竞争。

因此，美国南部的贫困至今仍有历史遗留问题。从这一时期开始，产业分工不合理埋下了南部区域地理型贫困的隐患。南部最贫困的是阿巴拉契亚地带、历史上的黑人区、三角地带和里奥格兰德河谷。直到 1965 年，美国国会讨论《公共工程和经济开发法案》时，南部议员认为，南部的贫困落后是长期作为“国内殖民地”形成的产业分工不合理所致，如果没有联邦政府的扶持，就难以建立公平竞争和公正分配社会财富的基础，贫困地区将陷入恶性循环。一些北方议员则抨击该法案企图劫夺工业化地区的财富，妄称落后地区的贫困是临时性的，廉价的劳动力优势将吸引客商前去投资开发，最终走向共同发展的道路。

3. 第三阶段：1929～1969 年镀金时代之后经济危机导致的失业与绝对贫困期

1929 年的经济大萧条对美国社会各方面产生了极大的破坏性，工农业破产引发了严重的贫困问题，高达 25%的失业率制造了上千万生计难以保障的穷人。

罗斯福新政是为了解决 1929 年以来的经济大萧条导致的企业破产、人民生活堪忧的情况而提出的。1930 年，对工作的渴求掩盖了人们对长期存在的贫困和低收入现象的忧虑。在全国 25%的失业率面前，由于失业或不充分就业带来的贫困造成了严重的城市问题，城市减贫逐渐成为社会发展的主要目标。此时的贫困主体是指在街头流浪、以乞讨为生的人们，以及在失业办公室或者福利办公室门前排队领取政府救济金的人们。而贫困是由整个国家经济环境的周期性危机导致的。

杜鲁门政府则面临战后百万复员军人的失业潮问题。伴随数百万军人离开军队，美国国内的就业问题马上变得严峻起来。此时的贫困主体主要是复员军人中的失业者。

两届政府的政策具有延续性，政府实施积极的社会保障政策，使得美国经济走出低谷，既缩小了贫富差距，也没有出现大规模的失业潮和严重贫困问题，相反建立了一个以中产阶级为主的社会，成效显著。因此，王永红（2011）评价说“直到 20 世纪 70 年代，美国整个社会收入的分配是相当均等的”是有依据的。但随着美国周期性经济危机和萧条的爆发，缺乏持续性维系生存必需的工资水平的工作，成为造成贫困的根源，表现为以贫富差距为特征的社会分层。

4. 第四阶段：1970～1990 年的结构性贫困与相对贫困期

1981～2007 年的美国历史被称为新镀金时代（Klein, 2010）。这时期最显著的特征是网络信息等高新技术成为经济发展的引擎，信息技术产业的兴起实现了高速的经济增长。与此同时，贫困人口激增，贫困率居高不下。然而这一时期的贫困呈现结构性和相对性特点。这一时期贫困的原因变为“单靠经济收入的增长，大多数家庭收入的增速不及总人口生活水平的平均增速”（乔希·比文斯，2014）。乔希·比文斯认为这个现象早在大衰退发生前三十年就已存在，即“大多数家庭的收入增长赶不上经济的整体增速，最上层人士的收入却逐渐增长到之前无法想象的水平”。

由网络信息产业带动的经济发展加剧了数字鸿沟，造成了贫困差距的扩大。数字鸿沟又被称为信息鸿沟，是信息富有者和信息贫困者之间的鸿沟。美国著名未来学家托夫勒于 1990 年出版的《权力的转移》中最先提出了“信息富人”“信息穷人”“信息沟壑”和“数字鸿沟”等概念，认为数字鸿沟是信息和电子技术方面的鸿沟。美国商务部将其概括为“在所有的国家，总有一些人拥有社会提供的最好的信息技术。他们有最强大的计算机、最好的电话服务、最快的网络服务，也受到了这方面的最好的教育。另外有一部分人，他们出于各种原因不能拥有最新的或最好的计算机、最可靠的电话服务或最快、最方便的网络服务。这两部分人之间的差别，就是所谓的‘数字鸿沟’。处于这一鸿沟的不幸一边，就意味着他们很少有机遇参与到我们的以信息为基础的新经济当中，也很少有机遇参与到在线的教育、培训、购物、娱乐和交往当中”。

微软总裁布拉德 • 史密斯(Brad Smith)认为“计算机科学技能和教育方面的数字鸿沟还不是美国面临的唯一主要的技术问题，宽带服务的缺乏也是一个很大的数字鸿沟，尤其是在农村地区”①。袁勤俭(2004)通过研究2000年以前空间位置对美国数字鸿沟的影响指出，“美国南部地区是电话、计算机和家庭因特网普及率最低的地区，东部地区是电话普及程度最高的地区”，而这些区域数字设备匮乏情况与贫困人口的数量成正比，表明了信息技术对贫困的巨大影响。

据美国消费者新闻与商业频道(CNBC)全美经济调查显示，美国不同收入阶层购物者之间的数字鸿沟越来越大，而且这个鸿沟在短期内不会消除。如图3-2所示，2017年杰伊 • 坎贝尔(Jay Campbell)和米卡 • 罗伯茨(Micah Roberts)的商业调查显示，在年收入10万美元以上的高收入人群中，大约有60%的人经常在网上购物。年收入在3万美元以下的低收入人群中，只有20%的人经常在网上购物，这比2012年高出4个百分点，然而这实际上比2015年的比例有所下降，当年的这个数据为24%。与此同时，年收入超过10万美元的高收入人群中，经常在网上购物的人群比例与2016年持平，比2012年高出17个百分点。

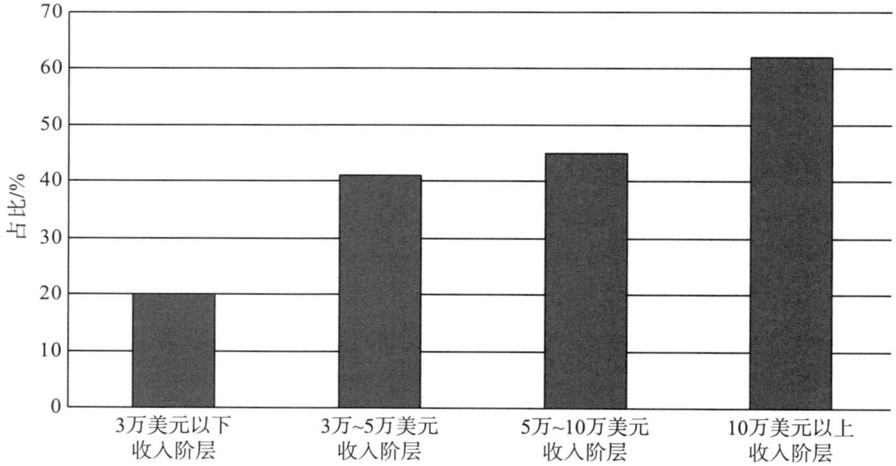

图3-2　2017年各收入阶层网购人数占比

资料来源：凤凰网科技. http://tech.ifeng.com/a/20180504/44981287_0.shtml

① 凤凰网科技，http://tech.ifeng.com/a/20180504/44981287_0.shtml。

另一方面是周期性经济危机带来的失业致贫。20 世纪 90 年代至 2017 年发生的三次大的经济衰退，对美国工薪阶层带来极大冲击，也产生了更多呈现隐性增长的贫困人口，其特点是收入增长赶不上总人口生活水平的平均增速。三次经济衰退分别是 1990 年美国房价飙升、银行信用危机导致 800 多万美国人失去工作，失业率创历史新高；2001 年美国遭遇“9・11”事件，美国政治、经济的安全感被削弱，严重打击了投资者和消费者的信心，加速了美国经济下滑，甚至第三季度就出现 1.3%的负增长；2008 年美国金融风暴导致经济猛跌不止，2010 年后美国社会的工作缺口高达 1100 万个，之后失业率逐年下降，2010 年为 9.6%，2011 年为 8.9%，2012 年为 8.1%，2013 年为 7.4%，2014 年为 6.6%，截至 2017 年失业率依然处于低位，基本没有太大变化。

美国在社会财富分配上的不平等要远远大于收入分配上的不平等(王永红，2011)。结构性贫困，也是一种相对贫困，以“三个社会”为表征，主要体现为三类社会的贫困。“三个社会”观点是美国国会独立党派人士桑德斯提出的，美国正在分裂为三个不同的社会：一个是由那些少数极其富有的人们组成的社会，他们正在拥有和控制着越来越多的国家财富和权力。第二个社会是日益缩小的中产阶级，这些普通人为了一份低收入和福利保险要付出比以往更多的劳动时间。第三个社会是指那些生活在贫困中的人口，而这些人口数量正在日益增长。作为美国民主制度根基的中产阶级正在日益消失，而贫困人口数量正在不断增长。

在这一过程中，以农村贫困、城市贫困和数字贫困为代表的三类贫困比较突出。

(1) 农村贫困。美国是最早的也是最完全的农业现代化国家之一。然而，农业的日益现代化也造成农产品过度生产、劳动力需求降低等问题，主要带来三个方面的贫困问题：①受周期性经济危机影响，农产品的供过于求带来价格波动导致农场主破产和贫困风险；②大量农民的城市化将贫困问题转换为城市贫困问题；③流动农业工人的贫困，由于多是外来的农民，其收入缺少保障，而正当权益也难以落实，常常被忽略。

(2) 城市贫困。城市贫困与农村贫困是相互影响的。城市化进程本身也是贫困化不断加剧的过程(汪树民，2011)，这里存在两个直接原因：由于城市化进程的加快，城市生计模式发生根本性变迁，生活成本也急剧增加，一些没有准备好的农村人口因缺乏工作技术、不能适应城市生活而致贫；周期性经济危机导致的失业极易造成贫困人口。现在，美国减贫的突出问题仍是城市的贫民窟和失业问题。

(3) 数字贫困。当前，美国面临着一个新的贫困问题，即数字贫困，又称为信息化技术贫困。作为计算机的发源地和网络普及程度最高的国家，美国从 1995 年至今先后多次发布数字鸿沟问题相关的报告，其中与贫困相关的最重要的是信息技术所带来的数字化差异。网络等多媒体信息的不易获得或难以获得所导致的新型贫困正在引起全世界的关注。

5. 第五阶段：2007年至今：新经济危机导致的隐性增长型贫困期

美国的贫困线标准是动态调整的，逐年在提高。到2008年贫困线首次升到两万美元以上，但贫困率一直徘徊在10%～15%。也就是说，从20世纪80年代至今40多年的时间里，美国一直保持着每7人中有1人生活在贫困线以下的状态，美国政府对贫困率的稳定性把握十分精准。不过，由于2007年至今仍未摆脱的次贷危机和信息技术的不断推陈出新，尽管美国政府进行了大量的干预，但贫困呈现出更大的隐形性和多样性。

2007年美国次贷危机爆发以来，从信用危机到市场震荡，从金融体系到实体经济，从美国本土波及欧洲乃至亚洲，至今仍受余波影响。这一危机具有两个部分的深层原因。①整个社会在新自由主义鼓励下过度超前消费，但事实上在去除通货膨胀影响后的平均小时工资和收入却并未增长，反而呈下降趋势，形成隐患。②金融监管制度严重缺失，市场过度投机带来的虚假繁荣将风险不断扩大。最先形成房地产泡沫，房价的大幅下跌会让更多的抵押贷款借款人陷入危机乃至破产，进而冲击生活的各个领域。

为应对信贷危机这一重大挑战，美国联邦储备系统(以下简称美联储)、财政部等美国政府部门相继采取了各种各样的应对措施，包括传统的政策手段、创新的流动性管理工具、经济刺激方案、金融监管体系改革、出台《住房和经济恢复法案》等。2008年9月7日，美国财政部长宣布接管美国两大房屋贷款融资机构房利美和房地美，并规定由美国国会新创建的机构联邦住房金融署负责管理这两家机构。下一步的行动包括注资、收购优先股等具体救助措施。

正如《扫地出门：美国城市的贫穷与暴利》一书所呈现的，那些靠联邦政府发救济金过活的穷人们因为不能按期付按揭而被扫地出门，或因为拖欠房租而被逐出房间，彰显出经济危机最先冲击的也是穷人，而富人还可借机谋求超额利润。作者马修·德斯蒙德指出强行驱逐是将一些人的贫困转化成另一些人的超额利润的关键环节。2009～2011年，密尔沃基市每8名房客中至少有1人经历过强制性搬迁。2012年，纽约市的法院每天都会判出将近80笔以未缴租为由的驱逐令。被驱逐过的房客因为有了这个记录，很难再租到好房子。他们只能住进条件更为恶劣的社区。贫穷、暴力、毒品聚集于此。为保证按时缴租、不再被驱逐，他们更要节衣缩食。这样，驱逐不仅是贫困的结果，还是致使贫困不断恶化的原因。贫穷能够成为利润的源泉，并不是因为穷人被剥削，而是因为他们不断突破自己生存条件的底线——吃本来不能吃的东西，住本来不适合住的地方，为没有价值的房子创造出不菲的租金收入。驱逐是不断突破贫困底线的重要驱动力。这就是次贷危机给减贫带来的最直接的影响。

另外，信息贫困成为制约当代美国贫困人口脱贫的超级障碍，在教育上表现为数字鸿沟的恶性循环，愈演愈烈。民主党籍联邦通讯委员会委员 Jessica Rosenworcel 观察到：当越来越多的学校开始要求学生们利用互联网资源来完成学业任务时，美国还有 1/3 的人无法享用宽带服务。那些贫穷家庭的孩子因为无力支付家庭宽带服务的费用，无法参与老师在网上进行的教学讨论和答疑，甚至不能准时完成老师在线上布置的作业。这就是所谓的“作业沟”(homework gap)，它是数字鸿沟最残酷的一个表现。同时，新型数字鸿沟也在诞生，当人们越来越关注电子产品给孩子们带来的注意力分散、人际交往问题时，数字鸿沟已经不仅是人们曾经想象的那样。抵御科技的入侵恰恰需要更为雄厚的经济实力、社会资本。富人可以让孩子们接受费用高昂的私立教育，或者雇用保姆限制他们使用手机，而穷人家的孩子却无力拒绝公立学校日渐“电子化”的教学要求。上一秒还在“作业沟”挣扎的他们，现在又面临着一个隐藏着更多危险的“虎穴”[①]。

最后，当今美国政府减贫面临的最大问题是全球化加快背景下美国低收入劳工会受到失业率变化的直接冲击。尽管美国政府一直在积极恢复经济发展，但其减贫工作面临的更大挑战是贫困人口不再随着经济增长而减少，反而有扩大的趋势。

总之，美国的贫困问题根植于资本主义制度中，本质上是资本主义追求利益最大化导致的社会两极分化问题和资本主义适者生存、优胜劣汰的社会进化论的价值观所致。

二、减贫措施

18 世纪末出现在弗吉尼亚州的贫民院是美国的反贫困措施的源头，也是国家援助贫困家庭的福利政策原型。贫民院属于住房社会救济，建立初衷是减轻贫困状况和住房危机。19 世纪，贫民院成为主要的居民救济机构，据纽约市统计，1890 年共有 85567 人为贫民院所供养。除了提供救济的住所，到 19 世纪 70 年代贫民院还发放救济金(10 美元/人)，且逐年增长，1874 年增至 22 美元/人。但早期的减贫措施大多是局部性、暂时性的补救型措施，缺乏预防性、普遍性和长期性。伴随社会发展的不同阶段和不同区域，美国减贫措施具有阶段性和针对性，大致可以划分为建国初期的区域开发型减贫、早期经济危机下的推拉型减贫、短暂的大规模反贫期的普惠福利和新经济危机下选择性积极福利制度减贫措施。

(一)立国初期到 20 世纪 30 年代的区域开发型减贫措施

第一阶段是美国立国之初到 20 世纪 30 年代，可概括为土地和工农业开发型减贫。这一时期仍以经济发展为引擎，可视为开发型减贫，典型的是西部大开发。西部大开发运动始于美国立国之初，主要措施有四点。

(1)制定优惠的土地政策。美国西部大开发的首要问题和成功的关键都在于较好地解决了土地问题。制定的优惠的土地政策有 1785 年“1”美元整块出售政策、1862

① 新贫富数字鸿沟：你沉迷手机时，金字塔尖父母早已让孩子远离屏幕. https://www.ifanr.com/1149624。

年《宅地法》、1873 年《育林法》、1877 年《沙漠土地法》和《荒地法》、1891《土地修正法》等，这些政策和法律法规吸引人们去开发西部地区。尤其是 1862 年《宅地法》规定凡连续耕种国有土地 5 年的农户，或 21 岁为美国公民或已递交入籍申请者，只需缴纳 10 美元证件费，即可获得 160 英亩①国有土地的所有权(刘宗绪，1999)。这项法规调动了移民的积极性，促使大量贫困人口在获得土地的同时，对西部荒野进行了集中连续的开发。

(2) 依靠先进的科学技术推动。美国的西部大开发是农业科技快速减贫的发展史。①改进农业生产工具，推进农业机械化，培育良种，提高产量，这是由地广人稀的背景决定的。②重视农业科技投入，积极培育农业人才。其中，在 1862 年《莫里尔法》支持下大量建设学院，培养工商农各个领域的专业人才。③高新技术成果转化为强大生产力，投入到区域建设和减贫发展中。

(3) 建设强大的工业发展引擎。西部大开发始于农业，但成于工业。随着采矿业、钢铁工业、机器制造业和农副产品加工业的相继发展，美国逐渐形成了较为完备的工业体系。

(4) 推进完善的基础设施保障。①重视发展交通运输业，为经济发展提供便利。②大型水利工程推进了农业现代化进程。

美国西部农业形成以机械化为基础、以科学化为根本、以水利化为命脉、以化学化为手段的现代农业发展格局。可见，西部大开发对美国减贫发展有举足轻重的影响：①从西部荒野到粮食供应基地，经济重心西移，促进东西区域发展的均衡；②西部大开发吸引了大量移民开发土地，创办农场，极大地促进了美国的工业化和城市化进程，缔造了美国现代大农业。但是，随着西部开发和城市经济不断发展，农村人口涌入城镇就业，在周期性经济危机冲击下，区域性贫困和就业不充分导致的多种贫困形式浮出水面。

(二) 早期经济危机下的推拉型减贫措施：社会福利推动减贫和就业拉动减贫

第二阶段是 20 世纪 30～60 年代，可总结为福利政策推动和经济发展背景下就业拉动的政策，即推拉型减贫。

1935 年《社会保障法》规定铁路行业之外所有 65 岁以下工商业职工均加入美国社会保障体系，同时联邦政府向各州拨款，为老年人提供救济，为失业者提供保险，为有子女家庭提供母子福利，提供公共卫生服务和盲人福利等。该法案的出台体现了促进社会公正和全面建立社会保障体系两项基本政策取向，奠定了美国现代社会保障制度的基础。该法案历经多次修正②，不断扩充为涵盖公共退休养老保障、雇主退休养老保障、医疗保障、失业保障、社会慈善制度保障、社会

① 160 英亩约合 647497 平方米。
② 先后有 1939 年、1946 年、1950 年、1954 年、1956 年、1961 年、1965 年、1972 年、1977 年、1983 年、1990 年等版本的修正案。

福利政策和商业保险的较为完善的基本框架，建立了一系列社会福利与社会保险计划。广为人知的社会福利政策如家庭临时紧急救济计划(即 TANF)、医疗救助项目(即 Medicaid)、儿童健康保险计划(即 SCHIP)、食品券等至今仍在实施。

1935 年美国《社会保障法》是典型的凯恩斯主义视角下以“个人权利价值观”为理论基础的减贫对策，即政府帮助贫困者被认为是穷人的天赋权利；其背后的理论是通过向富人征税再救济穷人，使之用于消费，这不仅有利于提高整个社会的边际消费倾向，同时也有利于扩大消费需求、刺激生产、实现充分就业(袁立超和王三秀，2016)。

在这样的政策基础下，美国政府大范围开展公共援助项目，将穷人尤其是妇女、儿童、老年人、残疾人以及失业者纳入社会福利系统，形成一系列的分类救助体系，这也是美国减贫制度化的开端。

这一阶段政府对南部地区有很大力度的扶持政策。比如，罗斯福政府的《麻梭浅滩与田纳西河流域开发法》，成立田纳西河流域管理委员会；第二次世界大战期间美国政府拨款 350 亿美元开发南部，扶持军工企业。但也造成了南部阿巴拉契亚区域经济上依赖农业和煤炭工业，一方面，产业比较单一，市场供求影响价格波动导致经济的脆弱性和不稳定性；另一方面，资源耗竭、污染严重，新形式的贫困正在形成。

杜鲁门政府延续并致力于扩大罗斯福新政的社会福利保障政策。面对第二次世界大战后数百万的复员士兵的生计问题，1946 年国会通过《就业法》，该法案规定政府有责任为那些能够工作、愿意工作和正在工作的人提供有益的就业机会(包括自行就业，从而最大限度提升就业率、生产力和购买力)，联邦政府应负责协调和利用自己的一切计划、智能和资源来帮助实现最大限度的就业(黄安年，1998)。

这一时期从推和拉两个方面奠定了美国减贫策略的基调：社会保障是推动福利的兜底型策略，而就业则是拉动脱贫、避免返贫的积极工作福利策略。

(三)短暂的大规模反贫期的普惠福利措施

第三阶段是 20 世纪 60～90 年代中期，可概括为旨在造血的分类、普惠福利制度型减贫。

以 1962 年颁布的《公共福利修正案》为标志，肯尼迪政府将治理贫困的重点从资助穷人物质和金钱开始演变为提供服务和技能。具体策略有：①服务，旨在帮助每个贫困家庭提高独立和自助的能力；②预防，为无助和无依靠者提供预防可能再度发生贫困危机的服务；③激励，旨在鼓励救济和福利的受益者逐渐摆脱政府的资助；④培训，提供足够的培训机会和选择，促使贫困者自立、自强(Kelley，1987)。同时美国政府开始发动地方政府和私人基金会，如社区力量和福特基金会等提供服务和培训。另外，1961 年和 1962 年颁布的《地区再发展法》和《人力发展和培训法》就旨在向贫困群体提供职业培训，普及教育，帮助城市贫民从根本上增强抵御贫困的能力。

以 1964 年约翰逊总统宣布“向贫困开战”、建立“经济发展办公室”并制定第一个贫困线为标志，美国社会减贫政策开始对贫困进行统一的界定，并在此基础上进行分类减贫。约翰逊政府声势浩大的减贫具体政策有：学前教育行动、低收入农村家庭和流动民工的特殊资助与贷款项目、一揽子社区行动规则等，动员一些社会力量，最大可能地参与社区减贫。另外，约翰逊政府 1965 年通过《公共工程和经济开发法》和《阿巴拉契亚区域开发法》，针对南部落后区域的农业危机和产业架构落后问题，采取扶持“经济增长中心”的开发策略，拨款 30 亿美元改善当地交通和工业状况。主要解决当地的交通问题，建成区域公路运输网，打通联系通道，拉动了区域经济发展，从而减少了贫困，大约过了十年时间当地居民收入就赶上了全国平均水平。

里根政府致力于削减政府支出，在建立基本社会安全阀的同时削减社会福利计划项目。具体措施有：①迫使和鼓励受救济的穷人参加二作，即不给福利(welfare)给工利(workfare)；②尽可能减少或取消现有的福利项目；③要求州和地方政府承担更多的救济穷人的责任；④将一些与救济和福利有关的项目尽可能地私有化，包括就业、福利服务和就业投资项目等。当然这也带来贫困人口在 10 年内激增的现实问题，但长远来看也具有一定的积极福利效果。一些学者对此持批判态度，如 Jewell 认为“里根政府以来的各届行政当局的反贫困策略政策过度保守，导致治理穷人动机不足的政策超过了社会价值和贫困文化所能承受的极限，最终再度制造了大批的贫困人口，贫困现象再度泛滥”(Jewell，1988)。1989 年，美国有 3500 多万人生活在官方规定的贫困线以下，占美国人口总数的 14%以上，而这一贫困率在 1992 年仍保持在 14.8%(吴建功，1996)。

(四)新经济危机下的选择性积极福利制度型减贫

第四阶段是 20 世纪 90 年代至今，可概括为选择性积极福利制度型减贫，这期间的减贫过程就是包括社会保险以及以公共援助与保障为主要内容的社会福利体系逐步完善的过程。现阶段美国社会福利体系主要包括两部分内容。

(1)针对每个公民的基本福利保障制度。主要指社会保障制度和工作保险制度，二者都是全民性的保险制度，并不考虑受益人的收入水平。

美国现行社会保障制度是从 1935 年经济萧条期间罗斯福政府《社会保障法案》所针对老年贫困人口的社会保险发展而来，现在命名为“老年人、幸存者和残疾人保险”社会保障项目，主要包括养老保险金、伤残福利金两种。福利金的来源全部出自雇主和公民自己缴纳的薪资税，退休后所缴纳的本金和利息作为社会保障福利金返还给雇员本人。但结构性问题在于受通货膨胀和延迟给付的影响，政府所征收的薪资税跟不上日益增长的福利金支出，美国政府的对策是随着社会发展相应提高薪资税的税率，并将社会保障金纳入信托，列入“预算外”，实行专项管理，从而“扩大保障金池子的蓄水量”。

美国与工作保险有关的福利政策主要有失业保险金和工人赔偿金，少数州还有州伤残保险金。失业保险金是美国最重要的工作保险制度，保险金来源为雇主为雇员缴纳的薪资税。具体管理权下放到各州，一般失业人员可领取 26 周的失业金，但是随着金融危机导致的失业率不断上升，奥巴马政府延长失业金领取时间，最长可达 99 周。工人赔偿金是第三方为雇员购买的保险金，赔偿金额取决于所购保险额的高低。这项保险除了给予金钱赔偿，还包括支付必要的医疗费用。

(2)针对低收入个人及家庭减贫的福利救济与补助制度。不同于社会保障制度和工作保险制度，美国的福利救济与补助制度主要针对低收入人群。对这部分对象的救济与补助是以精细分类为基础的。

现阶段美国对贫困的分类是根据劳动能力划分两类贫困主体，即无劳动能力群体和有劳动能力群体。在此基础上，美国政府展开积极价值观和以市场为导向的、以脱贫能力提高为目的的减贫措施，美国选择性积极福利型减贫对策对两类贫困群体采取不同的救助措施，具体如下。

基于无劳动能力的低收入群体的救助措施如下。

(1)现金援助，如作为贫困群体最后安全网的补充保障收入(supplement security income，SSI)项目，这是为年龄在 65 岁及以上的贫困老年人及各年龄段的盲人、残疾人提供现金援助，以满足他们的基本生活需要。该项目主要帮助无劳动能力的贫困群体维持基本生活水平，平均补贴水平为每月 532 美元。

(2)实物援助，如作为社会安全网一部分的补充营养援助计划(supplemental nutrition assistance program，SNAP)，从 1961 年的食品券计划(food stamp program，FSP)项目发展而来，1964 年约翰逊总统时期获得《食物券法案》支持，与农业发展、农业补贴相映衬。该项目由美国联邦政府组织、美国农业部管理，由各州社会服务和家庭服务部门具体分发，为生活在美国的低收入和无收入的人提供食品购买援助。通过向符合条件的贫困家庭提供换购食品的代币券，补充低收入家庭的食品购买能力，使他们能够购买营养充足的低廉食品①。

目前，SNAP 项目以个人或家庭每月税前总收入低于联邦贫困水平的 130%作为受助资质的衡量标准。同时，政府较为人性化地规定了一些必要支出作为收入标准的扣除额，包括因工作必须支出的费用、与职业或培训有关的费用、住房费用的过高部分、儿童抚养费、老年人和残疾受助人的医疗费用等。

申请者可在美国农业部网站在线填表申请，或者在本州的 SNAP 办公室现场填表提交，家庭收到的补贴金额取决于家庭的规模、收入和费用，形式已从纸质券发展到 2004 年开始用电子给付金转账(electronic benefit transfer，EBT)，每月存卡支

① http://www.acf.hhs.gov/programs/ofa/programs/tanf/about。

付。SNAP 可以购买供家庭必需食物，但不能用于购买烟酒和纸、肥皂等非食品，另外，部分地区餐馆可以为老年人、残疾人、无家可归者等提供实惠的饭菜。

2016 财年美国 SNAP 福利成本为 709 亿美元，为大约 4420 万美国人提供了食品援助，平均每人每月约 133 美元。

(3) 医疗补贴，如作为政府购买项目的医疗救助项目(Medicaid)，由联邦政府和州政府出资，向符合要求的医疗机构购买医疗服务，共同为低收入个人和家庭提供医疗援助，救助对象侧重儿童和他们的母亲、残疾人及老年人。从 20 世纪 80 年代开始，各州在联邦政府的支持下相继启动医疗援助计划。医疗补助领取者被纳入一个私人健康项目中，该项目每月从国家获得固定的费用，并为领取者提供医疗保健服务。美国大多数的州都采用医疗托管的方式完成本项目，截至 2014 年，有 26 个州与有专业人员管理的医疗护理组织签订合同，为老年人、残疾人、儿童及其母亲和孕妇等提供长期护理。

基于有劳动能力群体的工作福利制度如下。

(1) 贫困家庭临时救助(temporary assistance for needy families，TANF)项目，这是美国根据 1996 年克林顿政府《个人责任和工作机会协调法案》设立并实施的援助项目，并作为 2009 年《美国复苏与再投资法》的一部分延续至今。该项目旨在提供临时财政援助，同时帮助受助者就业从而摆脱困境。具体由美国卫生与公众服务部的家庭援助办公室组织，设定的四个目标如下：①为贫困家庭提供援助，使儿童能够在自己的家庭得到照顾；②通过提升职业素质、获得工作和婚姻，降低对贫困父母的依赖；③阻止和减少非婚生育的发生率；④鼓励双亲家庭的建立和维持。

TANF 项目采取现金补贴和提供相关服务的方式，帮助单亲家庭或是父母双方中有一人无劳动能力或长期失业的家庭实现自给自足。该项目目标是通过提供就业培训、增加就业机会、提高结婚率等减少贫困。其制度设计充分体现了鼓励有劳动能力的贫困群体参与劳动力市场竞争，在市场中获得相应收入从而摆脱贫困。具体的限制性措施有：①时间限制，美国政府要求 TANF 领取者必须在接受援助的 24 个月内找到工作，并规定每个人一生中享受 TANF 援助的时间最多不能超过 60 个月；②工作要求，要求受资助家庭至少每周工作 30 小时；③支持性服务，指现金援助之外的非现金援助，如儿童托管、交通补贴、为工作家庭提供的其他支持、职业教育和培训及工作咨询等；④其他补偿，如收入税豁免等。

TANF 有三种退出程序：第一种情况是由于获得工作而退出；第二种情况是由于超过获援最长时间的非工作情况退出；第三种情况是继续领取援助的金额低于受资助人的工资收入。

(2) 劳动所得退税补贴(earned income tax credit，EITC)，是政府通过税收减免的方式，增加低收入工作的回报性，从而提高救助者就业动机与就业收入的一种福利政策(哈尔斯·罗杰斯，2012)。该项目于 1975 年制定，并随着税收改革和通货膨胀不断变化，被认为是美国最大的减贫工具之一。2009 年《美国复苏与再投资法》

中将 EITC 暂时扩大为两个特定群体：已婚夫妇和有三个孩子以上的家庭。以 2013 年为例，没有孩子的家庭最高退税额为 487 美元，一个孩子的最大 EITC 为 3250 美元，两个孩子的为 5372 美元，有三个或更多孩子的是 6044 美元。

然而，自 20 世纪末以来，美国社会受到福利依赖、阶层固化、隐形贫困和财政赤字的多重影响，个体主义价值观抬头，传统的减贫政策受到抨击并最终进行改革，降低贫困人口的福利依赖程度、减轻政府压力成为政策设计目标。

在 20 世纪 90 年代初，美国展开了是否"救助有抚养子女家庭"的大讨论，最后自由派和保守派都同意将家庭从政府援助过渡到就业援助，但在如何实现这一目标上产生分歧。自由派认为福利改革应该扩大母亲获得福利和接受培训、积累工作经验的机会，通过更多机会和更高工资，帮助他们提高家庭生活水平；保守派则强调工作要求和时间限制，建议实行最长 5 年的终身限制，各州根据各自情况获得福利金来源，建立资助贫困家庭的方案。哈佛大学戴维教授的有限时间援助的福利改革建议催生了克林顿政府的 TANF 项目。

1996 年克林顿政府颁布了《个人责任和工作机会协调法案》，该法案也被称为"福利改革法案"，提出由联邦向各州、由政府向私人分权，允许以契约外包的方式实施减贫项目，从而以更市场化的方式对减贫政策和福利制度进行改革。这是美国减贫政策的关键转折。同时，克林顿认为"我们必须让人们有更多受教育的机会"，并指出这个"教育"包括了社区学校、高中、专业学校、假期教育和工人重新培训的机会。同时，克林顿政府设立 IRA（individual retirement account，个人退休账户），政府保证家庭存入这个账户的资金可以自由撤出而且免税，因此这笔获得免税的资金就可以用来支付教育培训、医疗费用、房屋首付或照顾老人等比较重要的事项。

布什政府在 2002 年进一步深化改革，提出《为自立而工作法案》（闫坤和孟艳，2016）。在这两个法案的基础上，美国通过"工作福利"的市场导向和增强脱贫能力双边策略减少福利依赖的选择性积极福利型减贫政策全面确立。

奥巴马政府提出"中产阶级经济学"，内涵是使每个人都获得公平的机会、合理的报酬和遵守相同的规则，具体措施为向富人增税和为中产阶级减税为核心的一揽子经济政策方案，通过税收杠杆调节日益扩大的贫富差距。在社会安全网方面，奥巴马政府采取措施减轻民众子女抚养和教育、医疗、住房和养老等负担，同时降低参加教育和培训的经济成本，提升教育水平和技能。另外，由于经济危机旷日持久的影响，奥巴马政府还延长了失业金领取时间，最长可达 99 周。

特朗普政府实行税改方案，这一政策有望显著降低美国企业的税负和提高居民的收入水平，尤其降低小企业税负，使其和大企业公平竞争；降低国内企业税负，使其和外国企业竞争，同时保护美国工人的就业机会和税基。该法案于 2017 年 11 月 2 日公布。法案长达 429 页，是美国自 1980 年以来最大规模的税改法案，计划将公司税自 35%降至 20%，而非最初的 15%；将个税保留 7 档征收，从而降低个人和家庭税率，并取消企业和个人享有的部分税务抵扣；此外，法案将废除现行州和地方所得税以及消费税可减抵税额的做法。

特朗普政府虽无直接的减贫措施，但聚焦于经济发展、提高居民收入和降低失业率的政策无一不影响政府的减贫效果。该政府以税制改革为核心，突出财政政策的功效，进行结构性调整，以提升美国家庭可支配收入，刺激私人部门有效消费，重振美国制造业，降低失业率，提高全要素生产率，改善美国经济基本面。

三、重要经验

贫困问题贯穿美国的发展史，并深深影响美国社会的多个阶层和群体。美式减贫可谓是在理论与实践的辩证作用和批判反思中发展，始终贯穿着两个对立面的冲突：在价值观上，是平等主义和精英主义的对立；在理论上，是凯恩斯宏观经济学、罗尔斯《正义论》与自由市场、新自由主义以及个人主义理论的对立；在策略方法上，是政府干预和自由市场的对立。在不同时期的根据现实情况的理论认知博弈，政府选择了相应的对策。

从理论层面上看，从罗斯福政府时代个人权利价值观，到受到凯恩斯主义影响的征税救济穷人提高社会边际消费倾向，再到默里的“稳定就业是避免个人和家庭贫困最根本的办法”，再到诺贝尔经济学奖获得者阿马蒂亚·森提出“根本问题是要求我们按照人们能够实际享有的生活和他们实实在在拥有的自由来理解贫困和剥夺，发展人的行动能力尤其是提升贫困者的就业参与能力直接顺应了这些基本要求”（阿马蒂亚·森，2002）。

在实践层面，20 世纪 30 年代的经济大萧条改变了传统自由主义的观念，罗斯福政府在应对经济危机时采取了福利减贫的救援干预，提高了政府对经济的政策参与性，加强了政府对经济的宏观调控能力，形成了以凯恩斯主义为代表的宏观经济政策。然而，1970 年以来复兴的新自由主义经济政策实行减少政府对经济的干预，格林斯潘的美联储奉行“最少的监管就是最好的监管”，最终监管失灵，风险浮出水面，穷人作为承受风险能力最弱的人成为最大的受害者。这正验证了贝克（2004）在《风险社会》中的论述：“财富在上层聚集，而风险在下层聚集。就此而言，风险似乎不是消除而是巩固了阶级社会。贫困招致不幸的大量的风险。”

因此，美国减贫政策随着具体阶段国情和理论以及价值观的变化而发生变化，21 世纪以来逐渐走向精细化，减贫方式注重工作参与，鼓励自食其力。通过精细划分无劳动能力群体和有劳动能力群体的贫困主体，从而选择性开展的积极福利制度极具效率。

美式减贫经验主要包括四个方面。

（1）基础上设立社会保障制度，即有完善的社会保障机制为前提。最重要的是健全政府的财政预算体系、各种税收制度以及选择性的积极福利制度，完善了从财政预算到税收再到福利实施的完整设计，这是调节社会财富和资源配置的重要机制，是减贫措施实施的重要前提。

(2)统计上实施精细化分类，即符合国情的精细化分类。在精细化分类基础上展开有选择的、针对性的社会救济和补助，完善社会安全网的保障作用。

(3)理念上强调积极价值观，即倡导积极价值观，降低贫困人口的福利依赖程度，减轻政府压力。其中“不给福利给工利”驱动参与式减贫的实施基础是通过基本教育、就业培训等提高“可行能力”及脱贫能力，同时价值观驱动人们对自己的生活负责，积极工作，主动参与到减贫过程中，防止返贫，达到彻底脱贫。

(4)运作上偏重市场化和社会化，即以更市场化的方式对减贫政策和福利制度进行改革，发动企业、社会组织参与减贫。减贫和脱贫不只是政府的职责，贫困问题更是包括私营企业、非政府组织和个人在内的所有社会力量的使命。

然而，美式减贫存在不可根除的趋势。主要有四个层面的原因。

(1)资本主义制度下周期性经济危机的爆发，使得失业问题总是周期性地加剧贫困问题，或带来返贫现象。更为深远的是，资本主义精英文化与平等文化的冲突是贫困问题无法根本解决的重要原因。

(2)两极分化突出，贫富差距与经济增长同步的问题在长远来看很难解决。阶层的固化将会加剧这种结构性的相对贫困的代际传递。

(3)政府基于政治功能而保持15%以下贫困率。近40年来，美国保持15%以下的贫困率以及不断完善的持续而稳定的福利减贫机制，政府服务贫困人口的政绩需要以及贫困人口在总统选举中的政治作用似乎越来越凸显，美国政府每年持续提高贫困线从而使贫困率保持在一定水平。

(4)微观层面隐形贫困的必然存在。通货膨胀的巨大压力，给周期性经济动荡的美国人的生命历程带来越来越不可控的未来，尽管横向贫困率或稳定于10%～15%，但微观层面多元化充满不确定性的隐形贫困难以消除。近年来，美国学者的一些反思性研究也指出，对于占绝大多数的具备劳动能力的人口而言，贫困是不可能根除的，需要将其纳入生命过程的风险进行考量。研究指出，美国人在成年初期经历贫困的风险趋高，2/3的美国人会借助在20～65岁获得安全网计划的短期的1～2年的支持，从而走出生命低谷期。结论是“对大多数美国人来说，问题不再是他们是否会贫困，而是他们什么时候会贫困。简而言之，贫困已经成为美国生活的一部分”(Sandoval et al.，2009)。德国学者的研究支持了这种可能，“贫困不再是固定的条件或个人或群体特征，而是人生过程中的一个经历或阶段。它不必然是顺利到达中产阶级阶层的边界”(Leisering and Leibfried，1999)。这些对于有劳动能力人口的减贫政策是有积极引导作用的。这意味着对微观上初入社会的青年人或经历着周期性经济危机的成年人来说，社会提供而不仅是家庭、学校和政府提供便利的资源、技术和能力的工利导向的支持和救助是非常必要的。由于就业或生计不安全和无法完全确定的不稳定性和非持续态势，贫困将是伴随美国人生活的常态。重点不是消除贫困，而是为处于贫困时期的人提供脱离贫困的支持、资源和能力。

第二节 巴西的减贫分析：重视运用政策计划的减贫

巴西是南美洲面积最大的国家，国土总面积为851.49万平方公里，拥有丰富的自然资源和完整的工业基础，是“金砖国家”之一，也是重要的发展中国家。据2019年巴西地理统计局发布的资料，巴西总人口约为2.1亿，分布较为密集的地方集中在大西洋沿岸，内陆地区较为稀少，区域经济与社会发展不协调。巴西是世界第九大经济体，有强大的工业体系，是拉丁美洲的第一大经济体。

第二次世界大战结束后，巴西历届政府通过推行“进口替代”战略、“高增长工业化”战略和“综合平衡”战略，顺利地完成了经济的起飞。经过几十年的努力，巴西已由一个传统的农业国转变为一个现代工业化国家。20世纪50～70年代，巴西经济经历了一段高速增长期，尤其在1968～1973年，巴西GDP年均增长率达到10%以上，被称为“巴西奇迹”。同时，巴西经济结构也发生了巨大转变，第二产业占国民经济的比例在1960年后首次超过50%，城市人口占总人口比例由不足30%提高至60%以上(赵硕刚，2014)。

然而，巴西经济增长的奇迹未能延续下去，进入20世纪80年代后更遭遇“失去的十年”，经济增长和结构转型几近停滞。即便在20世纪90年代新自由主义改革后，以及21世纪初全球经济快速增长阶段，巴西经济也未能重现之前的持续高增长，人均GDP长期徘徊在中等收入阶段，至今未能进入高收入国家行列(赵硕刚，2014)。

巴西经济和社会发展有着巨大的地区差异。2019年资料显示，巴西2017年GDP增长率为1%，农业劳动力占比为9.4%，工业劳动力占比为32.1%，服务业劳动力占比为58.5%。2016年和2017年，巴西失业率分别为11.3%和12.8%。生活在贫困线下的人口占比为4.2%，约有4%的人口处于极端贫困线下(每天收入少于1.9美元)。1992～2013年巴西贫困指标变化如表3-2所示。

表3-2 巴西贫困指标变化表

指标	1992年	1996年	2000年	2004年	2008年	2013年
基尼系数	53.17	59.89	—	56.88	54.36	52.87
贫困人口占比/%	—	—	—	22.40	14.10	8.90
贫困率(3.10美元/天)/%	35.77	26.57	—	23.27	14.21	9.06
贫困率(1.90美元/天)/%	20.76	14.17	—	11.04	6.29	4.87

资料来源：The World Bank, 2017. World Development Indicators[OL]. [2017-02-13]. http://data. worldbank. org /data-catalog /world-development-indicators.

一、贫困成因

长期以来，巴西贫困问题较为突出，贫困人口众多、失业率上升、食物价格上涨、贫困家庭非食物支出(居住、交通、卫生和教育等)增加，城市内部二元结构现象非常突出(李涛，2012)。巴西在经过1968～1973年GDP年均增长10%以上的快速发展以后，在1974年人均GDP突破1000美元，进入中等收入国家行列。然而，巴西长期徘徊在中等收入国家水平，一直没能进入高收入国家行列。2002年后，巴西经济重新开始新一轮高速发展，但是直到2010年人均GDP才刚刚突破10000美元，仍然没有进入高收入国家。巴西近40年在中等收入阶段的徘徊，带来经济、社会发展的很多问题，严重影响了人民生活质量的改善。

(一)经济增长潜力下降

1. 中等收入陷阱

巴西的贫困成因较为繁多，中等收入陷阱是主要因素。一是经济增速出现“断崖式”下降后呈长期结构性减速。20世纪50、60、70年代，巴西平均经济增速分别为7.4%、6.2%和8.6%，而在80年代经济增速陡然降至1.6%，尽管90年代增速回升至2.5%，但巴西经济在进入中等收入水平阶段后，结构性因素导致长期增长潜力下降。二是经济增速“断崖式”下降伴随着严重的外部冲击。巴西在进入中等收入阶段时先后遭遇了两次国际石油危机的冲击。1973年第一次石油危机爆发后，巴西经济虽然仍能保持7%左右的平均增速，但之前年均增长10%以上的“巴西奇迹”就此终结。1978年第二次石油危机更成为巴西经济由高增长跌落至“失去的十年”的转折点，经济陷入长期低迷(赵硕刚，2014)。

现有研究显示，中等收入状态的延续时间与国民总收入(gross national income，GNI)的增长速度和稳定性相关。虽然GNI增长率难免波动，但巴西多次出现负增长且波动程度较大。尤其是20世纪80年代之后，巴西的GNI增长速度大幅减缓且波动加大。自1981年后，巴西每十年的GNI年均增长率依次为-0.34%、0.84%和3.1%，低于迅速跨越中等收入陷阱所需的必要增长率(岳云霞和史沛然，2017)。

至2014年，从巴西过去50多年的发展历程来看，中等收入时期的增长质量是决定这一阶段延续时间的关键因素。由于增长率无法达到跨越中等收入陷阱所需的必要水平且频繁大幅波动，巴西长期深陷这一发展阶段。

2. 错失战略转型时机

巴西从20世纪30年代开始实施“进口替代”战略，以保护民族工业的发展，加强本国经济独立自主的能力。“进口替代”工业模式使巴西的工业化快速发展，在70年代末建立起了较为完整的工业体系，拥有门类齐全的基础工业部门。但是，由于巴西长期奉行“进口替代”战略，从而忽视了出口市场，造成工业技术落后、技术设备陈旧，产品质量差、成本高，难以参与国际市场竞争，不利于工业化深入发展。长期重视工业投资也造成了产业结构失衡问题：第一产业薄弱；第二产业的内部结构不合理，对内缺乏基础建设支撑，对国外资金和资源的依赖性十分严重；第三产业由于非正规部门的急剧膨胀，难以实现整体性规划发展，更难替代第二产业成为拉动经济增长的动力。20 世纪 70 年代的石油危机后，这种结构性矛盾进一步加剧(王海燕，2012)。

20 世纪 70 年代的能源危机使西方国家经济发展缓慢，西方国家开始实行新一轮贸易保护主义，国际贸易环境恶化。同时，基于微电子技术的信息技术迅速传播，新技术革命在世界范围内兴起，高技术产业迅速发展，世界产业结构开始进行优化升级。在国内外的挑战和机遇面前，巴西依然 “举债发展”，继续推进耐用品和资本品的进口替代，未能及时转换发展模式，错失产业结构的优化升级时机。

20 世纪 90 年代，巴西推行新自由主义政策，实行经济自由化改革，并主要以依赖外资为主求发展，试图稳定经济，实现经济现代化。虽然贸易自由化和吸引外资在开始时还算顺利，但是 20 世纪 90 年代后期，巴西遭受了这样的结果：国际收支账户出现巨额赤字；基于过高估价的汇率手段实现的经济稳定，附带了很高的而且是难以弥补的代价——进口的结构性增长，致使本地企业无法抵御具有廉价优势的进口产品、组件和散件，它们越来越多地替代国内生产的产品，国内生产企业多被其摧垮；国际竞争力主要来源于规模大而附加值低的商品生产部门，主要商品部门是原材料部门(农业、自然资源和能源密集型等部门)，相对而言，产业转型水平较低(王海燕，2012)。

3. 技术创新能力不足

进入中等收入阶段后，一国经济的低成本优势将会逐步丧失，为了与发达国家抗衡，必须提高研发能力和重视人力资本，进行产业升级，培育新的竞争优势，发展中高端市场。

20 世纪 80 年代，巴西的投资大幅减少，致使巴西难以引进所需的新技术，持续的财政困难和外部压力也使主要国有技术研发中心的改革处于停滞不前的状态。政府面对外汇与通货膨胀危机一再引起的困难已经无力做出必要的协调或前后一贯的调整措施。20 世纪 90 年代，受“华盛顿共识”新自由主义思潮的影响，巴西政府开始大幅削减公共财政预算，研发投入急剧萎缩，本土优秀研发机构被弃置。同时，跨国公司对巴西本土企业大肆兼并重组，巴西本土企业技术创新能力被进一步削弱。在这些情况下，巴西已无力构建和培育必要的条件来促成以微电子技术为核心的新兴产业集群的兴起，并进而实现以技术革新带动新一轮的资本积累(王海燕，2012)。

巴西科技进步与创新长期不受重视，R&D(研究与发展)投入强度低，始终在1%以下徘徊。2004 年以前，巴西法律禁止政府直接资助公司的创新行为，也不允许公司雇佣大学研究人员，这使主体间缺乏交流互动和衔接，不仅阻碍新的科学技术成果应用于经济，也阻碍了中小企业创新发展(王海燕，2012)。

(二)宏观经济政策出现偏差

经过20世纪60年代末70年代初的快速发展后，巴西通货膨胀日益严重，政府未能有效控制，在货币、税收、信贷、物价等政策方面也未采取相应措施，导致通货膨胀到80年代成为难以驾驭的“烈马”。从20世纪90年代开始，巴西接受新自由主义经济思想，全面放开经济，向自由市场经济转型，推动国有企业私有化和减少政府开支等。政府作用被极度削弱，宏观经济缺乏有效制度框架，政策缺乏稳定性，政府债台高筑，通货膨胀继续恶化，国际收支长期不平衡，造成经济危机频发，经济发展大幅波动。

巴西积极实施的民粹主义，也进一步恶化了经济形势。为了应对社会收入差距拉大的趋势，巴西政府不顾自己收入水平和财政能力的制约，照搬发达国家的社会福利制度，想在“经济赶超”的同时，实行对发达国家的“福利赶超”，这从1997～1998年的平均社会总支出占GDP的20.8%就可见一斑。福利政策赶超经济增长，使政府出台的各种救助政策实际作用微弱。结果导致财政赤字过大，债台高筑，引发债务危机、金融危机，最终导致经济增长停滞(王海燕，2012)。

(三)工业化发展中忽视农业发展

20世纪50年代后，巴西“进口替代”战略、“高增长工业化战略”使经济有了较快发展，由传统农业国家转变为现代工业化国家，扶工抑农的政策造成工农业发展失衡。这样的政策一直推行至20世纪70年代，农产品出口创汇的大量资金被用于工业部门投资，农业部门较低的投资进而影响生产效率，影响农民收入和粮食安全。另一个重要的转变是农业生产越来越向资本密集方向转变，提高了对劳动力素质和技能的要求，使大量教育程度低、失地、无地农民失去就业机会，产生大量贫困农民。1996年巴西全国49.7%的农户所拥有的土地面积只占全国土地面积的约2.3%，而不足2%的农场主占有了全国土地面积的45%(方旭飞，2014)。大量农民没有土地，加剧了农村人口向城市流动。少部分人掌握了大量土地，阻碍了土地改革的进程，极度不平衡的土地所有制迫使农户陷入非常艰难的境况，只能流向城市。尽管这种单向流动在一定程度上推动了城市化和工业化进程，但城市人口的增加远远超出了城市基础设施、教育、健康、就业等方面的容纳能力，因此一部分能力弱的农民沦为贫困群体。

(四)城市化过度发展

巴西城市化程度较高，1991年为75.11%，2000年为81.25%。较高的城市化率并没有减少贫困，反而显现出较为严重的发展不平衡问题。

（1）就业率较低，在非正式部门就业的人数比较多。随着城市化进程推进，巴西发展的聚焦点从工业转向资本和技术密集型，就业机会减少。在1960～1970年，有1/3的新增劳动力在工业和建筑业领域就业，剩余的劳动力都流向服务业。随后，经济发展较慢，服装、制鞋等传统行业在国际市场上失去了竞争力，就业率降低，大量劳动力流向服务业和非正式部门。非正式部门就业是指作坊式就业，即在少于5个人的小微企业工作，未签订劳动合同，没有社会保障，工人的权益不能受法律保护，收入只有正式工作部门的一半左右。

（2）低收入群体的需求没有纳入城市规划、建筑用地、基础设施及社区发展之内。约80%居住在贫民窟的贫困人口收入低于最低工资，这一部分人无论在城市还是在农村，获得建筑用地和住房都非常困难，因此这些贫困人口就非法占据一些闲置土地，盖了简陋的房子，随之而出现的问题是催生了贫民窟的中间商和黑市，贫困程度和社会排挤情况更加严重。

（3）对贫民窟问题不重视以及缺乏较好的应对政策。在城市化进程中，税收政策根据不同地区平均工资来制定，从税收结果看，这一政策加大了贫困群体和富有群体的差距。另外，教育支出也向中等教育和高等教育倾斜，导致对基础教育的投资严重不足。在中等教育阶段，优先发展普通教育，而不是中等职业教育和师范教育，这对改善儿童教育及低收入群体的状况不利。

（五）不重视社会公平问题

1. 社会贫富分化严重

公平发展不仅有利于缩小收入分配差距，创造更为均衡的发展，还能够减缓社会矛盾和冲突，从而有利于经济可持续发展。巴西在进入中等收入阶段后，收入差距迅速扩大导致中低收入居民消费严重不足，消费需求对经济增长的拉动作用减弱。巴西长期以来重财富积累，轻分配，认为“财富要先创造，其后才能分配”，笃信“涓滴效应”。在这些思想指导下，发展不重视社会公平，最终造成了社会的两极分化，形成了两个对立的阶层——高收入的富有阶层和低收入的贫困阶层。1970～1995年巴西的基尼系数平均达到0.61。这充分表明，绝大多数巴西人并没有从经济增长中获得好处，经济增长的成果被少数人所享有（王海燕，2012）。收入差距的扩大导致中低收入居民消费严重不足，消费需求对经济增长的拉动作用减弱。贫富悬殊，社会严重分化，引发激烈的社会动荡，甚至政权更迭，进一步对经济发展造成严重影响（何中正，2010）。

2. 社会保障体系不平衡

巴西社会保障体系在城市和农村、城市正规部门和非正规部门之间的覆盖率差别很大。1990～2006年，巴西城市社会保险覆盖率平均为57.4%，农村仅为19%。城市正规部门覆盖率平均为84.4%，非正规部门仅为32.8%。在非正规部门就业的大部分劳动人口的收入较低，养老、医疗等方面得不到保障（赵雪梅，2011）。

3. 腐败问题

腐败也是影响两极分化的重要原因之一。腐败严重制约和影响了巴西经济和社会发展，腐败使巴西付出巨大代价：外国投资减少、外债负担加重、私人资本外流、收入分配不公、失业率上升、贫富差距扩大以及社会政治动荡(欧阳福军和孙兴涛，2006)。

二、减贫措施

巴西是拉美地区贫富分化最严重的国家之一，在经历了债务危机和“失去的十年”之后，巴西也进行了以新自由主义为特征的经济改革。通过改革降低了通货膨胀率，稳定了经济，刺激了经济发展，但同时也加剧了如贫富分化等社会问题。但是，整个国家的基尼系数始终保持在 0.5 以上，在世界范围内属于分配极度不均的国家，减贫、确保社会公正成为巴西每一任总统工作的重中之重。

(一)20 世纪 70 年代推行的国家主导型“发展极策略”

巴西地区经济发展的巨大差异是巴西贫困和收入分配两极分化的重要因素之一。为改变地区发展失衡，从 20 世纪 50 年代开始，巴西政府加大了对经济落后地区的开发力度，采取了“以点带面”的发展模式。迁都巴西利亚、建立玛瑙斯自由贸易区，利用这两个地方对巴西落后的北部、东北部和中西部地区发挥辐射作用，通过优惠的政策刺激，解决地区发展失衡状况。

(1) 成立专门机构执行国家干预，由上级部门指挥下级部门。主要机构为内政部(负责区域发展)、四个州的行政发展管理局(东北、中部和西部、北部、南部)、经济区行政管理局，以及针对特殊项目和企业发展的工程中心(王俊文，2009)。

(2) 给予贫困地区以优先权实施发展计划。设置区域流动人口管理办法，根据人口调整工业布局和农业布局。巴西政府 20 世纪 60 年代迁都，同时在不同的地区设置了移民点，以安置东南部的移民；70 年代实施了国家整合计划，为北部和西部工业发展提供劳动力与农产品资源，通过推动地区经济发展，改善人口和农业布局。开发陆地资源，加强农业基础设施建设，建设具有国际竞争力的农产品部门。同时，巴西政府还推出了区域综合发展计划，如中部和西部地区发展计划，通过基础设施建设(如高速路、食品加工产业)等，加速地区发展。

(3) 推动“发展极”区域的建设，给予优先投资权并出台特殊优惠政策。

①通过财政鼓励筹集发展基金。引导私人投资向落后地区和农业部门流动；通过财政预算确保地区发展基金，进而保证发展能够顺利执行；实行最低价格保护政策，鼓励农业发展，尤其是保护在新建的发展区域内农户的权益。

②开辟自由贸易区提供投资便利。在贸易政策方面，巴西政府规定，在指定地区消费的商品主要是农产品、畜牧产品及其原料。所有在自由贸易区投资的企业都

能够得到“亚马孙私人投资基金”的支持，国内企业可以免除增值税、工业品税、商品营业税，以及设备税、生产所需的设备及材料进口税。至1974年，巴西在亚马孙地区连续设立了17个不同规模的“发展极”区域，初步形成了发展网络，刺激了整个地区的经济增长，取得了令人瞩目的成效。

（二）20世纪90年代卡多佐政府时期的社会发展战略

从20世纪90年代开始，巴西历任总统越来越重视经济增长与社会发展并举，在卡多佐政府(1995～1998年，1999～2002年)领导下进行了全面性经济体制改革。

1. 启动经济体制改革

1994年，卡多佐任联邦财政部部长时启动“雷亚尔计划”，实行贸易开放、金融自由化、国企私有化、银行系统重组等一系列重大措施。经过改革，巴西克服了高达2000%以上的恶性通货膨胀，基本稳定了宏观经济，实现了由内向发展到外向发展的模式转换，由国家主导型经济向市场经济的体制转轨。值得关注的是，卡多佐政府在进行上述经济改革的同时，将社会领域的改革也提上日程，并提出“社会发展战略”(苏振兴，2015)。不少拉美国家因经济改革引发严重的社会冲突与政局动荡时，卡多佐政府将社会领域的改革与经济改革同时推进，为整体改革营造了一个稳定的社会环境。

2. 引领社会领域改革

(1)在教育领域提高劳动者素质。巴西政府为提高劳动者素质，主要采取以下措施：改革基础教育、强调教育质量、发展中等教育和职业教育；由联邦政府与大学、私有企业、市政府和群众团体共同协作开展扫盲运动；增加教育投资，1996年巴西国会通过法律，规定州教育预算中的15%必须用于基础教育；提高中小学教师待遇，调动教师积极性并提高教学质量；建立东北部教育基金，帮助不发达地区培养师资，免费发放教科书，并启动“远距离教学计划”，通过卫星电视向偏远地区播放教学节目，使不发达地区文盲率大大降低，在1990～1999年，巴西成人文盲率由18.3%减少至13.3%；7～14岁儿童入学率由80.5%上升到95.7%(苏振兴，2015)。

(2)在医疗卫生领域提供持续服务。政府实施扶持普通药物计划和建立基础药房计划；在全国近6000个市中，有3230个市实行家庭医生计划，为3800万人口提供医疗服务；建立社区医疗人员计划，对家庭医生计划进行补充，为8200万居民提供服务；全国性免疫运动持续开展，婴儿死亡率由1990年的47.8‰降至2000年的35.3‰。

(3)在土地改革领域提供贷款及培训。在土地改革方面，1995～2000年，政府征收的土地约为1800万公顷，为家庭农业提供贷款超过70亿雷亚尔；获得土地的无地农民有46.5万户。在劳工领域，1995～2001年，接受政府职业培训计划培训的劳工达到1500多万人；政府每年为该项计划投入的资金超过10亿雷亚尔。

从总体上讲，联邦政府向家庭及个人实施直接转移支付(包括农村养老金、失业保险、助学金和食品补贴等)每年超过200亿雷亚尔，约占GDP的2.5%多一点。在雷亚尔计划付诸实施后的7年(1994～2000年)，巴西贫困人口占总人口的比例由43.9%降至31.9%，其中赤贫率由19.5%降至14.5%(费尔南多·德·奥兰达和巴尔博萨·菲略，2013)。

(三)21世纪初期卢拉政府的社会减贫政策

卢拉政府时期的减贫政策，在经济领域基本上继承了卡多佐政府的宏观政策，但同时更加注重社会发展领域的问题，把扶贫作为一项基本国策和解决社会矛盾的突破口，先后推出了多项扶贫措施和计划，其中最主要的是有条件现金转移支付计划、家庭补助金计划、零饥饿计划、第一次就业计划及对贫困人口的社会保障政策。

1. 有条件现金转移支付计划

这是继零饥饿计划之后最具有特色和远见的政策。有条件现金转移支付计划(conditional cash transfer-anti-poverty policy，CCT)的核心是“以金钱换行动”，即政府和贫困家庭订立“社会契约”。第一代CCT计划诞生于20世纪90年代，该计划是以政府“现金转移支付”为基础，涵盖健康卫生、教育和就业等生计方面，为实现某些特定社会目标而制订的专门社会救助计划。“有条件”是指接受这些计划资助的家庭必须承担和履行相应的义务。

例如，在教育方面，保证学龄儿童能上学、获得基本的食品与学习用具；在健康方面，要求家庭必须定期进行体检，接受预防治疗；怀孕妇女必须接受医疗检查；5岁以下儿童必须进行疫苗接种等。这一计划鼓励贫困人口进行人力资源投资，通过现金转移支付的方式帮助贫困人口。“有条件”的目的在于强调家庭改善自身生活状况的责任，防治福利依赖症，同时也避免实物福利项目在物品发放和服务环节的低效率和管理漏洞。

根据世界银行发布的《2015年社会安全网状况》报告，2014年巴西接受CCT计划的家庭人口约有5780万人，占总人口的1/4以上，与社会贫困人口的总量相近。相对于社会养老金和“无条件现金转移支付计划”等福利项目，CCT的目标定位更准确。

2. 家庭补助金计划

家庭补助金计划是巴西于2003年提出的扶贫计划。该计划并不向受助者发放生活及生产物资或提供岗前培训，而是直接给予现金，对这些现金的使用不做任何要求，即贫困受助者可以自由支配救助金。想要领取补助金的家庭必须具有两个条件：①保证孩子上学，并为7岁以下的孩子定期接种疫苗和安排体检，不符合条件的家庭将被停发一至数月的补助金，严重的还会被取消领取资格；②要被家庭补助金计划认定为穷人，家庭成员的人均月收入必须少于154雷亚尔(2020

年约合人民币 199.95 元）。他们每月能领取的补助金金额与家庭成员数量、家庭收入相关，从数十到数百雷亚尔不等(高欣，2017)。

2004 年，家庭补助金计划仅覆盖了 650 万人。2015 年，该计划的受益者已达到 1300 万户家庭，共计 5000 万人，其中 75%属于巴西 40%最贫困人口之列，人均受益金额从 2004 年的 23 美元增加到 2011 年的 72 美元，计划的年度总开支约占 GDP 的 0.5%(费尔南多·德·奥兰达和巴尔博萨·菲略，2013)。据巴西社会发展和反饥饿部的统计数字，2016 年家庭补助金计划共帮助了 1400 万户家庭。值得指出的是，巴西人口众多、幅员辽阔、地区差异巨大，这项计划从设计到实施是一项复杂的社会工程，需要政府有较强的决策与实施能力。

3. 零饥饿计划

零饥饿计划的目标是保证所有人定期获得足够数量和质量的食物。该计划自 2003 年实行以来，把扶贫减困作为工作重点。该计划由加强家庭农业、食物供给、创造收入、整合社会力量四个部分构成，并制定相应的配套措施。政策措施实施的范围包括联邦、州级、地方级政府，分为：结构政策，通过提高家庭收入、普及社会权利、供应有质量的食物和缩小收入不平等，减少弱势群体；专项政策，旨在促进粮食安全、消除饥饿和营养不良；地方政策，重点关注支持农业发展和食物供应。例如，穷人花 1 雷亚尔就可以在“大众食堂”饱餐一顿，每逢圣诞节，食堂免费向穷人开放，还有慈善机构赠送的生活用品可以带回家。

零饥饿计划是劳工党政府为减贫和改善社会不公而做出的重要承诺。零饥饿计划是营养津贴计划、奖学金计划、民用天然气补贴计划等的总称，其主要目标是为生活在官方贫困线之下的 4400 万人口提供食品和现金援助。该计划的执行采取了由各个相关部门分别管理不同计划和项目的方式：教育部负责奖学金计划，卫生部负责营养津贴计划，矿业和能源部负责民用天然气补贴计划。这种由各个部门分散行使职权的做法，给计划的管理带来很大难度，在履行反饥饿和极端贫困方面效率较低。到 2003 年中期，即卢拉政府执政几个月之后，社会上出现了对零饥饿计划失望和不满的情绪(方旭飞，2014)。

4. 第一次就业计划

巴西人口众多，劳动力资源丰富的另一面则是就业压力非常大。2003 年实行的第一次就业计划，是专为 16～24 岁、第一次就业的低学历青年人制订的，该年龄段失业人口占总人口的比例约为 45%。该计划通过整合社会力量，建立全国性的青年就业系统，重点支持就业存在困难的弱势群体，尤其是改善青年人就业计划。主要措施包括：①政府提供资助鼓励企业雇佣年轻人，获得资助的企业必须保证一年内不辞退年轻工作人员；②向年轻人提供低息创业贷款，并提供经营指导和培训；③企业与就业的年轻人签订正式劳务合同，并保障工作报酬。

5. 对贫困人口的社会保障政策

(1)农村退休金政策。20 世纪 90 年代对农村贫困老人实施农村退休金政策，享受退休金的年龄下限设定为男性 60 岁，女性 55 岁，退休金由最低工资的 1/2 提高到 1 倍工资，符合条件的户主配偶亦可享受退休金，有 180 个月农村劳作经历者均可申请。此政策至 2011 年已覆盖 800 多万人。

(2)终身月收入政策。终身月收入政策是一项专门针对失去工作能力的残疾人和 70 岁以上的贫困老年人的救助计划，1988 年新宪法生效后，该项计划由新设立的社会救济金取代，被救助者能获得最低月收入保障。

(3)社会救济金政策。社会救济金政策根据《社会救助组织法》(1993 年第 8472 号法律)建立，救助人均月收入低于最低工资 1/4、不具备自行谋生能力、家庭无力赡养的残疾人和老年人；补助标准是每月一份最低工资；享受这项救助的人最低年龄为 67 岁，不需要缴纳任何费用。此政策扩大了救助范围，至 2012 年总支出达 140 亿美元(苏振兴，2015)。

(4)上调最低工资标准政策。1995 年以来，巴西采取着重调高最低工资标准的政策，重点提高低收入阶层的收入水平。其中，2001～2011 年最低工资标准上涨了 56%，2010 年有 32.7%的劳动者收入超过了最低工资水平。

(四)罗塞夫政府时期根据变化调整社会政策

卢拉政府时期的减贫政策起到了明显成效，2001～2011 年 10 年间，共约 2600 万人脱贫，3600 万人成为中产阶级的新成员。罗塞夫执政后，继续将减贫作为政府工作的重要目标，计划在其任内每年投入 200 亿雷亚尔减贫资金，使 1620 万人脱离极端贫困。

罗塞夫政府时期的减贫措施延续了卡多佐政府时期的社会减贫政策，对卢拉政府时期的政策根据形势进行调整，继续对减贫措施进行完善补充。在 2011～2016 年，罗塞夫政府提出了“零贫困计划”消除贫困，主要内容是确保贫困人口的饮水和食物权益，确保收入增长，获得基础教育以及改善卫生条件。

2011 年 6 月，罗塞夫政府启动了一项新的减贫计划，在保证食品安全的基础上，努力达到社会公平，减少饥饿，使绝对贫困人口脱贫，让这一部分人“有一技之长”，能够保证他们的收入，以此改善生活状况。实施这一计划的财政预算每年大约为 12 亿美元，以确保主要核心内容能够得到落实。新的“减贫计划”核心内容如下。

(1)收入再分配。主要针对农村地区的贫困人口，如为农户提供必需的资金和技术，帮助农户发展农业生产，改善生活条件，缩小贫富差距，促进社会和谐。

(2)提供必要的公共服务设施，如电力、灌溉系统、学校等，保证贫困家庭每天所需，改善生活环境；普及科学文化，消除潜在安全隐患，维护社会秩序，以此增强社会和谐度和稳定性。

(3)基本生产技能培训。这是整个计划中最主要的部分，政府计划对 170 万 18～65 岁的人进行培训，督促教育基金用到实处。这一措施不仅改善了家庭经济收入状况，也可防止贫困人口脱贫之后再度陷入贫困。

(4)扩大就业。高失业率一直以来是困扰巴西经济增长的主要因素之一，为此巴西政府采取了各种措施增加就业。政府制订促进就业和增加收入的计划，增加对家庭农业的信贷，鼓励农村家庭农业的发展，大力发展非正规经济。政府对微小型企业的雇工采取增人不增税和实行统一税的政策，同时在信贷方面给以优惠，修改劳动法，颁布优惠政策鼓励企业吸纳失业人员，如减少企业雇用临时工应缴纳的社会保障金，或者采用缩短工时的方法增加就业人数。

罗塞夫政府时期还扩大卢拉政府实施的家庭补助金计划和粮食购买计划的规模；启动绿色救助金计划，为参与环境保护行动的每个贫困家庭每季度给予 300 雷亚尔的救助和津贴；在低收入人群住房问题上，罗塞夫政府也较为重视，推出了总投资 3281 亿雷亚尔的“我的生活我的家”计划，超过 500 万人受益(方旭飞，2014)。

虽然以零贫困计划为主体的全国性扶贫运动在巴西取得了很好的成效，受益人口达 400 多万，但是，自 20 世纪 90 年代以来，巴西国内经济发展缓慢，国家总体经济水平下降，收入不均导致贫富差距的扩大呈现刚性，不仅贫困人口比例在世界范围内仍属偏高，而且消除农村贫困的工作依然十分艰巨。

三、重要经验

世界银行(2016 年)将人均 GNI 为 1026～12475 美元的国家定义为中等收入国家，这些国家的经济总量占全球经济总量的 1/3、人口占全球总人口的 71%，贫困人口占全球贫困人口的 73%，其增长与发展关系全球福祉。然而，中等收入期的增长波动、停滞甚至下降具有一定普遍性，对比这一时期增长绩效不同国家的发展经验，能够为探求中等收入陷阱的成因和突破提供参考。从巴西社会发展战略到社会政策，可以归纳出一些重要经验。

(一)社会保障及援助政策对减贫作用明显

自 20 世纪 90 年代中期以来，巴西新的政策体制倾向于接近所谓“华盛顿共识”：宏观经济要稳定，财政政策要慎重，要进行贸易改革，某些国有企业应私有化。然而，有一点与“华盛顿共识”大为不同：新政策的实施伴随着对社会保障政策和援助政策的重大改革，并且随着时间的推移，该政策目标更为清晰。①有利于贫困人口的社会政策改革在减贫方面能发挥重要作用，在经济发展停滞阶段，也是如此。②宏观经济和贸易政策应不伤害贫困人群的利益，在应对高通货膨胀过程中，这些政策对减贫工作贡献甚大。

(二)教育程度影响人力资源发展

巴西是一个发展很不平衡的国家，20 世纪 90 年代中期基尼系数略低于 0.60，但中国在 80 年代早期基尼系数为 0.30 左右。巴西的这种发展不平衡意味着，如果不平衡没有改变，巴西需要更高的经济发展速度以维持其减贫的速度。在巴西这种收入高度不平衡条件下，人力资源发展也不平衡，尤其在教育程度方面较为突出，这使得收入呈现坡度变化。这些不平衡限制了贫困人口参与社会事务、分享社会经济发展成果的能力。

20 世纪 90 年代以来，巴西政府日益重视解决贫困问题。在城市和乡村通过采取多种措施，使贫困现象得到了有效控制，如增加教育经费投入，尤其是基础教育的经费投入，规定教育经费不得挪作他用。特别是在“零饥饿计划”中实行的扫盲培训班计划，即享受食品救济的家庭必须参加扫盲培训班，这是保证全体巴西公民提高生活水平的一项大的努力。再如，对社会福利领域增加投资，自 1994 年以来，这一领域的投资增加了 37.8%。政府还免费向落后地区提供医疗卫生服务，在全国建立了相对完善的社会保障体系，使失业人员、退休人员和孤寡残疾人员的生活能得到基本保障。

(三)调节收入再分配的减贫效果显著

巴西运用一系列有助于穷人摆脱贫困的政策来实现收入再分配，如 CCT 计划。CCT 计划旨在面向贫困家庭，条件是其子女需在学校接受教育和享有基本的医疗保健(后来扩展到包括儿童医疗保健)。政府通过一系列措施以实施和巩固 CCT 计划，从一开始覆盖了 1100 万户家庭或总人口的 1/4，发展到以净收入衡量，覆盖了最穷的那部分人口中的 60%。家庭救助金计划、上调最低工资计划、社会救助金计划等，均发挥了重要的作用。

(四)忽视医疗与教育领域改革

巴西在卢拉和罗塞夫政府时期，忽视了医疗与教育领域改革。政府在社会救助领域加大了投入并取得了良好的效果，但医疗与教育领域的改革却因政府财政支出的严格限制而受到严重影响。卢拉第一任期内，社会政策资金占联邦政府支出总额的比例虽从 23.45%增至 26.5%，但大部分用在了社会保障和社会救助领域。教育领域支出不增反降，从 1.62%降至 1.48%；医疗保健领域支出只从 3.1%增至 3.38%。卢拉政府在第二任期内大体保持了这一趋势。教育和医疗领域的再分配对改善贫困人口生活可以产生重要影响，但遗憾的是，劳工党政府在这些领域并没有制定和实施重要的再分配政策(方旭飞，2014)。

第三节　泰国的减贫分析：以社区为核心整合资源的减贫

泰国位于中南半岛中南部，总面积为 51.3 万平方公里，总人口为 6900 万，全国分中部、南部、东部、北部和东北部五个地区，共设有 77 个府。府下设县、区、村。曼谷是唯一的府级直辖市。实行自由经济政策，20 世纪 80 年代，电子工业等制造业发展迅速，产业结构变化明显，经济持续高速增长，居民教育、卫生、社会福利状况不断改善，人民生活水平相应提高。1996 年，泰国被列为中等收入国家，1997 年亚洲金融危机后，泰国经济陷入衰退，1999 年经济开始复苏。

泰国曾被赞誉为“亚洲第五条小龙”“新兴工业化国家”，作为中南半岛上一个迅速崛起的发展中国家，其经济发展成就备受瞩目。自 20 世纪 60 年代以来，泰国国民经济增长十分迅速，以年均 7.5%的速度增长，创造了数以百万计的就业机会，加上教育的进步，帮助数百万人摆脱了贫困。人均国民生产总值从 1960 年 2056 泰铢提高到 2002 年的 84540 泰铢，这种快速的增长和扩张有助于增加整个国家的家庭平均收入，因此，泰国的贫困发生率或低收入人口比例持续下降。早在 20 世纪 80 年代，泰国已经消除了绝对贫困，国家贫困线以下人口比例从 1988 年的 65.17%下降到 2014 年的 10.53%。2018 年根据泰国经济和社会发展委员会（NESDB）公布的数据显示，全国失业率已下降到不到 1%，在世界失业率最低国家中排列第四位，15 岁及以上人口的 69.4%受雇用，至少超过 38%的人口接受过中等教育。世界银行根据社会和发展指标认为，泰国作为发展较为成功的国家之一，已经成功摆脱了贫困国家的行列，迈向了富裕国家方向。

世界银行统计数据显示，2017 年泰国 GDP 为 4552.21 亿美元，人均 GDP 达 6594 美元，农业家庭年收入约为 31 万泰铢（1 美元约合 34 泰铢）。家庭人均收入为 3322.813 美元，人类发展指数世界排名第 83 位[①]。

至 2018 年，虽然泰国仍有 710 万人生活在贫困线以下，人均每天收入不足 6.2 美元，折合泰铢为人均每天 211 泰铢（泰国政府 2017 年初颁布的全国人均最低日薪线为 300 泰铢）。但国家贫困线以下的人口比例不断下降，相比 4～5 年前的 1000 万贫困人口基数，已经成功帮助近 300 万人实现脱贫。

至此，政府减贫工作已进入新阶段，以年收入为标准，确定政府“穷人卡扶贫计划”的对象，并设立了不同阶段的扶贫目标，首先帮助年收入不足 30000 泰铢（约合 6000 元人民币）的民众，完成后再面向年收入在 100000 泰铢（约合 20000 元人民币）以下的民众。

虽然泰国的贫困还在影响很多家庭，但在贫困人口自身的意识觉醒和来自全社

① 人类发展指数与指标(2018)，联合国开发计划署，http://har. undp. org/en/-update。

会的积极援助下，经过多年努力，泰国减贫的成效十分显著。在大力发展经济提高收入的同时，泰国减贫的重点开始转向偏远地区、边境地区和农村地区，通过推行“适足经济理论”“皇家项目”及一大批基础设施建设项目，泰国农村和城市人口的生活水平得到了很大的改善，并形成了独具特色和成效的泰式减贫模式。

一、贫困成因

泰国的贫困人口主要集中在农村，农村的贫困人口数量及比例远远高于城市，全国有 70%的贫困人口在农村生活。而在泰国北部和东北部地区，由于经济发展明显落后于中部和南部，部分人口生活水平甚至落后于周边其他国家。泰国经济迅速发展的成功并没有使这些地区同时得到发展，由于未得到平等分配，反而加剧了贫富的分化，特别是泰国最大的城市曼谷与全国其他地方相比，收入和机会不均等问题依然存在。根据世界银行的数据，1981 年泰国的基尼系数为 0.4522，1992 年最高升至 0.4786，随后一直处于下降趋势。2010 年，泰国的基尼系数降至 0.3937，低于全球平均值和 0.4 的国际警戒线，在世界银行统计的 155 个国家中排名第 76 位。

泰国农业人口众多，主要分布在水稻生产区域，集中生活在中部、东北部、北部地区的农村。NESDB 的报告指出，泰国东北部、北部和最南部地区仍然存在贫困，其中，全国约有 44.5%的贫困人口居住在东北部地区，24%居住在北部地区，其余的居住在最南部地区。这些贫困家庭中有近一半从事农业，其余的贫困人口则是泰国“非正规劳动力”的一部分，包括兼职员工、个体经营者、非正规中小企业从业者和无地劳动者。2014 年生活在贫困线下的人口占比为 10.53%，全国约有 710 万人生活在贫困线以下，另有 670 万人存在返贫的可能。

基于泰国实际的经济与社会发展情况，造成其贫困现象的原因主要可归集为几个方面：区域经济发展不平衡，政府在国家经济快速增长和工业化进程中提供社会安全网的失败，国家教育体系的薄弱，政府实行农地改革政策的失败，社会老龄化速度的加快。

(一) 区域经济发展不平衡

泰国由于区域经济发展不平衡，造成农村和城市的贫困人口具有不同贫困成因。

一方面，曼谷的经济活动和其他城市经济活动较为集中，尽管政府一直努力分散经济发展，但投资、商品和服务、政府项目和高薪工作仍然主要集中在首都和附近的城市。事实上，曼谷的资源和投资占全国 GDP 的 50%以上，尽管曼谷人口只占全国总人口的 10%左右。相比之下，其他地区特别是农村地区的投资和就业机会远远少于城市。另外，由于农村贫困人口大多从事和农业有关的工作，生活地区偏远，能够享受的公共服务如基础设施、教育、卫生和行政服务等都是有限的。如果这些公共服务要覆盖边远的山村，那么国家与村民通常要付出更高的运输成本才能够提供和使用这些公共服务。

另一方面，城市贫困人口的贫困原因不同。城市贫困人口虽然可以轻松获得公共服务，特别是义务教育和健康保健服务，但与农村贫困人口不同，城市贫困人口数量相对较少，主要从事劳动密集型非农业生产工作，如建筑、制造业等。城市贫困人口最关键的问题是生活条件差，他们大多数生活在贫民窟，缺乏适当的基础设施和废物处理系统。

(二)政府在国家经济快速增长和工业化进程中提供社会安全网的失败

由于政府一直以来以经济增长为发展目标，发展过程中制定和实施的策略过度强调金融和工业方面的改革，而忽视了制定和实施与之相适应的综合社会服务保障措施，从而使最需要保护而且最无准备的社会脆弱群体受到了快速工业化的不利影响。

一直以来，泰国奉行经济发展优先政策，没有建立健全的社会福利和社会保障体系，个人和家庭依旧是社会保障的主要承担者。虽然 20 世纪 90 年代以后，政府开始将发展目标从“以经济增长为中心的发展”转变为“以人为中心的发展”，开始注重社会福利和社会保障建设，但泰国社会保障体系存在明显的缺陷。在泰国社会保障的制度安排中，只有正式部门的职工才能享受非储蓄的养老金，而储蓄性的项目又以正式的工资收入为依据。由于社会保障体系建立在以工资为基础的税收或保险缴纳制度上，非正式部门的劳动力没有档案和稳定的工资收入记录，缺乏社会保障的依据，无法进入正式的社会保障体系，而被排斥在国家制度性的社会保障体系之外。另外，制度性社会保障项目的覆盖对象大多是中等收入水平以上的人，他们不像穷人那样迫切需要社会援助，而需要社会保障的穷人却被排斥在社会保障的覆盖范围之外。例如，1997 年，泰国社会保障法规覆盖了 600 万劳动力，占劳动力数量的 18%，其中 45%是有固定工资收入的劳动力。1996 年，泰国适用于私营部门的公积金项目只覆盖了劳动力的 13%，近 85%的工人、穷人和失业者都不在社会保障系统之内，而被迫依靠过去的非正式安全网。

各国市场经济发展的实践表明，完善的社会保障制度对社会经济正常运行起着“安全网”和“减震器”作用。社会保障制度是一个国家用于解决社会危机，降低社会风险，实现经济安全、社会安全的重要保证。社会保障制度越健全，化解各种社会风险能力就越强，对贫困、失业等的承受力也就越强。

(三)国家教育体系的薄弱

生活在没有受过正规教育的家庭中的个人大多陷入了严重的贫困，根据泰国 NESDB 的数据，1988 年，这些家庭中有 48%的人口贫困，1992 年减少到 41.2%。

但在东北部地区，大约85%的人口属于只接受过小学教育的家庭，而曼谷的这一数字约为53%。泰国东北部地区的教育水平非常低(所有地区中最低)，这可能是造成当地贫困率最高的主要原因。东北部地区教育的提升可能会成为减少泰国贫困的政策动力。在2002年的贫困人口总数中，有94.7%的人口仅接受了初等甚至更低的教育，另外2.8%接受了初中教育，1.7%接受了高中教育，0.48%获得职业资格，0.31%为大学毕业。由于就业与收入关系密切，并受教育的影响，进而关系贫困的程度。虽然泰国成人识字率(15岁及以上)从1980年的87.98%提升到2015年的92.87%，但总体教育质量和教育水平还有待提升。

另外，根据2010年统计，泰国2.8万余所小学中，平均每个班级只有0.52名教师，同时85%的小学中，班级学生数量低于20人，这种状况不仅不利于提高教学质量，而且会造成教育成本居高不下。另外，教育资源分配不均，直接影响人口素质和社会劳动生产率，对于减贫事业更是具有根本性影响。

教育资源不足和欠缺是造成城市居民与农村居民收入差距日益扩大的根源。随着贫困在农村恶化，许多农民家庭无力负担孩子超过6年义务教育以上的更多教育，高等教育入学率报告显示，高等教育入学率在农村地区只有18%，城市为39.5%。由于缺乏教育，许多农村贫困人口没有资格获得在制造业和服务行业的高薪工作机会。因此，这些家庭被困在贫穷的恶性循环里，因缺乏更高教育致使他们后代的生活条件得不到改善。

在贫困理论分析中，教育具有双重重要性：一方面，教育贫乏是低收入的根本原因；另一方面，当贫困被视为能力缺乏时，教育是贫困的重要表现之一。虽然泰国经济发展迅速，但在农村和偏远地区，社会劳动生产率的增幅却不尽如人意，2004年以来的历年增幅均低于1%。在农产品价格增长的背景下，很多农民选择在乡或返乡务农，然而他们选择的是通过扩大种植面积增加收入，而非增加农业技术投入。基于这种原因，当2011年农产品价格下降后，这些农民的收入受到严重影响，当地的贫困问题也随之凸显。

(四)政府实行农地改革政策的失败

泰国土地所有权制度改革是土地私有化改革的过程，实现了农用地的一次权利确认、两次转变，包括将农用地占有权转变为私人所有权，将农用地国家所有权转变为私人所有权。泰国农用地私有化改革，一直追求实现耕地有人种、耕者有其田的目标，可实际结果却背道而驰，近100多年的土地改革加剧了泰国贫富分化和社会不稳定。泰国90%以上的土地集中在10%的人手中，持有土地面积最多的前50人占私有土地总面积的10%以上，约480多万农民无地耕种，占农业人口的40%以上，而70%的土地没有得到充分合理的利用，每年给国家造成经济损失约12738.4亿泰铢。

在泰国土地权利性质的转化过程中，尽管政府参与土地原始登记和确权，但土地分配和流转以市场调控为主，其土地的社会保障功能非常弱，从而使土地过度集中而引发重大社会问题。土地改革的失败导致土地所有权不稳定，租金上涨和越来越多的农民不能拥有自己的土地，而只能在租赁的土地上进行生产。据泰国贫困家庭和社会状况调查资料显示，73.8%的泰国贫困人口没有自己的住房和土地，由于农业生产者和农民对土地没有权属安全，从而导致土地生产率、使用率低下。此外，在农村地区，农民可能遭受“剥夺循环”，这种理论认为，糟糕的居住条件、缺乏关注及缺乏获得更好的教育和就业机会等贫困的关键因素，会被世世代代传递而使他们及后代继续处于贫困之中。

(五)社会老龄化速度的加快

根据联合国定义，一个社会中有 7%的人口超过 65 岁，或 10%的人超过 60 岁，就标志着走向老龄化的社会。2014 年，泰国 6480 万人口中有 980 万人年龄超过 60 岁，占比已达 15%，预估 2020 年将达 19.1%，2030 年达 26.6%，2040 年达 32.1%，在东南亚国家中，泰国是老龄化率仅次于新加坡的国家。老龄化社会会影响工作年龄人口，老龄化速度加快，将会加重工作年龄人口的负担。①

另外，随着经济的发展和城市化率的提高，大量农村剩余劳动力涌向城市，留乡人口几乎都是老年人，农村社会老龄化比例不断提升，这些人口很可能随着农产品价格波动而重返贫困。2012 年，泰国政府为 60 岁以上老人每月提供一定补贴，但由于生育率降低，老人福利的需求增加，每个月 600～1000 泰铢的养老金显然不能满足需要，这项收入远不足以支撑老年人日常生活，因此这些缺少劳动技能、仅仅依靠简单农业生产的农村老年群体成为泰国减贫的重要对象，泰国贫困现象也呈现出新的特征。

二、减贫措施

泰国低收入家庭和贫困家庭主要集中在农业，约有 90%的贫困人口居住在农村，为了减轻贫困，政府制定了一系列减少贫困、调节区域收入差距和分配不平衡的方案。这些方案包括制定减贫政策，向低收入家庭和微型企业提供信贷，向贫困家庭提供社会援助方案，将社会性支出转移到村庄以及国家预算中等多种措施，这些措施的实施对泰国的减贫事业发挥了重要作用。

(一)分类制定满足不同需求的减贫政策

政府在减贫中通常发挥着非常重要的作用，泰国政府在制定减贫政策中最成功的经验是实施健全的宏观经济政策和促进有效的资源分配。自 2001 年以来，泰

① http://th.mofcom.gov.cn/article/jmxw/201404/20140400552130.shtml。

国政府就意识到实施减贫政策需要制订一个全面的整体方案，并宣布将减贫列入国家议程，设定了与减贫做斗争的目标。

根据泰国社会经济的发展背景，政府力争明确区分生活在贫困中的目标群体，并把贫困问题定义为一个多维度的问题。从这一角度来看，贫穷实际上被认为是一个结构性问题，其产生的原因很多，因此，摆脱贫困也就需要采取各种相应措施。

贫困目标群体根据其所处的境况可划分为三个层次(表 3-3)。第一个层次为极端或长期贫困群体，从概念上讲，他们面临着极端的困难，比其他层次更贫困。第二个层次为中等贫困群体，被定义为目前生活在贫困中的人，但如果经济以传统的速度增长，他们自己就有能力摆脱贫困。第三层次为弱势群体，这个群体有着一定的获得收入的能力但并不稳定，对风险的抵御能力弱。泰国政府设定的目标是在 2006 年内将贫困人口减少到不超过总人口的 12%，到 2008 年尽可能消除贫困。

表 3-3　目标贫困群体的分类及衡量标准

极端或长期贫困群体	中等贫困群体	弱势群体
面临极度困难，未接受教育，无储蓄和资产，有着沉重家庭负担与一般劳动者(如家庭中有老人、孩子、慢性病患者、残疾者)，无地农民，童工，农业临时工作者，没有其他收入的失业者	教育程度低；无储蓄，拥有低价值的非耐用资产；农民，拥有土地少且产量低；小商贩	受教育程度在中学以下，少量储蓄，无法获得正式信贷，农民(拥有大量土地但处于高风险区域)，高风险的工作者，收入足够但工作不稳定，中年无现代技能的工人，小商贩(没有永久商店)，低收入者缺乏计划能力

(1)制定不同层面的减贫政策。政策在个人、社区和国家层面上实施。在个人层面上，政府特别强调削减开支、创造收入和提供机会；在社区一级则鼓励社区参与学习过程，动员人们共同解决问题，满足社区需求，此外，还提供财政援助，以确保贫困人口能够获得援助基金；在国家层面上，试图改革、重组和管理土地，通过有效利用自然资源和改善环境来支持贫困人口，减少贫困。

(2)制定保障贫困人口的住房政策，提高人口素质的政策。

(3)制定自然资源环境管理政策。政府和私营部门合作，以平衡自然资源与环境的利用与保护。

政府在减贫方面，采取综合措施，动员所有有关政府机构，协调现有资源，积极对抗各级贫困。在进行基层消除贫困活动时，强调了区域功能参与(A-F-P)(area-function-participation)方法。一个村庄或社区成为一个发展基地，所有有关政府机构都将它们的服务整合在一起来实施，有效帮助穷人改善他们的生活条件，与此同时，不仅鼓励贫困人口积极参与，还动员其他当地居民共同采取行动参与到消除贫困的活动中。

(二)有效识别与验证帮扶的目标群体

政府逐渐意识到针对穷人的减贫政策往往存在广泛的执行缺陷，通常导致非贫困者得到援助而真正的贫困者却无法获得援助。根据泰国国家统计资料，2002年贫困人口获得的各种贫困项目支持情况(表3-4)显示，非贫困者和非弱势群体在减贫项目中消耗了大量资源，甚至在社会保险和银行贷款项目中，非贫困者与非弱势群体获得的项目援助远高于贫困者和弱势群体(弱势群体的定义是家庭收入低于贫困线1.2倍的个人)。减贫政策由于目标群体不明确而不能发挥其有效的作用，真正贫困群体未能获得所需资源解决贫困问题，甚至造成资源的浪费。

表3-4　贫困者获得各种贫困项目支持的情况(占各自群体的比例)(%)

贫困项目	贫困者	弱势群体	非贫困者 非弱势群体	总计
全民医疗保健 (30泰铢计划)	85.4	86.0	67.1	69.7
社会保险	0.5	0.8	9.3	8.1
老年援助	0.5	0.7	0.4	0.4
债务暂停	2.4	2.4	1.9	2.0
农户援助基金	0.9	0.9	0.5	0.6
校园午餐计划	11.1	12.4	6.8	7.5
教育奖学金	0.3	0.2	0.2	0.2
教育贷款	0.9	1.1	0.6	0.6
中央银行	0.1	0.0	0.2	0.2
乡村循环基金	7.0	8.4	7.6	7.6

资料来源：泰国国家统计局2002年社会经济调查

(1)根据家庭基本最低需求确定贫困人口。政府根据每年从农户收集的家庭基本最低需求数据(household basic minimum needs，BMN)，将人均年收入低于20000泰铢的家庭确定为贫困人口家庭。BMN指标每五年修订一次。截至2004年4月，共确定了1388994户贫困线以下的家庭，并将其设为扶贫行动的目标群体。

(2)对生活贫困的人进行社会问题登记。2004年3月起，不管是农村还是城市的居民，如果遇到任何形式的贫困问题，真正需要政府的帮助时，都被告知并鼓励对存在的社会问题进行登记。这种登记形式在全国各地范围内实施，然后根据登记的数据由计算机生成报告，并在农村和城市社区进行社区论坛验证，使真正需要帮助的目标群体通过社会监督方式得以验证确认。实施过程中，农村社区约有762万贫困人口进行了登记，在经过论坛信息公开验证后，有723万贫困人口得到验证。而在城市社区，有1010万人进行了贫困人口登记，但经过论坛验证后，只有103万人得到验证核实确定为贫困人口。

数据显示，登记的贫困人口主要遇到以下问题：无土地(缺乏农田)、流浪者(无固定住所)、从事非法职业、学生不适当的工作、被欺骗(被欺骗导致贫困)、负债者(货币债务)、无家可归(缺乏住房)。这些问题随后被提交给有关政府机构并获得服务或援助。截至2005年4月1日，所有地区各类登记的贫困人口为12266459人，其中，2476442人(占20.19%)得到了帮扶。这一方法，使政府在确认目标群体时更清晰准确，同时节约资源和提高效率。

(3)加大对贫困人口统计及调查工作，进行全国性普查。2017年初，在泰国内阁会议批准的社会及数字经济部的议案中，划拨了9.71亿泰铢，在全国范围内聘请7万名大学生，前往全国各地，开展全国性的贫困人口统计与调查工作。调查内容主要是了解贫困民众的真实需求，通过资料收集后再对低收入者的福利发放标准进行审议，由财政部设计制作问卷，内政部、泰国国家邮政局协助宣传，社会及数字经济部、国家统计局主导实地访问调查。2017年间，共有1410万人登记为低收入者，对其核实身份后进行补助卡发放。[①]

(三)整合和调动各级部门参与社会援助项目

政府在各级政府机关设立了“反贫困中心”，为了落实执行目标群体的帮扶活动，在国家、府和村各层面，积极鼓励制订以消除贫困为重点的综合战略发展计划，为广大基层群众提供全面的综合援助。

在实施全面综合援助过程中，政府制订了大量的减贫和社会援助方案，政府所提供的综合援助方案主要是从减少开支、产生收入、提供机会入手，提供的协助一般包括八个方面的内容。

(1)社区发展总体规划。在社区一级，协助当地社区制定自己的减贫流程和计划，鼓励社区成员学习和参与社区发展全过程，以动员成员积极合作解决问题，满足社区的发展需要，提高社区的自我发展能力。

(2)社区和村基金(100万泰铢)。政府给予贫困地区特殊的开发扶持政策，自2001年起成立专门委员会，开始推行乡村发展基金计划，给全国每个村庄提供100万泰铢(约合2.4万美元)的发展启动基金，用于改善生产条件、优化产业结构和发展多种经营等。为了推广乡村发展基金计划，全国大约有78000个村庄实施了该计划，刺激了当地农村经济的增长、扩大了生产规模和增加了就业机会，总体提高了贫困地区农村人口的收入水平，同时使得贫困地区农村人口的发展能力得到增强。

(3)一村一品(OTOP)计划。积极调动当地农民利用富余劳动力和农闲时间的积极性，利用一技之长和当地传统技艺，开发具有本地特色的产品，带动地方经济发展。为实施这一计划，政府还动员专业设计人员和技术力量帮助当地农民开发制作有特色、上档次的土特产品，并通过办展销、建集市、促出口等帮助农民

① http://www. ccpit. org/Contents/Channel/-4114/2017/0614/823555/Content。

打开销路。在政府统一规划下，全国5000多个村积极开发了能够体现自身优势的特色产品、手工艺品。

(4)扶贫项目。建立了一系列带有实际功能的项目，包括针对老年人的养老计划、小规模的穷人和老年人的救助计划、国家针对穷人和接近贫困线人口的健康保险、针对给孩子提供接受教育的“收入-应急贷、还款计划”、小学生午餐计划、技术培训计划、各种劳动密集型城市工作方案。

(5)全民医疗保健(30 泰铢)。该计划也被称为金卡计划，泰国政府长期致力于为其人口提供负担得起的医疗保健，每年在公共卫生保健支出方面提供较高比例的财政支持，根据《泰王国宪法》中“让所有公民享有公平的医疗待遇”的条款，泰国于1997年颁布了《国家医疗保险法》，目的是让所有的泰国公民有平等的医疗机会。为达到这个目的，泰国政府决定启动新的健康保险政策，于2002年4月开始实施全民30泰铢医疗保险计划。政策目标是覆盖享受公务员医疗保险和职工社会医疗保险之外的所有人群，包括贫困人口、老年人、儿童和残疾人等。其目的是合并现有的社会福利和自愿健康卡计划，并将覆盖范围扩大到大多数非正规部门工人中，解决了这些人口没有保险的问题，从而建立了一个更加公平的制度。所有尚未参加健康计划并且其姓名记录在房屋登记中的个人都可以获得一张“金卡”，患者每次获取医疗服务时都必须将“金卡”与身份证一起出示。普通医疗服务可以在任何公共卫生服务机构获得。通过从已注册的初级保健中心或医院转诊，则可获得更高级别的医疗服务。所有咨询均需支付30泰铢。12岁以下的儿童、60岁以上的老年人、志愿者、卫生工作者和非常贫困者可免除此项费用，从而使贫困者和其他一些弱势群体成为最大的受益者。该政策的出台成功覆盖了1850万先前没有保险的泰国人。全国保险覆盖率从2001年的71.0%增加到2004年的94.3%(Cronberg et al., 2007)。30泰铢计划不仅扩大了覆盖范围，而且成功地保留了以前由其他类型的医疗保险覆盖的人群(Suraratdecha et al., 2005)。泰国成为亚洲第一个全民医疗保健覆盖的转型国家。

(6)老龄津贴。老龄津贴制度在泰国被称为“B500养老金计划”，创立于1993年，主要针对没有领取养老金资格的老年人。2010年转为普惠型制度，未获得永久性的工资收入或养老金资格的 60 岁以上泰国老年人都可获得老龄津贴待遇。2012年，领取养老金人数达到近570万，占60岁以上人口的72%。2012年，泰国老龄津贴待遇为600泰铢/月(Barrientos et al.，2003)。

(7)人民债务管理。为了减轻农民的负担，政府对负债农民延长3年的偿债期限并免除利息。

(8)资产资本化。在社区层面支持鼓励资产资本化。政府面向低收入者提供“机会贷款”计划，为贫困者提供资产抵押保障，使他们能够从银行获得贷款。

除此之外，泰国启动了2016～2020年减贫发展规划项目。该规划隶属于一项名为“无名英雄”的皇家项目，旨在积极寻求与高等院校及私营企业合作，同时鼓励社会组织和个人参与农村减贫事业，把减贫与农村发展事业推向更高阶段。该项目计划帮助全泰国约 2.4 万个乡村的 2000 多万人口解决贫困问题，在推进农村减贫事业过程中特别重视生态环境保护。“无名英雄”皇家项目首先在泰国北部的塔旺帕等 3 个县进行试点，帮助当地改善因过度种植玉米造成的生态问题，逐渐恢复森林植被，特别是降低了山体滑坡等自然灾害造成的损失。随后，该项目陆续推广到乌隆府、碧武里府和加拉信府等地，也取得良好效果。据统计，2014 年，3 个试点县的 1722 个家庭年平均收入达到了 12.78 万泰铢，这一数据较 2009 年项目试点时增加了约 1.8 万泰铢，家庭年平均增幅为 16.39%，最大增幅达 33.1%。[①]

泰国政府以社区为基础，力图提供有利的设施和资源，使农村和城市社区的人民共同努力，解决个人和社区的问题。此外，政府和民间组织也可通过社区进行学习，采取行动自行解决问题。通过这样一些行动或学习，不管是富裕的还是贫穷的居民，最终都获得了更多的知识和技能，从而获得更多的信心，自行管理他们的生活以及管理社区，实现可持续发展。

(四)完善金融支持

1. 小额信贷

信贷的贷款对象并非是最贫困的农户，而是农村中收入较低的人群中有还款能力的人。泰国的小额信贷与印度尼西亚相似，也是采用正规金融机构作为小额信贷的经营机构。泰国的农业合作银行(BAAC)属于商业银行，在开展小额信贷方面取得了巨大的成功。

为了改善低收入家庭特别是贫困家庭的融资能力，泰国政府在充分研究本土贫困人口需求及小额融资环境的基础上，借鉴菲律宾和印度尼西亚的小额贷款机构发展经验，以低成本将小额信贷扩展到低收入家庭为目标，主要通过积极创新和拓展小额信贷产品及引入私营金融机构参与，制订多样补贴信贷计划，调整贷款的利率上限来实施项目计划，并配合制定适当的监管框架来规范小额信贷机构的行为，从而以低成本实现贫困人口小额信贷的广泛覆盖。

在此之前，虽然获得金融服务的机会似乎很多，但各收入群体获得金融服务的程度存在相当大的差异。与中等收入及高收入家庭相比，低收入家庭获得的金融服务和质量较低并且服务范围有限。根据泰国的一项调查显示，约 38%的低收入家庭只使用过 1 种或 2 种金融服务，另有 16%的低收入家庭根本没使用过金融服务。相比之下，使用 3 种或 3 种以上金融服务的中等收入及高收入家庭的这一比例接近 8.0%。同样，几乎一半的低收入家庭不借贷，而中等收入及高收入家庭的这一比例为 27.0%。另外，约 28%的低收入家庭无法获得储蓄产品，而中等收入及高收入家

① 泰国农村减贫更重“造血”功能，人民日报，人民网. http://ccn. people. com.cn/n1/2015/1216/C366510-27935559. html(2015 年 12 月 16 日)。

庭的这一比例仅为6%。泰国政府部门是低收入家庭小额信贷服务的主要提供者，信贷部门分为三大类：第一类，正规和大型小额信贷机构，即按照规范监管经营的银行和非银行业务机构，包括商业银行和特殊金融机构；第二类，半正式的小额信贷机构，即在非监管下运作，但以会员为基础的组织，可以在社区内获取储蓄和投资，包括农业、储蓄、信用合作社、注册生产性储蓄团体、村庄和城市循环基金(the village and urban revolving fund, VRF)；第三类，非正式、独立的和自助储蓄及信贷团体，是一些基于社区和成员的组织，通常得到包括非政府组织或地方政府机构在内的外部实体的支持。政府所有的特殊金融机构，在低收入家庭服务的小额信贷行业中占主导地位，超过60%的客户来自低收入家庭。

虽然有政府补贴的小额信贷方案，但不能满足贫困人口的融资需求，而泰国的私营小额信贷机构参与很少，这与许多其他中等收入经济体形成鲜明对照，在很多国家，通常私营部门是低收入家庭小额信贷的主要提供者。

为了实现政府以低成本实现将小额信贷扩展到穷人的目标，积极引入私营金融机构有利于创新和提供更广泛的小额信贷产品。泰国财政部将小额贷款列入了计划，并对参与提供小额信贷的私营机构制定严格的监管从而给贫困人口带来了更多的融资机会。这些措施主要有：通过取消对小额信贷机构的限制性许可，取消 15%的利率上限，逐步取消补贴信贷计划，开放小额信贷部门，直至允许更多私营部门参与竞争；对特殊金融机构进行重组，解除其公共服务义务，确保小额信贷部门能够公平竞争；发展小额信贷信息局，制订行动计划，为手机银行创造有利环境；制订行动计划和适当的监管框架，以促进小额保险的发展；制订针对低收入家庭的国家金融扫盲计划。

2. 制定其他信贷和资金支持政策

泰国贫困人口主要集中在农村，发展农业、提高农民收入，有利于帮助农村贫困人口脱贫。泰国政府制定和综合运用多种支持农业发展的信贷政策，如规定所有商业银行必须将 14%的信贷资金投向农业；农业银行和农业合作社必须以平均成本价确定贷款利息；政府设立储备粮食抵押贷款，帮助农民在销售旺季前进行粮食储备，待市场价格上升时再出售等。

2015 年，泰国金融机构启动了“一村 100 万”项目，为全国 5.9 万个乡村基金提供 600 亿泰铢无息贷款，支持农村最低收入群体脱贫。

3. 微型保险

微型保险对于降低穷人的风险至关重要，微型保险业正处于起步阶段。在实施过程中，由主要参与者向农民提供保险。

(五)加强政府在减贫中的经济投入

1. 建立农村发展和政府减贫组织架构

2015 年以来，泰国经济发展面临颓势，增长率不高，2015 年为 2.8%，2014

年为 0.9%，一部分原因是政府消费和投资放缓，另一部分原因是进口下降。经济复苏和增长的速度将取决于泰国如何克服限制增长的因素，并推动更具包容性的增长模式。横向包括加强与全球经济的融合来扩大贸易、实施改革性公共投资来扩大私人资本、刺激国内消费、提高全国公共服务质量、加快增长。这些做法将支持恢复更高、更平衡的增长路径，消除极端贫困，促进所有公民的共同富裕。

2. 加大对减贫和农村发展中的财政投资

泰国政府一贯重视对减贫方面的财政投入，并且在长期减贫的实践中积累了有益经验。

自 1975 年起，泰国政府就开始积极探索财政投入方式，从早期通过货币分配方案支持农民在农业生产淡季发展就业创业项目开始，不断创新，加大投入的力度(表 3-5)。

表 3-5　泰国政府曾经实施的财政支持项目

年份	项目及内容
1975	货币分配方案：农业淡季期间的农村发展和就业创造项目
1984	农村发展基金：针对村民和村庄内的活动
1992	城镇发展基金：解决城市贫困问题
1993	扶贫项目：提高 18000 多个村庄贫困居民的收入和生活质量
1998	社会投资项目：为失业者和穷人创造就业机会和提供社会服务
1999～2000	在“宫泽”计划下实施的财政支持：减轻 1997 年金融危机期间城市贫民的经济和社会问题
2001	村庄和城市社区资助项目：为村庄和城市社区提供资金支持，以培养村民自力更生为目标，提供更多就业机会、更高的收入和更多的社会福利
2001	为小农户提供三年期暂停债务/减债(2001 年 4 月～2004 年 3 月 31 日)：解决小农户在接受培训时的债务和贫困问题
2001	由政府储蓄银行预测的中央银行项目：扩大小型企业家的金融机会，鼓励新的业务发展和创业

资料来源：泰国发展研究院“泰国政府实施的贫困项目：从过去到现在”。http://www. tdri. or th/poverty. (in Thai)

除此之外，泰国政府向主要农业产区进行大量投资，2015 年 9 月，政府推出一系列经济刺激方案，投入 1360 亿泰铢财政资金，有效刺激了泰国农业及乡村经济发展。政府积极制定并实施推进了多项经济措施，从 2015 年底到 2016 年的重要措施中，有六项措施都旨在刺激经济发展，其中与减贫和农村发展有关的措施如下。

(1)改善低收入群体生计、加大小型公共项目投资的措施。该项措施于 2015 年 9 月 1 日获得批准，预算为 1380 亿泰铢。目标是将投资、就业、经济活动和发展分散到各府，以刺激消费，缓解经济停滞对低收入人群的影响，加快公共投资。该计划由三个层面的措施组成：①村级措施，政府将通过村级资金提供无息贷款 2 年，总额可达 600 亿泰铢；②分区域级别的措施，每个分区域政府将会获得 500

万泰铢(总计 370 亿泰铢)的预算，用于投资 3 种类型的项目，即维护公共财产的项目，基于“适足经济”原则的社区发展项目，以及经济和社会发展项目；③小型公共投资项目措施，政府机构将为满足这些要求的项目提供最多经费为 100 万泰铢的投资，这项计划的总预算是 400 亿泰铢。

(2)支持农民和水稻价格稳定的措施。主要包括：降低 2015～2016 年作物的借款利率。自 2015 年 4 月 1 日起，对于欠农业合作银行(BAAC)或农业机构债务的农民，六个月内的借款利率降低到每年 3%，这适用于最高本金为 8 万泰铢的借款。提供贷款奖励刺激和增加 2015～2016 年作物的收成：政府支付 3%的利息，农民机构承担 12 个月的额外利息，总计 125 亿泰铢，旨在支持农作物采摘、销售和碾米加工的过程。

(3)贷款计划，从 2015～2016 年作物中获得大米供应。BAAC 向农民和农业合作社提供贷款，用以保证农民储存大米，从而稳定稻米的供应量。这个项目的实施使全国总计 200 万吨稻米得到抵押贷款，每位农民或合作社获得了不超过 30 万泰铢的贷款，有效稳定了稻米的供应量。

三、重要经验

泰国减贫成效显著，主要得益于经济发展，与此同时，泰国十分重视偏远地区、边境地区和农村地区的减贫研究。

经过几十年的减贫实践，泰国贫困率持续下降，贫困人口比例从 2003 年的 32.4%下降到 2006 年的 21.9%，2011 年为 13.2%，到 2015 年，这一比例为 10.5%。

减贫已成为泰国国家计划的一部分。泰国第五个《国民经济和社会发展计划》(1982～1986 年)中首次明确了国家的反贫困政策，此后，减贫政策成为“发展计划”的主要目标之一，在“十一五”计划(2012～2016 年)实施期间，消除贫困的措施进一步扩大，主要从提供综合全面的援助、建立经济特区、发展旅游业，推行“适度经济”理念、建立农村与城市的联动、制定多样的项目计划等方面来消除贫困。这些减贫措施可有效帮助贫困人口及贫困地区降低生活费用、提高社会保障、发展经济增加收入。

(一)提供综合全面的援助

政府对全民提供全面援助。这些援助通过减少支出、创造收入和提供更多就业机会，解决贫困人口医疗保障问题，并帮扶低收入人群实现自我发展。

泰国政府十分重视农村医疗保障改革，改革措施主要包括支付制度改革，以及保证公立机构正常运行而启动的应急基金。近 50%的卫生经费投向农村，对保障农民健康、促进经济发展起了重要的作用。2001 年之前，泰国的各种健康保险计划包括国家公务员医疗保障制度、社会保障计划、工人保险计划、自愿性健康卡计划、低收入者健康卡制度以及私人保险计划，其覆盖的人群占总人口的80.3%。2002 年 4 月起开始实施全卡计划，覆盖没有任何健康保险或者福利计划的人群，实现全民覆盖并开始逐步取代健康卡计划。因此，从 2002 年 4 月正式实施该计划开始，泰国成为中低收入国家中为数不多的、为全体居民提供基本卫生服务保障的国家之一(赵要军和王禄生，2009)。

除此之外，泰国政府也十分重视通过帮助农民增加收入来减少贫困。“一村一品”(one tambon one product，OTOP)项目政策是泰国政府积极推进的，一项旨在提高农民收入、增强当地社区人民自力更生能力的政策。OTOP 项目不仅为农民创造了更多收入，而且在农村社区自我发展中也取得了成功。随着当地农村社区经济的可持续发展，社区与周边地区的联系得到加强。OTOP 政策的成功，使政府对通过提供社区知识、技术来帮助当地人成长的成功做法感到骄傲，因为，这种做法不是仅仅通过投入资金来“养活”社区贫困人口。截至 2012 年，已有40694 个生产者家庭从该项目中受益，OTOP 项目产品的出口总额达到了 24.8 亿美元。而且，OTOP 项目的成功不能仅用数字来衡量，OTOP 项目产品通过 Harrods、Selfridges、Takashimaya 等高端百货公司，进入到世界各大城市进行销售，使泰国传统手工艺产品得到了认同。同时，政府开始转变在其中扮演的角色，逐渐减弱其作用，以便逐渐增强社区和村民的自我发展、可持续发展的能力。

(二)建立经济特区

泰国政府通过经济特区的建立，促进了区域经济的联通性和可持续发展。随着边境贸易的增加和东盟共同体的建立，2014～2016 年，泰国政府在 10 个府建立了 13 个经济特区，每年的贸易和投资额接近 8000 亿泰铢。经济特区的建立主要分为两个阶段，第一阶段于 2014 年启动了试点项目，主要在达府(Tak)、穆达汉府(Mukdahan)、沙缴府(Sa Kaeo)、宋卡府(Songkhla)、达叻府(Trat)5 个府建立了 6 个经济特区；第二个阶段于 2016 年开始，分别在清莱府(Chiang Rai)、北碧府(Kanchanaburi)、廊开府(Nong Khai)、那空拍侬府(Nakhon Phanom)、那拉提瓦府(Narathiwat)5 个府建立了 7 个经济特区。由于这些经济特区分布在泰国边境，周边围绕着农村，经济特区建设过程中政府投入了大量资金进行基础设施建设，有效改善了周边农村基础设施状况。与此同时，经济特区的建立创造了更多的就业机会，促进了周边农村人口的就业，为农村减贫带来了巨大的影响。

(三)开展旅游减贫

引导游客走进社区，让更多的农村贫困家庭能够享受旅游业发展带来的收益，以减少贫困，提高自我发展能力。

OTOP 项目自 2001 年起在泰国推行至今，有效促进了泰国乡村的发展，其侧重是向外界销售当地产品。近年来，泰国政府认识到除了向外界销售特色产品，更有利于提升乡村发展活力的方式是在保持传统特色的基础上不断创新，提高传统产品的附加值，利用传统和创新吸引更多游客到乡村旅游消费，这能从更广的范围上增加农民收入、提高乡村生活水平，实现乡村可持续发展，对国家整体发展有利。OTOP 项目侧重乡村产品走出去，“体验传统不断创新”计划侧重游客走进来，两者相辅相成，将更好地促进乡村发展，帮助社区农民摆脱贫困。

目前，泰国内政部乡村发展厅在全国 3000 个村庄进行试点，并将评选出 50 个示范村庄，此后会将成功经验运用到全国 70000 个村庄的发展中。“体验传统不断创新”计划主要通过对乡村的人才培养、基础设施建设、发展乡村旅游、开发特色产品等，提高当地村民的自我发展能力，吸引游客到乡村体验传统生活方式、购买当地特色产品。通过办旅游、搞副业、销售特产等扩大农民农业以外的收入来源，推动村庄进入可持续发展的良性循环。[①]

重视传统手工业的统筹传承和增值溢价，在泰国政府的辅助、监管、引导下，尊重传统、坚持品质的农户和农企能够获得更好的效益，也会令整个国家的农产品具有形象公信力，从而实现以农业生产价值最大化支撑农村社区持续良性发展。同时，以此消化了农业剩余劳动力，特别是妇女和老人，令其乐守家园，其农村家庭结构相对保持良好，农村空心化等问题得到可持续解决。

(四)发展适度经济模式

适度经济理论是 1974 年由泰国国王普密蓬·阿杜德提出的，他提倡经济、社会、环境的和谐可持续发展。适度经济理论作为治国理念，其核心是经济发展不追求高速、高收入，而要适当、合理，力求经济、社会、环境的长期稳定和可持续发展。该理念在指导泰国经济发展中发挥了重要作用。适度经济理论可成为个人、家庭、社区、国家等各个层次的处世哲学和治国理念。它包含三项基本原则，即适度、合理和有内在的免疫力。该理论指导人们重视正直、诚实、勤奋、知识、智慧、敏锐等方面素质的培养。适度，是一切行为都应适可而止；合理，是表明行为造成的后果不但影响自己，也影响他人、社会与环境；免疫力，是指自身应具有的对风险的抵抗力。适度经济理论指导人们对自己的行为有清醒认识，为人处世勤奋，恪守中庸之道，理性决策，并要构建抵御震荡的抵抗力。

适度经济并非是闭关锁国的自给自足经济，而是在全球化大潮中争取成功之道。它强调每个人要有应对市场经济的能力，国家也必须具有应对全球化的策略。在泰国，适度经济是扩大社区自主权和强化社区作为地方经济重要基础的途径。适度是在内部资源与外部力量之间以及国内社会需求与全球经济之间寻求平衡的指导方针。适度经济也是全球化时代发展经济的中庸之道，旨在实现更加平衡、更加公平的经济增长。例如，兰塞村是泰国官方认可的适度经济学习中心，是适

---

① “体验传统不断创新”——泰国新举措促进乡村发展，http://www.tibet.cn/cn/Instant/。

度经济研究和实践活动的范例。村庄有 140 年历史，有 700 名村民。兰塞村村民可以学习到很多特殊的知识，如可再生能源、生物柴油、综合种植、经济型和观赏型动物养殖技术等，教育、储蓄基金等项目旨在帮助村民适应外界的变化。泰国政府通过建立大量的适度经济学习中心来推广该理念。

在促进农村发展中，对乡村的人才培养、基础设施建设、发展乡村旅游、开发特色产品等，可以提高当地村民的自我发展能力。例如，泰国南部素叻他尼府的蓬洛村，实施该计划以来，村庄的自我发展能力得到提升，村民通过办旅游、搞副业、销售特产等扩大了农业以外的收入来源，每户年收入提高上万泰铢，村庄进入可持续发展的良性循环。

1988 年启动的清莱黎敦山开发项目，项目的最终目的是实现人与自然的可持续发展，在适度经济理论实施项目中具有典型代表性。曾经交通不便、基础设施极差，处于长期贫困的村民，如今有了稳定的收入、教育、医疗和公共安全保障等，当地村民实现了自我管理、自我发展、推进村民自治的目标。曾经与大山争生存的人们，现在能走进现代化工厂和作坊工作；曾经饱受战火摧残的山川，也重披绿装，吸引国内外游客前来观光休闲。据统计，2015 年黎敦山居民年平均收入从过去的 3772 泰铢，增长到了 89144 泰铢，增幅达 22 倍以上。当地居民受教育程度也大幅提升，中学毕业人数从 1993 年的 625 人增加到 2015 年的 3383 人，更有 30 人获得了大学本科及以上学历。同时，黎敦山开发模式在全球范围内得到推广，缅甸、阿富汗和印度尼西亚等国也与泰国合作，希望通过这种开发模式实现替代种植，从根本上解决贫困问题，并消除隐患。

农村发展路径遵循结构转型和农村转型相辅相成规律，是国际农村发展的主要经验之一，只有加快转型，才能更快实现劳动生产率在农业与非农业部门的趋同，从而消除城乡收入差距，减轻农村贫困。

（五）建立农村与城市的联动

自 1961 年第一个国家发展计划实施以来，泰国的经济和社会发展集中在工业部门，目的是通过从农业到工业经济的结构转变促进经济增长。工业部门的快速增长，导致劳动力需求急剧增加。鉴于这些工业岗位能够提供比农业更高、更稳定的收入，大量农村劳动力迁移到城市中心。曼谷及其周边地区是这些行业集中和农村劳动力迁移的主要目的地。农村劳动力的转移刺激了工业部门的发展和泰国经济的增长。从农村到城市的移民，无论是季节性收入还是永久性收入，都给家庭收入结构带来了变化，这种变化在贫困农户中特别明显，农业外收入份额持续增长，这样可以使农村农户从工业经济增长中获益，从而最终有效地减少了总体贫困率。

然而发展也带来新的问题，泰国人口的循环流动和季节性流动现象非常明显，城市化及其问题向都市转移。2000 年，全国城市人口有 54.9%集中生活在曼谷地区，实现农村发展、全国经济的平衡发展、减少农村人口向曼谷的迁移成为每一届泰国政府需要完成的重要目标。

在泰国第九个国家经济与社会发展规划(2002～2006 年)中，农村与城市可持续发展被确立为重点，并强调地区管理应当把重点放在可持续城市化与农村发展的联系上，以缩小城乡差距。该规划主要有四个目标：①强化社区权利，发展适宜生活的城市，使社区成为坚实的社会基础，并动员所有利益相关人员参与社区发展规划。②通过全民参与决策，减少农村和城市的贫困现象，政府在实施减贫工作中应当进行全盘考虑，不应仅把重点放在收入贫困上。③建立农村与城市发展的联系。为了使农村获得均等的资源分配与经济发展的机会，政府应当加强基层经济建设，为农村人口提供可持续的收入，政府可以建立一系列经济发展配套政策，将农村和城市地区联系起来，且应当符合各地区具体的经济潜力、优先目标和功能。④集地区、功能、参与为一体的管理发展。提高地方行政管理机构的能力，为其配备训练有素的人员，建立有效的管理体系，促进政府职能的下放。

移民被认为是泰国摆脱贫困和实现更好生活水准的手段。季节性移民将收入带回家乡，许多长期移民汇款回家。根据 2002 年泰国国家统计局移民调查统计，在收入最低的 1/5 的家庭中，有 85%的家庭收到了移民汇款。而且，随着家庭收入的增加，汇款占总收入的份额变小。此外，比较汇款前后的家庭收入，发现汇款大大有助于家庭摆脱贫困。每月收入低于 500 泰铢的家庭所占比例从汇款前的 13.8%下降至收到汇款后的 3.7%。

另外，从农村到城市的移民在非农业部门就业是造成城市贫困的主要因素之一。城市贫困人口的数量和占比自 1988 年以来一直在下降，城乡收入差距不断增加，不断吸引更多的城乡移民。

移民大多是低技能劳动力，因此工资较低，城镇居民生活成本高于农村，从而有可能使这些农民工终身贫困。最关键的问题是缺乏住房，使这些工人生活在贫民窟。除了城市贫困，内部移民也会对家庭关系造成不利影响。随着劳动适龄人口从农村迁移到城市，老年人和儿童被遗弃在农村。

泰国的农村和城市贫困问题有很大差异。虽然上述政策和措施可以在全国范围内适用，但也应该解决一些具体问题。例如，农村地区可能会扩大公共服务或政策，以减少偏远地区贫困人口的运输成本。另外，对于城市贫困人口，应考虑住房供应或改善生活条件。此外，农村和城市贫困之间的联系也需要政策响应。农村和城市之间的巨大差距吸引了城乡之间的移民，缩小城乡差距，政策的作用非常重要，创造就业机会、发展农村地区、促进家庭生活等，可以长远地解决农村和城市贫困问题。

（六）结合项目制订脱贫计划

长期以来，泰国农民抗风险能力较差，一些农村地区由于自然条件艰苦，贫困问题极为严峻。针对这种情况，泰国相继实施了包括“皇家项目”等在内的4685个发展项目，同时还在联合国、世界银行等国际组织支持下，扩大减贫的覆盖面。

2018年1月，泰国又提出新型农民带领脱贫致富计划。作为实现新农村发展和农民脱贫增收的第二阶段计划之一，这项计划首先帮助年收入低于3万泰铢的低收入者脱贫（孙广勇，2018）。

泰国农业收入在2017年实现5.3%的增长，在2018年实现4.6%的增长。这些都是通过不断提升农业竞争力和农产品质量、利用新技术降低成本、增加产量实现的。此外，生产符合市场需求的产品、适宜的气候条件也为实现增长创造了条件。未来，泰国将推动农业发展为系统产业，农产品类型也将走向多样化。

第四节　肯尼亚的减贫分析：以国际援助为重要支撑的减贫

肯尼亚位于非洲东部，陆地面积为582646平方公里，位于30°～42°E，5°N～4°S，东南临印度洋，赤道在其中部横贯东西，东非大裂谷纵贯南北，风景秀丽，气候宜人。国土以高原居多，平均海拔1500米。作为世界著名的旅游国家，肯尼亚以其美丽的自然风光、浓郁的民族风情、独特的地貌景观以及让人叹为观止的野生动物吸引着来自世界各地的游客。根据联合国2019年发布的人类发展指数数据显示，肯尼亚的人类发展指数（Human Development Index，HDI）在全球国家中排名第147位。根据肯尼亚国家统计局（KNBS）2017年调查，45.2%的肯尼亚人仍处于贫困线以下，每月支出低于2913肯先令（约合28美元）。根据该报告，肯尼亚各地区发展严重不平衡，其中首都内罗毕贫困人口约为20%，而图尔卡纳地区90%的人口月均支出低于1562肯先令（约合15美元），为肯尼亚贫困人口比例最高的郡，其次为瓦吉尔，贫困率达84.2%。另外，农村人口相对于城镇人口贫困率更高，贫困率分别为50%及30%。[①]肯尼亚作为东非最大经济体，在教育、卫生及脱贫领域有所进步，但国家的经济发展并没有创造更多就业，人民没有享受到发展的红利。此外，肯尼亚收入在贫困线（1.9美元/天）以下的人口占比由2012年的45.9%降到了2017年的33.6%。由于家庭中孩子数量较多，肯尼亚的抚养比率（15岁以下儿童和65岁以上老人与其他人口的比率）达到75.4%，为全球最高的国家之一。世界银行发布报告显示2017年肯尼亚青年失业率达到17.6%，也为东非地区最高。

① http://ke.mofcom.gov.cn/article/jmxw/201706/20170602601210.shtml。

一、贫困成因

(一)殖民统治的历史问题

16世纪，葡萄牙殖民者占领了肯尼亚沿海地带。1890年，英、德瓜分东非，肯尼亚划归英国所有；1895年英国宣布肯尼亚为其“东非保护地”，1920年改为殖民地。1960年3月，肯尼亚非洲民族联盟和肯尼亚非洲民主联盟成立。1963年6月1日成立自治政府，12月12日宣告独立。次年12月12日成立共和国，仍留在英联邦内，作为英属东非的一部分，英国在肯尼亚实行直接殖民统治达70余年，大肆掠夺土地资源，移民定居。1902年，英国宣布肯尼亚一切土地均为“王土”，有权把1000英亩[①]以下的土地分期租让给白人移民，租期为99年。1915年，租期延长为999年，租金每30年重订一次，实际上就是由白人永久占有。原住民则被赶到气候恶劣、土壤贫瘠的“土著保留地”中居住。还有不少原住民逐渐沦为白人种植园的雇农。此外，殖民者征收高额茅屋税或人头税，强征劳役。原住民受尽了歧视、盘剥与压榨(杨人梗，1984)。

肯尼亚沦为英国殖民者的原料供应地和商品销售市场。英国殖民者对肯尼亚各地区的土地资源、矿藏资源等进行大肆掠夺，并强迫非洲工人进行劳动，以极低的工资保证英殖民政府获得最大限度的超额利润。它们强迫肯尼亚只生产一种或几种供出口的经济作物，发展规模可观的各种农矿初级产品加工企业，使国家逐渐发展形成依靠一种或几种农矿产品出口、以换取外汇的单一经济结构，造成了肯尼亚畸形的经济结构，极大地破坏了肯尼亚的经济发展。

(二)自然灾害致贫

肯尼亚气候类型多样，既有适宜种植的高潜力的农业气候带，又有低潜力的干旱和半干旱气候带，由于不同区域有不同的气候条件，这反过来又影响不同区域家庭的粮食供应和家庭收入，面对干旱和洪涝，穷人最为敏感和脆弱，从而导致贫困的发生。例如，由于稳定可靠的降水量，中部省份的粮食种植收入明显高于东部和北部地区的粮食种植收入，而游牧区域由于不稳定的降水量和频繁的干旱，其贫困程度超过70%。肯尼亚西部的Nyando和Budalangi是经常遭受极度干旱和洪涝天气的地区，自然灾害导致农作物和牲畜损失、人身伤亡以及财产损失。目前，当干旱肆虐肯尼亚东部省份时，许多家庭被迫迁往埃塞俄比亚寻找牧场和水，这些家庭往往陷入饮水点和牧场的冲突之中。除了干旱，肯尼亚也偶尔会遇到毁灭性的洪水事件，如1997～1998年的洪灾引发了国际范围的紧急救济，数百人丧生，数千人流离失所。洪灾造成的损失估计为100万美元，除了对基础设施

① 1英亩=4046.86平方米。

造成损害，洪水还破坏了大量土地，使居民暴露在极端饥饿和食物剥夺之下。Nyando 是经常遭受洪水灾害的地区之一，种植大米、玉米和豆类(当地居民的稳定食物)的土地被洪水扫荡，大量的政府资金用于疏散和救济数以千计受洪水影响的居民，但还是有大量人口沦为乞丐，该地区也是爆发周期性饥荒和贫困程度极深的区域。造成肯尼亚自然灾害脆弱性的间接因素还包括收入水平低、农地规划和管理不善、人口密度高、社区欠缺应对洪灾的经验等。

(三)基础设施的薄弱

交通是影响居民服务可获得性的一个关键变量，它影响着居民获得教育、水资源、医疗保健服务以及市场的接入。肯尼亚财政与规划部的调查表示，贫困地区交通条件差是致贫的重要因素。以获得安全饮用水的情况为例，在干旱的季节，家庭为了获取安全饮用水，每天平均需要 10～29 分钟的时间成本。肯尼亚人集中居住在肯尼亚西部、中部或沿海地区，内罗毕和蒙巴萨等主要城镇的集中程度最高，这些地区靠近水源、电力、道路和铁路网络，医疗设施、教育条件相对较好。而在粮食匮乏和绝对贫困的区域，基础设施和服务的供应和可获得性则急剧降低。

(四)社会经济因素

约 70%的肯尼亚人依靠农业作为收入来源，这表明农业在经济劳动力中的重要性。土地、劳动力和资本三个经济因素影响家庭农业生产和农户参与农业的能力，以及通过生产劳动进一步获得积蓄、财产和投资收入的能力。

(1)土地分配不均。土地是影响生产功能的主要经济要素，土地在理论上是取之不尽的，因为土地在投入生产过程中并没有损耗并可以重复使用。但是，这种假设是基于农户拥有土地所有权而提出的，在这种假设条件下，农户只需要投入生产技术、劳动力以及管理农场的成本即可得到农业生产收益。肯尼亚的现实是，土地高度集中在少部分人手中。据当地媒体报道，肯尼亚全国 73%的可耕地集中在 10%的人手中，23%的人没有土地，另有 67%的人拥有人均不到 1 英亩的土地。

土地分配不均的历史根源是殖民统治。在英国殖民统治时期，殖民当局将肯尼亚中部高原地带大部分的肥沃土地分给白人殖民者。1963 年肯尼亚独立后，首任总统乔莫·肯雅塔没有对这部分土地实行没收政策。为解决肯尼亚人对土地的需求，肯尼亚政府当时出台了一些政策，允许人们以市场价购买土地，由于大多数穷人无力支付高额购置金，导致大量土地被新上台的权贵控制。此后数十年间，肯尼亚政府多次出台土地分配方案，但由于权力寻租的普遍存在，大多数土地最终还是成为极少数人的资产。21 世纪以后，土地问题仍然是导致肯尼亚贫困问题的主要因素，大量土地被出售或出租给国际投资者，贫困农民失地现象日益严峻。土地交易导致大量贫困农民被迫失去土地，加重了肯尼亚的贫困问题。

(2)收入不平等。肯尼亚仍然是世界上贫困人口最多的国家之一，尽管该国的经济增长速度很快，但大多数肯尼亚人并没有享受到经济增长带来的红利。肯尼亚的收入差距水平高达33.1%。根据某南非著名咨询公司2014年的调查，小部分人掌握着肯尼亚国家大部分财富。肯尼亚约8300名超级富翁掌握着整个国家4.3万亿肯先令(约500亿美元)的财富，约占全部财富的2/3，而全部4300多万人口中有46%的人仍在贫困线下挣扎，每日生活费不足2美元。调查还显示，肯尼亚人均财富为1170美元，比2000年增长89%，但增长速度落后于非洲其他国家。可见，肯尼亚贫富差距大，贫困面广，贫困度深。

(五)人口增长过快

人口增长过快对减贫效果产生了消极影响。根据世界银行公布的数据，肯尼亚人口从2008年的3979万人，增长到2018年的5139万。人口大量增加产生了三个方面的负面影响。

(1)失业问题。根据欧洲最大软件公司SAP SE发布的报告，肯尼亚2015年有约150万失业人口，其中15～24岁的年轻人超过1/3。将有340万新增年轻劳动力进入市场，肯尼亚届时需为年轻人提供390万个工作岗位。报告指出应鼓励快速成长的新兴创业企业，它们有潜力成为肯尼亚创造工作机会的主要力量。目前肯尼亚创业企业数量每年增长20%，仅占肯尼亚公司总数的5%，但提供了超过70%的新工作岗位。布鲁金斯学会发布的对肯尼亚青年就业现状的研究数据显示，抽取1266名肯尼亚18～35岁、中学以上学历的青年人，调查其工资水平和就业模式，发现肯尼亚青年人就业表现不佳。受访者中，46%的人周薪低于2000肯先令，即日薪低于2.75美元，仅略高于贫困水平；另有35%的人周薪为2000～5000肯先令。一半以上的受访者从事的职业与教育背景不相符，55%对目前工作“不满意”或“非常不满意”，62%为临时职位，45%从事兼职工作，这反映出肯尼亚庞大的非正式经济体系。受访青年毕业后，平均花费11个月才能找到第一份工作，在接待业(21%)、零售业(16%)和农业(13%)领域的工作者较多，从事建筑、制造、通信等行业的人数较少。青年失业率比成人失业率高出好几倍，尤其是在城市和女性当中特别高。年轻人长大后，他们与家人的联系遭到破坏，成为经济上的独立者的希望也遭到破坏。

(2)农村部分地区人口密度过高，迫使部分村民向城镇迁移，从而进一步加剧了城镇各类资源的紧张状况。在农村居民大量向城市迁移、人口增速居高不下的情况下，内罗毕、蒙巴萨、基苏木等大城市不堪重负，贫民窟面积不断扩大，已成为各大城市难以解决的问题。在首都内罗毕，近半数人口居住在大大小小数十个贫民窟里，其中，离市中心仅4公里的基贝拉贫民窟3平方公里左右的面积内居住着70万～100万人口，是世界上最大的贫民窟之一。世界银行发布的《非洲城市：向世界打开大门》报告表示，肯尼亚由于未发展贫民窟地区经济，带来的损失达10亿美元。由于贫民窟居住条件多年未能得到改善，内罗毕的房地产价值为 90 亿美元，远低于坦桑尼亚首都达累斯萨拉姆的 120 亿美元。

根据肯尼亚财政部门及规划部的资料显示(2001 年)，女性生育人口(15～49 岁)的人数决定了粗出生率、人口增长率和卫生服务需求量。肯尼亚近年来人口稳步增长，1999 年的人口普查数据表明人口总数接近 2900 万，其中男性和女性各占一半，每平方公里人口超过 2000 人的地区是内罗毕及邻近地区，被评为最不适宜居住的地区，而人口最少的地区是新界区，每平方公里有 1～5 人。

(3)部分农村居民向人口密度低的干旱半干旱地区迁移，给当地脆弱的生态环境带来更大破坏。为了满足生存的各项需求，他们经常破坏自然环境，无规划地砍伐森林，在草原过度放牧，这些行为仅为填饱肚子，并没有给肯尼亚人带来更多的财富，但却给自然生态系统带来了难以弥补的伤害。

(六)健康医疗条件落后

健康状况差、医疗费用高、医疗条件落后是肯尼亚致贫的重要原因之一。在一个家庭中，一个或一些家庭成员因健康问题导致生产力下降或无法工作，收入就会降低。除此之外，高昂的医疗费用及疾病的长期困扰也会使这个家庭雪上加霜。在肯尼亚贫困家庭中，因为健康原因致贫的数量占据整个贫困家庭的 40%。而在边缘地带，尤其是在西部和尼安扎省，艾滋病和疟疾发生率非常高，65%的家庭认为致使他们贫困的原因与这一情况有关。

高死亡率会干扰农业生产，加重贫困的发生。根据世界卫生组织 2015 年的统计数据，肯尼亚 15～60 岁男女每千人的死亡率比值是 290/206。而男性的高死亡率会增加女性和儿童生存的脆弱性。疾病发生率和死亡率具有正相关关系，肯尼亚主要高发疾病除了疟疾和遗传性疾病，就是艾滋病。疾病导致的死亡和农业生产有直接关系，一方面影响了家庭的农事，导致农作物产量降低，另一方面，高昂的医疗费用会剥夺家庭的生计能力。例如，阿莫斯和格罗锐澳夫妇和他们的 5 个孩子由于拥有一个小型建筑材料商店，曾过着舒适的生活。当格罗锐澳需要进行一次紧急剖宫产手术时，他们突然需要支付 200 美元的医疗费，这超过了他们平常 4 个月的收入。由于不能支付全部费用，阿莫斯被迫将他的摩托车交给医院作为保证金。失去了摩托车，他不能从批发商那里采购材料，他的生意处于停顿状态。他被迫让孩子们退学，因为没有钱支付学费和校服费用，而且整个家庭一天只吃一顿饭。这意味着，为了消除或减少贫困，医疗保障问题必须被优先考虑，必须为居民提供适当的医疗保障和保健计划，以便减少医疗费用，缓解贫困的发生。

(七)权力寻租

肯尼亚政府的权力寻租行为产生了社会排斥，增加了商务活动的成本，导致更多贫困现象的发生。“民众与腐败：非洲调查 2015”是透明国际组织的《全球腐败晴雨表》报告的一部分，2014 年 3 月～2015 年 9 月，透明国际组织采访了撒哈拉以南非洲 28 个国家的 43143 名民众，了解其对所在国腐败情况的感受。《贿赂行为指数报告》中指出，东非地区国家中肯尼亚腐败最严重。其中，肯尼亚 45%的受访者承认被索贿，58%的受访者表示过去 12 个月所在国腐败现象有所增加；部分非洲人尤其是穷人在获取关键的基本公共服务时不得不承担腐败的成本，22%的受访者在过去 12 个月里为获得公共服务而行贿。报告显示，警察被列为贪腐最严重的群体，其次是司法、国防和公务员系统。

同时，电力机构也在贪腐严重机构之列，其他被列入的公共机构包括水务、安全、健康、许可、移民和基础设施建设；肯尼亚针对穷人的索贿行为较普遍，穷人寻求公共服务时行贿的可能性是富人的两倍。原透明国际组织主席乔•伍格士指出，“腐败滋生助长了贫困和排斥现象。数以百万计的非洲人缺乏食物、卫生、教育、住房、可获得的清洁饮用水等基本生活条件，而掌握权力的腐败分子却能骄奢淫逸”。

二、减贫措施

肯尼亚自独立以来，强调通过接受国际援助、大力发展国内经济、促进就业、促进社会公共服务和非政府组织帮扶五个方面来减贫。

(一)接受国际援助

肯尼亚接受国际援助份额巨大，历史悠久，国际援助为肯尼亚带来了发展资金、发展项目、发展人才，对非洲减贫具有积极意义。例如，2013 年，世界银行与肯尼亚财政部签署优惠贷款协议，向肯尼亚 30 万个极度贫困或残障人士家庭(约 165 万人)提供 2.5 亿美元现金用于改善生活条件，每个家庭每月可领到 2000 肯先令(约 23 美元)，覆盖肯尼亚约 4%的全国人口。2015 年 9 月，由中国商务部主办的肯尼亚经济与社会可持续发展部级研修班在北京开课，22 名来自肯尼亚各部委的高级学员将接受为期一周的培训学习和实践考察。这个高级研修班也是 2015 年中国对肯尼亚培训援助中级别最高的一个。中国通过人力资源开发合作等方式，与肯尼亚分享发展经验和实用技术，帮助肯尼亚培养人才，达到“授人以渔”的效果。为了帮助肯尼亚更多的专业人士提高能力，中方还遴选了在肯尼亚中资企业中优秀的当地员工及孔子学院的优秀学生来华培训。除短期专业能力培训项目，还针对高精尖人才提供了研究生等高等教育奖学金项目。

当然，学术界对国际援助对减贫的作用存在争议，如莫友(Moyo)出版了一本新书《无用的援助》(*Dead Aid*)，毫不客气地指出，西方援助害了非洲。莫友认为，长期的援助造成非洲国家不堪重负的债务，通货膨胀加剧，欠缺对汇率市场的异常动荡的抵御能力，也无法吸引高质量的投资。

（二）大力发展国内经济

肯尼亚自1963年独立以来，政局相对平稳，是非洲政局最稳定和经济基础较好的国家之一，也是与非洲贸易、投资、经济技术进行合作的主要窗口和桥梁。作为东非共同体、东南非共同市场等区域合作组织的倡导者之一，肯尼亚以其地处东非门户的优越地理位置、相对完善的经济基础，发挥着向东、中非辐射的重要作用。首都内罗毕有30多条国际航线，通达世界各地。第二大城市蒙巴萨有东非最大的天然良港，货物转口至东、中非各国。第三大城市基苏木是肯尼亚西部的经济和交通中心，濒临维多利亚湖，具有水运便利。自20世纪90年代起，肯尼亚国内经济发展较平稳，市场不断扩大。近年来，随着东非区域一体化进程的推进，很多外资和海外企业进军肯尼亚，把这里当作开拓东、中非市场的桥头堡。2007年，肯尼亚政府制定了名为《2030年远景规划》的国家发展战略，聚焦政治、经济、社会三大重点领域，大力推动发展，其核心目标是要实现GDP年均增长10%以上，到2030年将肯尼亚建成新兴工业化、中等发达和具有国际竞争力的国家。肯尼亚远期和中期发展规划均将能源、公路、铁路、港口和通信等基础设施视作实现经济腾飞的基本要素，列为优先发展领域；在基础设施显著改善的基础上，重点发展旅游、农业、批发零售业、制造业、采矿业、服务外包和金融服务等产业。近年来，肯尼亚政府大力推进基础设施建设，农村电力改造项目效果最佳。根据计划，肯尼亚将在2030年将农村电网覆盖率由2017年的63%提高至100%。此外，肯尼亚全国已有47个区实现光缆联通，新架设的三条海底光缆将把肯尼亚与世界更好地联系起来。运输部门是《2030年远景规划》的重要支柱。肯尼亚运输网络的发展不仅局限于公路建设，年久失修的铁路系统也同样是发展重点。铁路运营企业肯尼亚铁路公司正按照计划，以标准轨距建设三条国内铁路主干道，为周边国家提供更快捷高效的铁路运输服务。此外，公路方面，拥有双向六车道的内罗毕-锡卡高速公路也正在稳步按计划施工中。

农业是肯尼亚的重点发展领域，近年来，肯尼亚的主要增长引擎为农业及基础设施建设。肯尼亚“百万英亩Galana灌溉项目”于2014年1月正式启动，肯尼亚政府将从2014财年预算中先拨付36亿肯先令（约4235万美元）。该项目预计总耗资2500亿肯先令（约29.4亿美元），于2017年完工，所灌溉土地主要用来种植玉米、甘蔗和园艺产品。该项目的开展解决了Kilifi和Taita Taveta等严重依赖救济食品地区的贫困问题以及加强了肯尼亚全国粮食安全；基础设施建设也为肯尼亚的产业振兴做出了巨大贡献，2015年建筑行业增长达14%[①]。另外，经济部门多元化使肯尼亚受国际油价下跌影响较小，同时带来其进口支出减少，通货膨胀率下降。但是，财政部估计只有经济增速达到10%时，才可创造100万的工作岗位。

① 数据来源：中华人民共和国驻肯尼亚共和国大使馆经济商务处网站。

除此之外，微金融服务也助力经济增长。微金融是为解决发展中国家农村金融落后和贫穷人群难以获得金融服务问题而兴起的一种金融形式，主要侧重于为贫困人口提供小额贷款等基本金融服务，2010 年肯尼亚就有约 450 万人享受到这种金融服务。全球移动通信系统协会(Global System for Mobile Communications Alliance)的最新报告指出，肯尼亚的手机支付业务发展十分迅速，目前已处于全球领先水平，其手机移动支付账户占全球的 1/3，移动金融支付系统的发展使大量游离于银行服务之外的贫困人口受益。

(三)促进就业

肯尼亚的劳动力问题，既是数的问题，也是量的问题。尤其在当前，肯尼亚经济发展需要努力使工作数量的增长速度超过其人口增长速度，预计在 2050 年前，人口增长速度都将一直保持在 2%以上。这意味着每年有 80 万肯尼亚人达到工作年龄，其中只有 5 万人能够找到一份按现代方式支付薪水的正规工作。余下的人则将进入一个集传统农业与蓝领、白领职位的灰色地带。另一个问题是：肯尼亚的教育系统所培养的具有各行业所需技能的劳动力数量太少。这两个因素都使年轻人的失业率特别高；肯尼亚年轻人的失业率(35%)约为全国人口平均失业率(12.7%)的三倍。非洲发展银行估计，肯尼亚缺少 3 万名工程师、9 万名技术人员及 40 万名技工。工作岗位和劳动力技能缺乏的问题是可以解决的，但需要采取公私合作的模式。

促进就业，尽可能提供更多的就业岗位一直是非洲减贫工作的重点。肯尼亚面临着巨大的失业问题，对年轻人的影响尤其严重。青年失业率比成人失业率高出 2 倍，尤其是在城市和女性当中特别高。在过去的四十年里，面对肯尼亚的失业和就业困难的现实，历届政府均将优先促进就业作为核心政策。就业政策专注于年轻人。在这方面重要的项目是劳动力部门针对青年的人力资源开发计划(2008～2012 年)和 KKV(Kazi Kwa Vijana)计划。发起于 2009 年 4 月的 KKV 计划，旨在每年使用 20 万～30 万名年轻人在农村和城市地区的劳动密集型的公共工程项目中参与工作，由不同的部门进行管理①。本节使用“2005～2006 年的肯尼亚家庭预算综合调查”(Kenya Integrated Household Budget Survey)的主要特征来描述肯尼亚的青年就业挑战，进而探讨青年就业政策。该调查认为肯尼亚青年失业问题首先要关注那些年龄为 18～25 岁的人；其次要关注那些年龄为 15～18 岁和 25～29 岁的人；最后再关注年龄为 30～34 岁的人。尽管青年失业率在城市地区更高，但是不应该忽略农村地区。部分原因是农村失业青年的数量比城市更多，还有部分原因是一个运转良好的农村青年就业计划可以把年轻人从城市转移到农村，这样可能会缓解城市失业率。解决农村青年失业率不会从根本上改变城市长期的经济吸引力，但它可以使

① Kenya’s Youth Employment Challenge, UNDP, 2013。

城乡移民和开发过程更加理性和人道。

在解决青年就业的挑战方面，肯尼亚积累了重要的经验。首先，通过建立大学来提升人力资本。肯尼亚希望通过建立两座新的国立科研院所，帮助学生发展更高端的科学技能水平，推动创新。为了建立这两座科研院所(肯尼亚纳米技术学院和国立工程与新生产技术自然科学研究室)，肯尼亚政府计划通过公私合作的模式来筹集资金。其次，重视职业培训以提高就业能力。肯尼亚针对不同行业，在农村、城市都设有相关的职业技能培训学校，贫困人口可以根据需求参加培训，掌握实用技能，实现在不同行业就业并依靠技能提高收入。肯尼亚还组织经过专门培训的人员通过劳务输出、跨国就业来增加收入，达到减贫效果。最后，激励私有企业创建培训机构。比如，三星的工程学院，能根据雇主的真实需要有针对性地进行课程设置，确保培训内容的有效性。此外，许多肯尼亚的学生毕业时都缺乏实践经验——大学和各种专业学院的设备往往都已过时。因此，增加提供学徒计划的企业数量，也是在短期内缩小技术缺口、刺激就业的另一个重要举措。

肯尼亚实施的另外一个促进工作数量增长的举措，是设立政府拨款项目(如Uwezo)，为年轻的创业者提供更好的筹集资金的渠道，并让他们能更容易地找到导师。要获得Uwezo的资助，准备创业的团队需要先通过一个由政府委员会负责的申请和筛选流程。然后，在资金发放前，他们必须完成一个辅导与培训认证计划。在六个月的宽限期之后，他们就应当开始还贷。如果为创业者提供支持的企业活动，如谷歌的Startup Weekend Nairobi(内罗毕初创企业周末)，能够与政府拨款项目更好地配合协作，将可能推动彼此进一步扩大影响范围。

为了有效促进就业，肯尼亚制定了《2030年远景规划》，其目标是将肯尼亚转变为一个现代的、具有全球竞争力的中等收入国家，并到2030年为所有公民提供高质量的生活。在优先计划实施中，最初实施的是针对国家建交，以及经济的迅速重建，以应对国家遭受的破坏和挫折，而中期计划的重要举措就是促进就业。该规划包含了详细的政策，以及在所有经济部门实施的措施。在这方面，政府承诺在未来五年的进程中，实现贫困人口的降低，该计划还概述了将在各个部门实施的方法，以确保实现这一重要目标。中期计划实施的关键问题和挑战是创造更多的就业机会，尤其是为目前占最大比例的青年创造就业机会。特别是为实现性别平等的方案采取措施，旨在使肯尼亚所有地区的发展更加公平。

(四)促进社会公共服务

随着社会经济的发展，肯尼亚社会公共服务有所改善。为了实现经济复苏的总体目标，教育部门已经加快了改革步伐，2003年1月启动和实施免费初等教育，高中到大学阶段是收费教育，但是政府为低收入和贫困家庭孩子提供助学贷款，为完成学业提供保障政策，为私立大学提供激励措施，使其能够扩大设施和能力，以增加入学机会，以及开设以科学为导向的课程，个别大学开设的课程将有效地适应不断变化的市场。

在医疗方面，《2030年远景规划》中卫生部门的目标是为所有人提供公平和负担得起的优质卫生服务。公民在公立医院就医，只收取很低的挂号费，总体上是用免费医疗解决贫民看病问题。高收入群体可以购买医疗保险，去医疗环境和质量更好的私立医院看病就医。艾滋病和疟疾等疾病的防治也取得显著成果，成人感染率已降至10%以下，成为发展中国家有效控制艾滋病传播的典范。

在水资源方面，水是一种环境资源，不仅是维持生命所必需的，而且可以维持不同地区的经济活动。肯尼亚的水资源禀赋很低，目前人均年供水量为647立方米，被列为缺水国家，政府通过2002年颁布的《水法》启动了该部门的改革。此外，政府与尼罗河流域内的其他河岸国家共同成立了尼罗河流域合作组织。

（五）非政府组织帮扶

非政府组织（Non-Governmental Organizations，NGO）在肯尼亚社会发展和减贫方面发挥着重要作用。国际NGO在肯尼亚扶贫援助的方式主要是对政府或本土NGO进行援助，先通过本土机构和组织将援助的资金、技术、物品或人力资源进一步传递到基层组织。NGO在肯尼亚的扶贫活动主要涉及技术援助、教育援助、基础设施援助、法律援助、环境保护援助等领域。技术援助主要在肯尼亚教授农、牧、加工业的新技术，还包括一些非主导产业，如制衣、竹制品生产、陶器制造等，通过技术进步来增加贫困群体收入。资金援助主要通过小额信贷模式推广，受到非洲民众的欢迎。教育援助主要是派遣义工或提供教育资金，帮助贫困地区的儿童获得基础及以上的教育。基础设施援助主要是通过协助兴修水利和农田设施等进行扶贫。法律援助主要是进行法律普及工作，以及在诉讼程序和诉讼过程中提供援助，帮助贫困群体了解和运用当地政府扶贫法律法规或其他相关法令，以保障其在生产中应享受的优惠和便利。环境保护援助主要是协助肯尼亚政府、民众开展治理环境、清洁水源、消除沙漠化等项目。

三、重要经验

NGO是国家实施减贫行动的一个重要支撑点。NGO在非洲国家活动范围广泛，对社会弱势贫困群体的扶助是众多NGO的重要使命之一。NGO在其所在国开展了一系列积极有效的活动，为国家减贫事业发挥了独特的作用，这些作用主要表现在以下三个方面。

（1）NGO作为“草根”阶层诉求的代言人，积极参与国际、国内相关减贫政策的制定。这些组织努力确立自己的话语体系、价值体系和行动议程，以影响国际社会和所在国家的减贫议程。例如，肯尼亚NGO建立的“非洲妇女儿童信息网”就是一例。该组织出版期刊、信息公报、研究报告等，还制作广播、电视节目，通过该组织网站，反映其对家庭暴力、儿童维权、妇女生育保健等问题的看法。该组织也评估、监督政府的一些相关政策实施情况。

(2) 当贫困人口陷于长期贫困，或面临饥荒、旱涝灾害、战乱时，一些非洲当地的 NGO 经常通过直接提供资金、物资等经济资源，以强制投入的方式打破贫困的恶性循环。它们直接为需要帮助的人提供救助服务，为贫困人口的基本生存提供保障，体现其人道主义关怀。例如，慈善组织 GiveDirectly 就为贫困家庭提供无条件现金援助，该组织通过 M-PESA 将捐款直接转到肯尼亚贫困家庭手中，援助产生的效果相当可观：受捐助家庭中，孩子一天没饭吃的家庭数量减少了 33%，投资于土地、农业物资、家畜和住房(包括铁皮屋顶)的家庭数量则增长了一倍多。

(3) 鉴于贫困人口发展能力的脆弱性，NGO 也选择一些旨在提高贫困人口的自主摆脱贫困能力的项目，如开展各种形式的职业培训，将大量有用的信息和实用技术传授给肯尼亚当地穷人，使之掌握一定生产技能，帮助其顺利就业，以实现技术扶贫；它们设立小额信贷项目，资助贫困人口自谋职业，实现自我发展；通过提供资金，增加贫困人口，特别是少年儿童受教育的机会，实现教育文化扶贫。

第四章　典型国家减贫的特点、经验与教训

第一节　发达国家(美国)减贫特点

贫困问题不仅是一个包括经济、政治和社会的多重因素的复杂问题，更涉及以一定国情为基础的公共政策制定和社会保障制度的长远适用性。

从这一意义上说，发达国家的减贫措施注重系统设计，主要可分为选择补救型和普惠制度型，前者是在社会成员发生贫困救助需求时采取应急措施，或者说按照一定的标准有计划和有针对性地展开贫困的精细化分类，在此基础上实施选择性的社会福利体系；后者则是全面覆盖的普惠型的社会福利体系。美国偏重补救型，是以在全民社会保险基础上提供公共援助与福利，进而精细分类筛选救助对象为特点的社会保障制度，而欧洲福利国家则侧重普惠型的社会保障制度。

美国减贫策略经历了区域开发型减贫、福利就业推拉型减贫、短暂的普惠型福利减贫，是各届政府根据国情、文化背景及社会发展水平做出的选择。从历时角度与共时角度来看，美式减贫具有三个方面的特点。

一、积极价值观导向的效率优先理念

首先，美国主流文化倡导积极的精英主义价值观，存在一定的宗教基础。美国社会存在两种贫困归因逻辑，其背后是价值观的差异。首先，外因是结构主义和平等主义的贫困观。有两个层面，一是纵向的剧烈经济社会变迁、遭遇发展导致的适应不良而带来的落后，如早期欠发达地区的农村贫困、城市化背景下移民的适应不良贫困和当代经济危机造成的城市贫困问题；二是横向的种族、家庭、文化因素等社会分层和社会经济不平等、消费文化模式以及公共救助计划缺乏、政策不合理等因素是导致贫困的主要原因。其次，贫困的内因是个体主义和精英主义的贫困观。这种观点认为贫困的原因是个体、家庭和特定文化因素，是由于自身原因导致贫困，如个体无劳动能力或单亲家庭，或个人不负责任、消极工作、生活习惯不良和价值观偏离等，因此个体需要对自身贫困负责任。这种价值观导向形成积极福利主义的核心。

在主流的积极价值观影响下，美国贫困救济是为了社会的稳定和生产的持续，

选择采取对策，精细化筛选救助者，进行选择性的扶持，承担有限的责任。因此，相对于欧洲国家实行的普惠型福利制度，减贫的公共支出相对有限，历年来减贫财政支出都未超过 20%，远远低于北欧福利国家瑞典和以社会保险为核心的德国，更加注重福利制度的效率。特别重要的是，美国对效率的理解是关注经济发展和人力资本的高效供给，鼓励并提供机会和条件协助有劳动能力的贫困群体就业，从而获得相应收入，提高减贫效率。

二、分类实施的多重减贫项目

美式减贫在制度设计上采用精细化分类，采用现金、实物和服务多重结合，以多种方式为贫困群体在不同方面、不同层次提供援助，在多重受益的情况下促使贫困人群尽快脱贫。

美式分类减贫主要有两方面：对无劳动能力的贫困群体实施现金补贴、实物援助和医疗救助等社会安全网保障措施，对有劳动能力的贫困群体通过贫困家庭援助计划、退税补贴提高其就业能力和就业后的收入水平，一方面致力于为企业提供训练有素的员工，另一方面旨在提供平台使贫困人群脱贫。

从美国的选择性福利体系减贫实践来看，精细化分类是减贫的趋势，而在精细化分类基础上的就业减贫和教育减贫是减少贫困与杜绝返贫的根本途径。贫困不仅表现为社会贫困和环境贫困，更是环境、经济和社会相互作用的结果；贫困问题既有客观社会根源，也有个人主观原因，具有极强的复杂性和综合性。因此，在减贫对策上，既需要社会的努力，更需要个人的努力，不仅需要多维的社会力量，还需要长远的制度设计。

三、以市场化和社会化的方式管理减贫福利

在宏观管理上，美国政府主张有限责任的减贫措施，联邦政府与各州政府合作，克林顿政府《个人责任和就业机会协调法案》实施后福利管理权限下放，各州获得了贫困人口衡量测定及援助数额上的自主权。

在具体实施上，美国政府按照公共援助项目的方式来展开，政府可购买社会或企业服务完成项目运作。典型的如医疗救助项目就是与医疗护理组织签订合同购买医疗救助服务，而由各州落实的 SNAP 也与农场、超市、餐馆等有外包合作。

总体而言，美国政府强调效率、分类展开、市场化和社会化参与的减贫模式具有一定的优势，但也存在一定的问题，需要结合具体国情、社会文化和经济发展阶段而展开。

第二节 发展中国家(巴西、泰国)减贫特点

一、巴西减贫特点

巴西目前是世界第九大经济体，但是社会和经济发展极度不平衡的现象依旧突出，1981～2018 年的基尼系数平均值为 0.578。人口过度集中，但是城市基础设施不足，就业机会较少，生活质量低等问题引起了一系列“城市问题”，如通货膨胀、住房短缺、环境较差、公共治安混乱、失业率上升等。然而，在改革阶段(如 20 世纪 90 年代中期以来)，巴西发展不平衡现象随着时间推移而减少，包括不同地区间和城乡间的不平衡。前文提到过，尽管巴西经济增长缓慢，但不平衡现象的减少是帮助巴西减贫的一个主要因素。

(一)巴西发展模式重点是穷人的发展

服务业发展对巴西减贫发挥着重要作用。一直以来，服务业比农业或工业的增长更有利于穷人。但是 1994 年以后，巴西服务业发展减慢，对减贫产生了小幅的负面影响。据巴西应用经济研究所公布的数据，巴西 1994～1998 年五年间共有 1200 万人摆脱了贫困，贫困人口占全国人口的比例也从 1994 年的 33%降至 1998 年的 25%，但由于国内外各种因素影响，贫困人口的比例于 2016 年又有所上升。

(二)选择适合的社会福利模式

导致贫困化的一个重要原因是失业率长期居高不下，不同的福利模式对创造就业能力具有很大的反作用。大体上，福利模式可分为“普救式”和“补救式”。由于巴西福利制度既没有明确的制度理念，又没有选择一个“合适”的制度模式，在福利政策的运用中更偏重中上阶层，只获得了中上阶层对经济制度的认同和支持，却失去了广大社会底层的信任，造成政治制度支持的缺位，从而加剧社会分化，失业率居高不下，进而导致周期性的社会动荡、政治危机，这是巴西等拉美国家给我国福利制度改革提供的一个重要教训。

(三)适时进行中等收入阶段调整与转型

从巴西经济的增长实践可以看到，进入中等收入阶段初期，发展中国家经济仍然保持较高速的增长，但这一持续增长是有限的。在直至 1981 年才关闭的良性发展“窗口期”内，巴西并未及时进行换挡升级的适应性调整，而是在经济增长受到抑制后才被迫转型。转型延迟使巴西错过了 20 世纪七八十年代国际产业大转移带来的有利国际贸易和投资环境，经济发展开始落后于韩国，也一直未能从中

等收入国家跃升至发达国家。而今，巴西又在一定程度上出现了出口和增长的不适应，应当结合国际市场环境，适时调整发展模式，以避免矛盾激化造成的经济损耗。

(四)重视运用政策、计划等途径减贫

①注意政策的合法性，总体上以 1988 年宪法为基本依据，每项重要政策都有专项立法。②注重顶层设计，这一特点从巴西社会发展战略和家庭补助金计划中都有充分体现。③政策目标的集中性。各项政策都聚焦于社会的最贫困阶层，在扶贫过程中特别关注保障儿童的营养、健康和受教育水平，力求防止贫困“代际传递”的现象延续。④强调社会参与，在政策设计与执行中，既强调政府部门(包括地方政府)承担主要职责，又广泛争取社会各界的积极参与(苏振兴，2015)。

二、泰国减贫特点

(一)注重经济减贫与人类贫困减贫的并重

根据舒尔茨的人力资本的概念及理论分析框架，不发达国家贫困落后的根本原因不在于物质资本的缺少，而在于人力资本的不足以及这些国家长期以来对人力资本投资的忽视。因此，舒尔茨提出了贫穷国家要把发展教育、增加健康投资等在内的人力资本发展战略放在首位，这是发展中国家摆脱贫困状态的重要选择。而印度经济学家阿马蒂亚·森关于贫困研究界定的“贫困指数”测量公式，将贫困人口数量、基本生活保障、收入水平及收入分布结构结合在一起，全面反映了一国的贫困程度，为推进贫困程度的量化研究做出了开创性的贡献。

20 世纪 80 年代以前的学者和权威机构，一般都是从物质层面和经济学意义上来理解贫困的。但随着人类对于贫困问题认识的深化，国际社会开始更加注重从人文发展的角度来衡量一个国家的贫困程度。联合国开发计划署在《1997 年人类发展报告》中提出“人文贫困”(human poverty)的概念(也称为人类贫困)。它不仅包括人均国民收入的因素，也包括人均寿命、卫生、教育和生活条件等因素。

泰国绝大部分生活在贫困线以下的人群，主要分布在泰国东北部、北部和南部的 3 个区域的府。近年来，泰国为解决区域经济发展不平衡及社会分配不公带来的贫困问题，瞄准偏远地区、边境地区、农村地区和老人、儿童等群体，开展的减贫活动卓有成效；对反人类贫困和人力资本投资高度重视，对经济发展与教育、卫生、住房等发展项目进行统筹安排，特别是制定了贫困非机构债务计划、教育贷款项目、全民医疗保健制度，并针对老年人制定了老龄津贴等减贫项目活动，使边远贫困地区的低收入家庭在医疗、卫生、教育生活条件方面得到了很大改善。

经过几十年的不断努力，贫困人口规模大幅减少，但区域性分布特征仍很明

显，主要分布在地理位置偏僻的、靠近边境的贫困村庄，这些地方或者资源禀赋差，或者尚未开发，或者自然条件恶劣，而且呈现出很强的集团性特征，即贫困人口主要由一些农民、下岗工人、残疾人、边远山区少数民族家庭等特殊贫困群体所组成。

为适应新时期减贫的特点，除了瞄准扶贫目标群体和增加扶贫工作的针对性，还应针对贫困人口制定经济减贫和人文减贫策略，有利于从根本上消除贫困。

(二)注重贫困人口广泛参与和国家减贫项目全覆盖相结合

在泰国的实践中，社区参与制订和修订扶贫工作计划，大大提高了减贫政策干预措施的有效性、效率和影响。减贫项目计划由当地社区提出和评估，增加了成功的可能性。适度经济理论是减轻泰国贫困和减轻贫困人口经济脆弱性的关键，适度经济理论的作用在农业中是显而易见的，这种新理论在农业中，强调的是农民必须提高自力更生的意识，合理有效利用自然资源，合理消费，适度追求财富，增强应对风险的能力。理论基础包括可持续性、适度和广泛意义的发展，旨在通过社区合作和有效的适度规模发展，如采用小规模灌溉技术，向小农户提供足够的大米，使农村贫困人口的基本生活得到保障。

泰国相继实施了包括“皇家项目”“皇家开发项目”等在内的4685个发展项目，同时泰国还与国际社会进行合作，在联合国、世界银行等国际组织的支持下扩大减贫覆盖面，同时将减贫与旅游业发展联系起来，不仅开拓出多条“皇家项目”旅游线路，而且鼓励游客选购“皇家项目”“一村一品”项目等产出的农产品和手工艺品。

泰国政府在扶贫中认为，给予补助不是解决贫困问题的唯一解决办法，只有“授人以渔”才能从根本上削减贫困，提高贫困人口参与度，改变贫困人口思想认识，有利于提升贫困人口自我发展的能力，最终摆脱贫困。

(三)注重新型农民培育与围绕乡村就业

泰国农村地区发展落后与贫困的原因之一，是农民缺乏基础教育和技能培训。因此，对于现代农业生产必须具备的知识缺乏认识，对现代农机具和农业耕作技术难以接受，导致缺乏对现代农机具的使用，生产效率滞后，影响农民增收。

泰国政府持续推进新型农民培养计划，让传统低效的农耕经济转型为高效的高科技新农耕经济。为此，“无名英雄”皇家项目从2016财年起，与泰国孔敬大学合作成立学习中心，为泰国东北部农民和相关人员提供培训课程，并计划在未来与泰国东北部19家教育机构合作，不断扩大培训覆盖面，支持减贫事业发展。

在泰国减贫实践中，为乡村创造更多的就业机会，比乡村发展基金政策对减少贫困产生更大的影响。这是因为一个企业家可以帮助该地区至少2个或3个人实现财务充足和可持续发展。例如，推行大获成功的 OTOP 项目，截至 2008 年，全国有超过 130 万的会员在 37840 个 OTOP 项目中工作，参与的家庭收入得到大幅增加，并且大约有 2/3 的参与 OTOP 项目的生产者是社区型企业，OTOP 项目不仅为地方创造了大量的就业机会，让人们能够在自己家乡工作，赚取更多的收入，并且可实现当地社区、企业、村民的自力更生，同时也降低了由于农村移民向经济发达地区移动形成的新的城市贫困群体(Moore and Donaldson，2015)。因此，农村地区的农民和城市的低收入劳动者将逐渐减少。

借鉴泰国经验，在贫困地区整合资源，创业带动就业，结合贫困县、村各自的特色产业、特色产品、旅游资源等，通过政府引导，加大贫困村创富指导，落实各项创业扶持政策，通过市场带动更多贫困人口增收脱贫。

(四)注重适度发展经济与生态环境保护

在泰国的减贫发展中，经济的迅速发展起到了主要的作用，然而适度发展经济才是扩大社区自主权和强化社区作为地方经济重要基础的途径。它有利于社区内部资源与外部力量之间以及国内社会需求与全球经济之间，寻求平衡发展的指导方针。

适度经济理念在全球化时代，能够实现更加平衡、更加公平的经济增长。泰国在过去的经济发展中取得了显著的成就，3/4 的家庭拥有了自己的住房，99%的家庭拥有安全卫生系统以及水电供应，1957～1997 年，人均收入提高了 7 倍，贫困人口占比不断下降。然而，社会经济的不均衡现象也随之而来，处于最上层的 5%的人口拥有总收入的 55.2%，国内的自然环境和森林也遭到急速破坏。

经济发展本身并不是最终目标，而只是实现人类发展的手段。适度经济理论能够指导国家宏观经济政策的制定，以提高国家对外部震荡的抵抗力，形成公平的和可持续的经济发展(萨阁林和倪永新，2007)。

泰国在推进农村减贫事业过程中始终重视对生态环境的保护。在“无名英雄”皇家项目推行中，在泰国北部的塔旺帕等 3 个县试点推行十分成功，帮助当地改善因过度种植玉米造成的生态问题，逐渐恢复森林植被，特别是降低了山体滑坡等自然灾害造成的损失。随后，该项目陆续推广到乌隆府、佛丕府和加拉信府等地，也取得良好效果。

(五)“一带一路”和“澜湄”沿线合作带来新的机遇

中国提出的“一带一路”倡议，通过开展旅游、中文教育、中医药研究和应用及职业技能培训等领域的合作，真正让“一带一路”建设惠及泰北地区人民，使包括泰国在内的沿线国家更加紧密地融入全球贸易体系中，为泰国农村地区发展提供新的机遇，不仅有利于推动基础设施建设，普及公共服务，而且未来发展战略对推动沿线各国发展战略的对接，发掘区域内市场的潜力，促进投资和消费，创造需求和就业，增进沿线各国人民的人文交流与文明互鉴有着积极的作用。

“一带一路”贯穿欧亚大陆，东边连接亚太经济圈，西边进入欧洲经济圈。无论是发展经济、改善民生，还是应对危机、加快调整，许多沿线国家同我国有着共同利益。历史上，陆上丝绸之路和海上丝绸之路就是中国同中亚、东南亚、南亚、西亚、东非、欧洲经贸和文化交流的大通道。泰国在地缘政治上位于东盟地区的核心地带，是东盟的物流、贸易和金融中心，是东盟市场与中国之间天然的桥梁。而中国未来也需要通过进入泰国，进而进入东盟乃至大湄公河次区域，对产品供应链进行重新布局。

第三节　欠发达国家(肯尼亚)减贫特点

一、NGO主导的扶贫模式

NGO参与非洲扶贫的形式非常丰富。非洲国家众多，各地情况差异很大，国际NGO在具体扶贫实践中创造出了各具特色且行之有效的扶贫策略，主要有直接扶贫和间接扶贫两种方式。国际NGO多采用间接扶贫模式，尤其那些来自欧美发达国家的NGO更是如此。其援助的方式主要有三种。①对非洲国家、地方政府或政府组织的援助。②对非洲国家本土NGO进行援助。一般先将援助传递给非洲本土NGO中的基层支持组织，再通过基层支持组织，将援助的资金、技术、物品或人力资源进一步传递到基层组织。③下设分支机构，通过分支机构进行援助。但这些方式往往存在信息交流上的迟滞、程序上的跨国运作导致的复杂化等问题。

NGO在非洲扶贫领域主要经历了三个阶段的发展：第一阶段是以直接救济为主，直接针对需要援助的群体进行食品分发、医疗卫生服务和安全保证等援助活动；第二阶段是帮助需要援助的地区进行小规模的自我发展培训等，开始从输血转向造血的援助；第三阶段则是着力于促进国际、国内和地方制度和政策层面的改善，以求从根本上解决贫困与发展的问题。纵观NGO参与非洲扶贫，可以看到，这些扶贫活动主要涉及生存援助、技术援助、教育援助、基础设施援助、法律援助、环境保护援助等领域。

二、政府间合作的扶贫模式

政府间合作也是欠发达国家扶贫的重要模式。学习借鉴国际组织和他国的减贫经验，可以利用国际社会或他国无偿捐赠资金、优惠贷款促进本国减贫实践行动。中国减贫领域的国际交流合作始于20世纪90年代，先后与世界银行、亚洲开发银行、联合国开发计划署等国际机构和英国、德国、日本等国家及国外民间组织开展了合作，项目包括交流、研究、合作、培训等诸多形式。外资扶贫把国际减贫理念和方法，如参与式扶贫、小额信贷、项目评估和管理、贫困监测评价等，逐步应用于中国扶贫实践中，在创新减贫机制、提高减贫绩效等方面产生了积极影响。在新阶段，减贫领域国际交流合作将紧密结合《中国农村扶贫开发纲要(2011—2020年)》提出的主要目标和任务，坚持“引进来”和“走出去”原则，加强理论研究，加强项目合作，促进交流，加强南南合作，共同促进国际减贫事业的发展。

以中国与非洲合作为例，通常是中非国家间通过签署有关减贫的合作框架协议，落实到具体的援助项目中加以实施，这与西方国家侧重资金援助做法有所不同；或是通过临时动议支持非洲国家的扶贫济困行动，如一些非洲国家遭受突发性国内暴乱、旱涝灾害时，中国政府会提供紧急救援物资。

三、企业主导的扶贫模式

企业投资为非洲国家实现工业化、解决贫困问题带来了希望。①增加了当地就业。中国在非企业员工当地化比例超过78%，有的甚至达到99%，而且随着本地化的不断深入，这一比例还将继续扩大。工业化带来的就业机会将成为非洲国家解决就业问题的重要途径。②中国企业将为非洲培养新一代的商业精英。中国在非洲企业大多采取与当地合作的方式，这一方式将培养出非洲商业精英，其最终可成为未来非洲大陆工商业的骨干。例如，中国企业通过在非洲国家投资项目，实施属地化经营方式，吸纳当地人员就业。据统计，目前中国私人企业在非制造业投资每年超过150笔，涉及诸多生产制造领域，成为推动非洲国家加快工业化进程的重要力量。企业在当地开展了大量造福于民众的公益事业。例如，截至2019年，中国石油天然气集团公司已通过各种方式向苏丹社会公益、慈善事业团体及油区周边社区和百姓累计捐资4500万美元，用于改善和发展基础设施、医疗卫生、人才培养与学校建设等，直接受益人数约200万人。

第四节　典型国家减贫的主要经验

一、充分发挥贫困者的主体性和主动性是减贫的前提

在中国扶贫实践中，很长一段时间里，强调政府占主导地位，政府成为反贫困的主体，贫困人口只是被动地从政府的各项扶贫活动中受益，而忽略了激发贫困人口的自我觉醒意识，主动思考自身贫困的解决需求，从而造成贫困人口缺乏必要的参与，扶贫表现为政府包办。另外，政府在扶贫资金使用中处于管理地位，

容易带来扶贫资金的非项目化渗漏，甚至挪作他用，降低扶贫效果。而扶贫过程中也没有把贫困人口当作扶贫中最重要的力量看待，而是把他们当作被动的接受者，农户参与程度低，这无疑会影响贫困人口参与扶贫过程的主动性和积极性。

泰国在激发贫困者主体性和主动性中有着成功的经验，“一村一品”“100万乡村发展基金”项目，积极调动了社区和当地农民参与，鼓励社区、民间组织共同行动解决社区问题和需求，帮助当地人员利用富余劳动力和传统技艺开发特色产品，政府动员专业设计人员帮助当地农民开发产品并打开销路，推动地方经济发展，并在之后逐渐降低政府作用，增加私营部门和社区作用，从而最终使村民自身发展能力得到加强。

这一经验在墨西哥、玻利维亚、印度等国也受到重视，这些国家都比较重视改善贫困地区的社会服务，如文化、教育、卫生、就业、培训等，以此提高贫困人口的“三自意识”(即自主意识、自强意识、自助意识)。

在对农村贫困进行的研究中，关于“发展主体是谁”的研究长久以来一直存在。中国下一步减贫研究需进一步加大探索贫困人口参与的原则和方法，兼顾公平和效率，借鉴别国经验，构建多样化、非线性的发展模式。积极鼓励社区、民间组织和个人探求发展需求，主动参与到农村减贫政策制定和实施中，真正成为发展的主体，真正做到扶贫扶志，把减贫与农村发展事业向前推进。

二、经济可持续发展是减贫的关键

经济增长一直以来都是不发达国家和发展中国家的一项长期目标。涓流理论认为，只要经济全面迅速增长持续下去，绝对贫困将最后消失。而西蒙·库兹涅茨提出的倒U形假说也认为，经济增长至中等收入水平时，不均等达到顶点；收入水平达到工业化国家的水平时，不均等开始下滑。

《2000/2001年世界发展报告》认为“各个地区和国家在减少收入贫困和实现人类发展方面的不同绩效多半可以归因于经济增长的差异”，实现减贫目标在很大程度上源于持续增长的宏观经济。经济发展了，才能使政府用于各项减贫项目的财政支出成为可能，减贫战略才能实施。实施经济可持续发展战略，有利于促进生态效益、经济效益和社会效益的统一；有利于促进经济增长方式由粗放型向集约型转变，使经济发展与人口、资源、环境相协调；有利于国民经济持续、稳定、健康发展，提高人民的生活水平和质量。

20世纪70年代以来，泰国奉行“先增长，后分配”的模式，从泰国减贫实践来看，1962～1981年，经济的中速增长与贫困率的持续降低同时发生。80年代初至中期，由于世界经济衰退导致经济增长率降低，贫困率随之升高。80年代末90年代初的经济繁荣时期，则伴随贫困率的大幅度减低，而1997～1998年危机后的经济萎缩导致了贫困率的调高，直到经济复苏后，贫困率才大幅降低(彼得·沃尔，2005)。

由于各国具体国情不同，社会经济发展存在巨大差异性，经济可持续发展的路径与方式也不同。发达资本主义国家凭借其雄厚经济实力，以及比例较小的贫困人口数量，在反贫困进程中主要采用“社会保障”方案，同时辅之以政府大规模干预及系统开发，促使落后地区社会经济得到迅速发展。而广大发展中国家由于受整体经济实力和贫困人口数量的制约，大多数没有照搬西方发达资本主义国家的反贫困模式、路径和方法，即“社会保障”方案，而是根据具体国情，选择与本国经济实力、贫困状况相符的反贫困道路，从而制定出各种形式的反贫困发展战略。由此可见，经济可持续发展对一个国家的减贫工作非常重要。在不发达国家和发展中国家，经济增长率与绝对贫困率的降低水平密切相关，长期持续的经济增长是使贫困率大幅降低的一个必要条件，仅依靠重新分配无法把一个穷国变为一个富国。

三、消除政策与机会的不平等是减贫的制度保障

按照新制度经济学观点，收入差距实际上可以用交易成本和制度安排来解释。由于区域发展、基础设施或个人能力差异，不同地区和个人进入市场或在市场实施的经济活动所发生的交易费用不同，从而导致每个人的同一经济活动所产生的边际收益不同，产生收入差距。而收入差距是造成相对贫困的最重要的原因。

在各国减贫的实践中，如美国，种族、家庭、文化因素等社会分层和社会经济不平等、消费文化模式及公共救助计划缺乏、政策不合理等因素是造成美国贫困人口的主要原因。而在巴西、泰国和肯尼亚，也不同程度地存在着区域经济发展不平衡带来的影响。由于区域经济发展不平衡，会带来经济资源的重新配置和客观经济环境变化，即自然条件好、交通等基础设施完善、经济发展快的地方，一方面会得到政府更多的政策支持，进一步发展经济，使这些地区的劳动所得更高；而另一方面，还有利于当地居民获得更多的机会，如教育、医疗、社会救助等，而边远贫困的地区则正好相反，从而造成更大的收入差距，使贫困地区的贫困群体更难摆脱贫困。针对这一原因，各国纷纷从不同方向入手制定减贫措施。例如，美国的普惠福利制度型减贫措施，通过解决贫困人口再就业、教育、医疗等方面的问题，实现公平与效率兼顾的目标。

在巴西，通过实现发展极策略的减贫模式，实施政策干预，给予贫困地域优先发展权，在落后地区有效实施发展计划。但是巴西的社会保障制度实行的是完全积累制，这个制度的财政可持续性较强，但再分配功能很弱。基金来源大部分由个人和小型企业承担，欠缴现象普遍，保障基金缺口很大，政府负担的债务很重，社会底层的大多数贫困人群根本得不到基本社会保障，而中上阶层的少数人却享有保障权利，加大了社会的贫富分化。

因此，政策与机会不平等造成收入的差距，进一步加剧了区域发展不平衡。

消除政策与机会的不平等有利于制定多样化的减贫措施。

四、提升贫困者的发展能力是减贫的关键

贫困现象由多方面因素造成，如教育水平、健康状况、社会环境等综合性因素，在反贫困的过程中，许多国家和国际组织逐渐认识到经济贫困是一种外在表现，真正导致贫困发生的原因在于人们缺乏在社会中生存、适应及获得发展的能力。当代美国学者迈克尔·谢若登提出新型反贫困理论模型，即在增加收入的同时对贫困者进行资产建设(UNDP，1997)。其中，个人资产既包括有形资产，即货币、动产、不动产和自然资源等，同时也包括无形资产，即人力资本、文化资本、正式或非正式社会资本、政治资本等。在各国反贫困的实践中，关注“能力贫困”的改变，注重改变贫困者自身的发展能力，是从根本上解决贫困问题的关键。

美国减贫措施非常注重通过教育来提高贫困者自身的能力。针对贫困群体提供特殊的教育机会和创造更多的就业机会，通过倡导积极的价值观，帮助贫困人口提升综合能力。

巴西经验注重对贫困人口的基本生产技能的培训，在提升贫困人口发展能力的“零贫困计划”中，通过对18～65岁的人口进行技能培训，督促落实教育基金，使贫困家庭经济收入状况得到改善，并有效防止再度陷入贫困。

肯尼亚减贫针对不同行业在农村、城市建立职业技能培训学校，根据贫困人口不同需求提供培训，掌握实用技能的贫困人口可以在不同行业就业并提高收入。

我国大多农村流动人口文化素质和劳动技能偏低，缺乏在城市中竞争高端职位的能力。他们大多集中在制造业、建筑业、服务业等初级劳动领域，虽然对城市的发展贡献很大，但得到的报酬却很低，甚至有些私营业主和小作坊主千方百计克扣、盘剥，使得他们生活窘迫，无以为继。常有农民工以极端方式讨要工资事件见诸报道，由此可以窥见他们在城市的生存境遇。不稳定的生活、不被认可的地位、不公正的待遇，使农民工成为城市的“边缘人”。由此引发的犯罪率也正呈逐年上升趋势。也有观点认为，“农村劳动力向城市流动是一个长期的过程”(蔡昉 等，2003)，更多的是要重视其所带来的资源重新配置效应、保持比较优势效应、填补初级岗位空白效应和促进城市建设效应。应该把注意力放在如何改进城市配套设施，健全覆盖面更广的社会保障体系，加大工资立法力度，提供多种形式的技能培训等方面，提升流动人口、城市贫困人口的发展能力，真正让这一部分流动人口能够走进来、留下来，得到城市的接纳，使其产生归属感。

五、综合扶贫是提高减贫可持续性的有效途径

从20世纪90年代至今，美国从福利社会减贫的阶段，进入了新的减贫改革

时期，主要做法是选择积极福利制度型减贫，减贫措施包括社会保险、公共援助与福利的社会保障体系，旨在降低贫困人口的福利依赖程度、减轻政府压力。主要内容包括两个方面：一是针对每个公民的基本福利保障制度，主要指社会保障和工作保险制度，二者都是全民性的保险制度，并不考虑受益人收入的水平；二是针对低收入个人及家庭减贫的福利救济与补助制度。这部分对象的救济与补助是以精细分类为基础的，减贫注重工作参与，鼓励自食其力，通过精细化分类而选择性展开积极福利制度。从美国现行的减贫措施来看，综合扶贫是一项重要改革和转折，不再单纯依靠福利政府承担减贫重任，而是倾向于利用多个主体、多项措施、多样化手段，达成减贫效果。综合来看，包括完善减贫机制、注重对穷人的分类及积极价值观的倡导，动员私营私企、非政府组织和个人在内的所有社会力量参与减贫。

美国的减贫对策和福利政策发展史显示，教育扶贫是减少贫困的核心，就业扶贫是减少贫困的关键性保障，多机构与组织介入的选择性积极福利制度形成多维的安全网，是消灭贫困的根本性路径。因此，美国对贫困人口的精细化分类及选择性积极福利减贫对我国应对“中等发达国家发展陷阱”和未来的减贫策略具有借鉴意义。

当前正值中国减贫冲刺的关键时期，扶贫工作进一步深入，深度贫困村“多、广、深”的贫困现状依然不容乐观，贫困地区和贫困人口的主观能动性不足，在受到自然灾害、疾病、家庭变故等威胁时，极有可能重新进入贫困状态。借鉴美国当下减贫对策和福利政策，中国需要实施更加综合的扶贫措施。在精准扶贫背景下，还需要改革贫困标准和制定方法，使贫困识别更加立体化。在锁定贫困对象后，了解贫困户的期望、收入、消费、教育以及健康状况等信息，同时做到减贫项目、资金透明化管理，信息反馈系统畅通，切实突出减贫手段的综合性。

六、建立与经济发展相适应的社会保障政策是减贫的必要补充

社会保障制度是市场经济体制的重要支柱，健全的社会保障体系是社会的“稳定器”、经济运行的“减震器”和实现社会公平的“调节器”。建立与经济发展相适应的社会保障政策，对社会收入进行再分配，在一定程度上可以缩小贫富差距，弥补市场经济的缺陷，缓和社会矛盾，促进社会公平。

在各国减贫实践中，经济发展不同阶段，贫困的原因与现象存在差异，其政府制定的社会保障政策也存在不同。美国作为世界发达国家，其在发展过程中始终存在着贫困问题，在经济发展的不同阶段，减贫政策也随之发生变化。从以经济发展为引擎的开发型扶贫过渡到通过经济政策拉动和福利政策推动的推拉型减贫，再到惠普福利制度型减贫，以及现行的选择性积极福利制度减贫，包括社会保险、公共援助、社会福利为主的社会保障体系。在美国减贫过程中，随着工业化和市场化的

发展，市场经济给社会带来利益增长的同时也带来了市场风险，市场化的不断深入，社会成员收入增加的同时也面临着就业、产品价格以及更大程度的变化风险。

泰国作为东南亚迅速崛起的发展中国家，减贫实践获得的成功离不开制定和提供综合全面的社会保障政策，通过推行金卡计划、老龄津贴和保障贫困人口住房等基本政策，提升整个国家抵抗贫困的能力。而巴西政府的“零贫困计划”通过确保贫困人口在饮水和食物权益上的政策，确保了贫困人口在收入增长的同时，还能获得基础教育以及卫生条件的改善，有效降低了贫困的人口风险承受能力的脆弱性，阻断了贫困的进一步恶化。

从美国、泰国、巴西减贫实践来看，社会保障制度是缩小地区差距和促进地区均衡发展的重要制度安排。不管是发达国家还是发展中国家，建立和利用多类型、多层次的社会保障体系，制定与本国经济发展阶段相适应的社会保障政策，均能够有效调节收入的再分配，促进区域之间的协同、均衡发展。

当前中国的贫困问题主要是城乡居民权利不对等所致，而中国目前社会保障仍然存在供给总量不足、保障水平总体偏低、保障覆盖范围有限、城乡差距大、保障权益结构失衡等客观事实。因此，要从源头上减少中国的贫困，必须通过一系列的制度安排来保障贫困群体，特别是农民的各项权利，赋予贫困人口更多的使其获得劳动产品的能力和权利，实现全国城乡居民权利的平等。借鉴别国成功经验，建立与经济发展相适应的社会保障政策，为中国未来减贫事业取得进一步成功提供必要的补充。

第五节　典型国家减贫的主要教训

一、将外来模式机械植入本地社区

中国的扶贫实践就是一个不断从其他国家的扶贫模式中学习和借鉴的过程，在学习其他国家在不同发展阶段有益的扶贫工作做法的过程中，我们的扶贫水平在不断提高。但是，也出现了将外来模式机械“复制粘贴”到本地社区，进而出现“水土不服”的情况。例如，美国规模化农业产业化的发展模式并不适用于中国西南少数民族地区，如果生搬硬套地发展规模经济，必然支付高昂的经济成本和社会成本，面临边际成本递增和边际收益递减的问题。

由于不同贫困户在贫困表现、贫困根源、贫困特点和减贫需求等方面存在区别甚至显著区别，不同地区、不同家庭的致贫原因各不相同，脱贫方式也就不同。在借鉴和移植别国扶贫模式的过程中，现有的移植方式可总结为全盘移植、形式移植和理念移植三种。全盘移植是在扶贫领域内盲目照搬他国做法，不加批判地全盘吸收，不考虑自身贫困发生的路径和规律；形式移植是在特定的环境下，做了很多看似合理的制度借鉴，最终只是流于表面；理念移植是重视贫困发展规律的更高层次的学习和借鉴，更有利于与本土的结合。无论是全盘移植、形式移植或理念移植，都不能忽略和脱离本地社区的贫困发生逻辑，都不能忽略与本地社区主客观因素的匹配度，只有这样，才能在借鉴别国经验的基础上探索符合自身发展规律的本地模式。因此，各级政府在学习外来扶贫发展模式的同时，应该根据当地的实际情况，因地制宜，精准发力，找准自身特色，对症下药，这样才能真正找到脱贫致富的钥匙。

二、样板式扶贫带来的高成本

近年来，全国都在全力打造扶贫攻坚样板村和示范村，这种做法目的在于通过总结扶贫样板村的成功经验，整理出一套可看、可学、可借鉴、可推广、可复制的村级扶贫模式。但是，从实践来看，这种样板式扶贫方式，是一种高成本的扶贫方式，一种以资金灌溉和项目倾斜为基础的培育方式。在总结试点经验时人为拔高，以偏概全，夸大成绩，回避矛盾，使扶贫示范村应该起到的作用大打折扣。这种样板式扶贫模式，虽然可以在短期内看到成效，但违背了市场经济的投入产出规律，违背了财政的公平公正原则，人为地拉大了村级差距和区域差距。

三、扶贫运动之后的可持续性

从经济发展看，巴西经济自 2014 年开始就一直处于下滑态势，经济结构调整失败，政府陷入困境，以致在面对外资撤出、货币贬值等问题时，政府无力推行其政策。巴西的贫困人口脱贫，主要靠的是政府的社会救助。脱贫之后，劳动力的素质和企业竞争力并没有得到提升，大批脱贫者进入服务业，尤其是家政业，加重了社会福利的负担。与此同时，制造业持续萎缩，政府不能及时改革来提升劳动生产率和产业竞争力，巴西经济发展仍然举步维艰，减贫的可持续性无法保证。

泰国在减贫方面，长期以来推行的适度经济理论、皇家项目和“一村一品”项目等措施，使泰国农村人口的生活水平得到了有效提升。但是，在泰国偏远和农村地区，社会劳动生产率的增幅不尽如人意，农户通过扩大种植面积增加收入，而非增加农业技术投入。当农产品价格出现下降后，农民收入受到影响，当地的贫困问题又随之凸显。除此之外，农村社会老龄化比例不断提升，缺少劳动技能，过度依赖简单农业生产，这些人口可能随着农产品价格波动而重返贫困。

以上教训表明，减贫手段的短期性和贫困问题的长期性矛盾一直存在。脱贫之后的可持续发展，提升贫困户的发展能力，建立长效机制是影响贫困者返贫的重要因素。

第五章　我国未来的相对贫困与相对贫困人群特点

第一节　农村和农民已经不再是年轻贫困人群的发展首选

一、年轻贫困人群对农业的排斥

在传统农业社会，农民是相对稳定的职业身份，除了少数依靠升学、务工机会转换社会身份，农民的角色代代相传。近年来，中国社会经济发展对农村、农业和农民产生了巨大的影响，其中的一个显性的特点就是年轻贫困人群与农业耕作的关系逐渐疏离。民间流传的一句话——“70 后”不愿种地，“80 后”不会种地，“90 后”不提种地，形象地概括了这一特点。在不少农村家庭，在土地上耕作劳动的人群，主要是留守的老人与家庭妇女，大部分青壮年外出打工，农户家庭主要收入不来自农业，而是外出务工收入，“离土离乡”情况显著。当然，还有一部分留在农村的劳动力，就是这一小部分劳动力也总是“离地不离乡”，他们选择一些非农行业，如在小超市、小餐馆工作等，并面临不少经营困难，扩张乏力，营收并不乐观。在这种情况下，年轻贫困人群对农业的排斥已经成为一种普遍现象，农外就业已经成为年轻贫困人群的首选，“没人种地”的焦虑也应运而生。

年轻贫困人群对农业的排斥，主要原因有两个方面。①对农事生产的抗拒和陌生。传统农事生产“面朝黄土背朝天”的艰辛和微利在年轻人心里形成一种普遍的刻板印象，这种印象使年轻贫困人群更加渴望跳出“农门”，从事非农行业。随着九年义务教育在农村的全面开展，农村青少年更多的时间和精力用于学习书本知识，与农事活动疏离，父辈的农业生产技能未能得到传承。②随着城镇化发展对劳动力的需求以及年轻贫困人群受教育程度的提升，年轻贫困人群的非农就业机会更多，自主性更强，迁移可能性增大。以云南省为例，2009 年度农民工总量为 463.5 万人，2016 年全省农民工总量达到 750.1 万人，其中后生代贫困人群占比为 48.6%，农民工总量 5 年内增加了近 300 万人①。虽然受宏观经济形势影响，云南外出从业农民工返乡比例有所上升，但年轻人仍然更偏好从事非农工作。

---

① 数据来源于国家统计局云南调查总队网站。

二、年轻贫困人群对农村的排斥

首先，城市逐渐完善的基础设施、炫丽和时尚的娱乐方式及丰富的就业机会对年轻贫困人群具有强烈的吸引力，而农村相对薄弱的基础设施、朴素的生活方式和较少的同辈社交活动对年轻贫困人群具有较强的排斥力。其次，农村家庭对子女的期望往往是通过读书转变农民身份，一部分年轻人在城市就算生存质量极低，都要咬牙坚持下去，以免被认为“没有出息”。最后，由于农村性别结构失衡和农村青年劳动力的大量外流等原因，农村青年的婚恋问题已然成为农村青年外流的另一重激励，特别是经济弱势的贫困家庭，更是受到了严重的婚姻挤压。

第二节　农村贫困人群和贫困问题已经部分转移到城镇

一、贫困人群向城镇转移

农民工的迁移导致贫困人口的迁移，2016 年农民工总量达到 28171 万人，比上年增加 424 万人，增长 1.5%，增速比上年加快 0.2 个百分点。其中，本地农民工为 11237 万人，外出农民工为 16934 万人，比上年增加 50 万人，增长 0.3%，在外出农民工中，进城农民工为 13585 万人，大量农村贫困人口自发或被动迁移到城市，成为城市新贫困阶层[①]。因城市新贫困阶层的脆弱性，再加上近年来物价不断上涨、社会保障不力、房价频频攀升、就业形势严峻、教育医疗费用大幅上升、贫富差距不断扩大，加剧了这一社会群体的脱贫难度。我国农村贫困人口向城镇转移的现象日益普遍，若不能合理有效地解决这部分人在城镇的生存和社会保障问题，不仅影响经济发展，还直接影响社会稳定。

二、贫困问题向城镇转移

随着我国农村经济发展和扶贫工作有力开展，我国农村贫困人口数量大幅下降，2016 年已经迅速下降到 4335 万人。与此相比，城镇贫困问题却有发展的趋势。20 世纪 90 年代以前的城市贫困群体，主要是无劳动能力、无经济来源、无法定的赡养人和抚养人的“三无”人员，而新出现的城市贫困群体中，大部分人有工作能力并且愿意工作，但没有工作机会。这样一个庞大群体可能来自：国有企业改革和调整导致失业的群体；资源枯竭型城市里具有大量正常劳动能力的城

① 《2016 年农民工监测调查报告》. 国家统计局 2017 年 4 月 28 日。

市居民；退休较早、仅依赖退休金生活的老年人；流入城市，成为城市新贫困阶层的大量农村人口。同时，社会保险、教育培训、医疗保障等制度上的缺位与失效，也在随时随地制造和产生着新的城市贫困。解决城市贫困的问题要比农村脱贫还难。首先，城市贫困居民没有土地等生产资料，不存在“增收和减负”的可能。其次，城市贫困家庭也很少有向其他城市转移的机会和能力，因为他们没有土地作为最后的生活保障，很难承担迁移的风险。

第三节 城市后生代贫困人群已经出现

后生代的贫困人群指的是在贫困人群中，20 世纪 80 年代以后出生的社会群体。这一群体的父母大多在 1980 年前后，以脱贫为目标移居城市，成为第一代“农民工”，而他们的子女，如今已经逐渐成年，成为后生代的贫困人群。改革开放以来，中国原来的工人阶级、农民阶级和知识分子阶层(即“两个阶级一个阶层”)的社会结构出现了剧烈的分化，并呈现出以下特征。①社会结构分化加速。大批农民进城务工形成农民工群体，部分进城务工农民经济社会地位以及职业角色发生重大变化，促使农民阶级内部出现剧烈分化。工人阶级中出现了许多非公有制经济的工人，而一部分公有制企业工人因为企业合并或者破产等原因下岗，成为新的社会困难群体。个体户、外资企业技术管理人员以及私营企业主等则是近些年出现的新的社会阶层。整体考察，中国社会阶层结构不尽合理，社会中间阶层规模较小，低收入的弱势群体数量较大。②同时也要看到，由权力精英、资本精英和知识精英构成的排斥性社会体制，已经日益固化、僵化，很多底层民众缺少向上流动的平等机会。低收入者被“锁定”在底层的现象日益严重，而且这种被“锁定”状态具有代际传递的特征。社会上普遍存在的“穷二代”“新生代农民工”及大学生“蚁族”等群体，就是底层被“锁定”的现实例证。

后生代贫困人群因为时代差异和生活环境的差异，形成了与第一代农民工迥异的人生态度和生活观念，他们失去了农村的生活记忆和农业生活技能，期盼向上流动，可是他们的生存处境却让人担忧，往往悬浮在城市，返不了乡也入不了户。

后生代贫困人群的社会融入障碍，原因在于中国社会阶层的发展具有代际传承的惯性。正如何三畏所感叹的：“中国的穷人正在被世袭。”若从 1980 年算起，从整体上讲，后生代贫困人群是农村穷人的第二代，他们的父辈在中国经济高速增长的年代里，被隔离在社会经济和政治生活主渠道以外，以至于他们在接受教育、培养技能、发展社会关系等诸多方面出现了成长瓶颈。当后生代贫困人群作为劳动力走入社会，出于自身素养的限制，他们会发觉自己疏离于演绎现代生活的城市文明，而自觉承袭第一代农民工的“边缘心理状态”。另外，尽管迫于多种压力，近年来城市管理者对后生代贫困人群问题的理解，在姿态上要更加宽容开放，但为利益分配格局所羁绊，其对后生代贫困人群在经济制度上接纳而在社会制度上疏于认可的政策导向并未改变。这就决定了虽然社会环境发生了巨变，但后生代贫困人群与第一代农民工相比，相对的社会位置是基本未变的。从本质上讲，后生代贫困人群实际上只是农民工二代。

后生代的贫困人群的贫困显现出显著的多维贫困特性，主要体现在能力贫困、消费贫困、权利贫困等方面。这一群体的文化程度普遍较低，基本未接受过高等教育，高中以下文化水平的占比高达 81%，有些甚至从未读过书。文化和技能的缺乏，导致他们缺少谋生技能，与当前市场所需求的人才标准更是相距甚远，于是他们在下岗、失业或失地后极少有技能和机会再次就业，因此再就业、稳定就业的概率低，只能谋得一些技术含量低、报酬少的临时性工作，或者在街头流动经营，收入极低且不稳定。这一群体的消费能力仅能支持衣、食、住等最基本的生存需求，还包括教育、医疗等必需性费用，通常基本可以解决基本生活费用，而子女的教育经费和医疗经费会使得许多家庭陷入被动，入不敷出。但是同时，这一群体的消费期望受到城市高消费群体和市场营销的影响，并不满足于现有消费水平，产生了巨大的心理落差。这一群体的权利贫困体现在社会地位、社会资源、福利政策、利益表达、流动机会等权利的获得方面。

城市新贫困问题是一种社会转型期的结构性贫困。在社会结构变迁、产业结构升级以及体制机制变革的过程中，部分城市居民因失业陷入贫困。在城市化的进程中，大量农村人口涌入城市，有一部分农民在农村不算贫困，但是来到城市之后由于失去了土地保障再加之相对较高的生活消费，转变成为城市贫困人口。社会保险、教育培训和医疗保障等制度的缺位与失效，也导致新的城市贫困人群产生。城市新贫困群体的出现和扩大，是中国经济社会可持续发展的重大隐患。而长期以来，国家层面的扶贫开发政策主要以解决农村贫困问题为目标，对城市贫困问题的重视程度不够。

第四节　贫困地区留守人群的内生发展动力严重不足

新经济增长理论认为，人力资本的积累是一个国家经济持续增长的源泉。人力资本存量越高的国家和地区，其经济发展速度越快。中国已经认识到人力资本的重要性，加大了对人力资本的投资，但当前中国人力资本开发仍然滞后。首先，中国劳动力素质不高，高中以上学历人群占比较低。其次，中国人力资本投资仍然不足。2019 年国家财政性教育经费占 GDP 的比例为 4.04%，低于 4.49%的世界平均水平。2018 年，美国的人均公共教育支出为中国的 63.9 倍。最后，人力资本利用效率偏低、人力资本流失严重。

伴随着中国不可逆转的城市化进程，人口流动是历史的必然，也是社会发展的动力。劳务输出是当下农民增收的主要渠道之一，地区偏远、交通不便的村庄尤为典型。越来越多的农村剩余劳动力转移到城市务工，输出的劳动力主要从事建筑、餐饮、矿工等体力活，在本地创业投资的较少，地方经济发展显得后劲不足。在有效解决剩余劳动力转移就业、促进农民增收的同时，三个特殊的群体——留守儿童、留守空巢老人和留守妇女，成为随之而来不可回避的社会问题。这一部分贫困地区留守人群的内生发展动力严重不足，主要表现如下。

(1)留守儿童生活学习状态堪忧。对于留守儿童来说，父母外出务工在一定程度上改善了家庭生计和留守儿童的物质生活条件；然而，家庭生活的变动给留守儿童的生活照料、学习表现、内心情感等方面带来的是更深层次的负面影响。父母监护的缺乏、现有监护的不力，让部分留守儿童在生活中面临安全无保、学业失助、品行失调等成长风险和隐患。

(2)留守妇女压力过重。对于留守妇女，她们独自肩负着本应由夫妻双方共同承担的生产劳动和家庭抚养、赡养责任，承受着多重生活压力。劳动强度高、精神负担重、缺乏安全感是留守妇女生活的真实写照。沉重的劳动负担和家庭负担使留守妇女不堪重负，身体健康受到严重影响。同时，由于夫妻二人拥有不同的生活环境，在知识、信息、观念、价值观等方面也逐渐显现出差异。流动与留守造成的长期夫妻分离，使得婚姻应有的一些功能很难实现，夫妻生活的不和谐使得他们的婚姻存在很多潜在问题。

(3)留守老人境遇凄凉。承担主要赡养义务的农村青壮年劳动力的大量外流，长期的两地分离使得外出子女无法为留守父母提供经常性的照料和关怀，家庭养老的基础受到了动摇，这在很大程度上影响到留守老人的经济供养、生活照料和精神慰藉。同时，由于子女的外出，农业生产、照看孙辈、人情往来等重负都压到了留守老人身上，导致很多留守老人的生活处境堪忧。而目前，我国社会保障体制尚不健全，对留守老人的养老保障能力有限。社会转型伴生的人口老龄化、家庭核心化和小型化、价值观念的改变等，又进一步增加了留守老人获取养老资源的难度，使留守老人的养老面临更大挑战。

农村留守人口现象是我国现代化和城市化以及社会转型过程中产生的众多社会问题之一，它的产生受社会发展、家庭环境以及政策体制等多种因素的影响，同时又与其他农村社会问题相互影响、密切相关。其根本原因在于社会整体以经济增长为主导目标、城市偏向的发展模式。贫困地区的留守人群是弱势群体，是现代化和城镇化以及社会转型过程中众多社会问题之一。这一部分人群从知识、技能、就业等方面，都难以成为地区发展的动力源。

第五节 扶贫攻坚地区的经济贫困与资源闲置浪费并存

农村经营体制的改革推动了农村劳动力流动。1983 年前，中国严格控制农村劳动力流动，农村劳动力被限制在农业生产领域。到 1984 年，中国开始允许农民自筹资金、自理口粮，进入城镇务工经商，标志着限制城乡人口流动的就业管理制度开始松动。之后，政府又出台了一些政策和措施，允许和鼓励农村劳动力的地区交流、城乡交流和贫困地区的劳务输出，使农村劳动力的转移和流动进入了一个较快增长的时期。但是由于农民流动带来了城市交通运输、社会治安、劳动力市场等方面的不适应，政府又开始对盲目流动进行控制。从 1992 年开始，中国农村劳动力流动政策从控制盲目流动到鼓励、引导和实行宏观调控下的有序流动，实施以就业证卡管理为中心的农村劳动力跨地区流动就业制度，并对小城镇的户籍管理制度进行了改革。进入 21 世纪后，国家出台了一系列政策鼓励农村劳动力外出务工，包括提供公平的就业权、为农民工提供培训等。随着农村劳动力流动政策的逐渐放宽，就业环境的逐渐公平，外出务工收入已经成为农民收入增加的主要贡献因素，这也是导致农村 “空心化”的原因之一。

农村的“空心化”导致资源闲置浪费现象突出，主要表现在四个方面。①农村土地资源和房屋闲置。大量青壮年进城务工，农村土地无人耕种，抛荒现象严重。农村住房空置和废弃屡见不鲜。②农村人力资源的闲置。2018 年我国农村剩余劳动力绝对数约为 1.5 亿～2 亿人。如此庞大的农村劳动力资源与有限的耕地资源的矛盾，必将导致人力资源的浪费。在人力资源还未得到有效利用和开发前，大量的剩余劳动力涌向城市，给城市也带来诸多方面的压力和困惑。与此同时，农村发展实际需要的人力资源供给又不足。③农村教育资源闲置。表现为在政府对教育产业主导机制下，因缺乏竞争和淘汰机制而造成的教育资源使用效率低下的闲置。例如，农村中小学计算机使用效率低造成了农村中小学计算机室的闲置，以及在国家集中办学政策影响下，因学校网点重新布局而被撤所导致的校舍和教师的闲置。④农村其他自然资源和文化资源的闲置。

第六节 社会资本整合贫困地区资源开始涌现

社会资本整合贫困地区资源，特别是农村地区资源的情况在中国由来已久，可以追溯到 20 世纪 20 年代的乡村建设运动。其中最有名的代表人物是著名的实业家卢作孚先生，他将自己办公司积累的资本投入农村，整体改造农村社区，让农民能够随着企业化进程改善自己的生活，实现了产业资本和乡土社会的双赢。

而从总体上讲，中国自给自足的传统小农经济对外来资本是排斥的，即便有社会资本进入农村，真正与农业结合并产生效益，特别是让农户受益的并不多见。20世纪中后期，随着市场经济的飞速发展和土地使用流转权的放开，越来越多的社会资本通过农业产业化经营的方式进入农村，逐渐成长为龙头企业，涉足了农业产业链的各个环节。

近年来，社会资本开始高速整合农村资源，大面积、长时期租用农村土地。在政策的层面上，以“确权颁证”和“还权赋能”为主的农村土地产权制度改革拉开大幕，农村土地经营使用权流转步伐进一步加速，连续出台的强农惠农政策极大地改善了农业的政策环境，降低了行业准入门槛和生产风险，这种宽松的营农环境对工商资本极具吸引力。在资本的层面上，优质土地资源的稀缺和优质农产品的良好市场预期也不断激励着社会资本下乡。从农户的层面上，由于农村“空心化”现象日益加剧，大面积土地被抛荒，“谁来种田”已然成为一个困扰农业发展的瓶颈，“无人租种”也造成了农户土地资源的浪费，在有些资源禀赋较差的农村地区，农户甚至愿意把土地和无人居住的住宅免费提供给外来者。据农业部(现农业农村部)统计，仅 2012～2014 年，流入企业的承包地面积年均增速超过 20%，截至 2014 年底，流入企业的承包地面积已达到 3882.5 万亩①，约占全国农户承包地流转总面积的 10%。

第七节 从绝对贫困到相对贫困的转变

2011 年中共中央国务院印发《中国农村扶贫开发纲要(2011—2020 年)》，标志着中国农村扶贫开发进入减贫发展新阶段。新阶段的贫困特征如下(吴华，2012)。

根据世界银行统计数据，2010 年中国人均 GNI 为 4260 美元(当年 1 美元约合 6.7 元人民币)，是当年中国农村贫困标准 1274 元人民币的 22.44 倍。如果仅看国民收入的平均数，则中国农村已经告别贫困。显然，平均数不能全面真实地反映国内不同群体、个体之间的收入差距和贫富差距，甚至掩盖了贫困现象。因此，尽管中国进入了中等收入阶段，仍然不能忽视贫困问题。

但中等收入阶段的贫困特征和减贫任务显然不同于以往各个时期。在 2000 年前，解决农村贫困人口温饱问题是首要任务；在 2001～2010 年，解决温饱和巩固温饱是并重的任务。进入中等偏上收入阶段后，不得温饱现象在中国属于特例和个别现象，其他方面的基本生产生活需要、更高层次的生产生活需要以及基本公共服务需要，则是农村贫困群众的重大关切。这一阶段，绝对贫困基本消除，相对贫困问题凸显，返贫现象时有发生，贫困地区特别是集中连片特殊困难地区

① 一亩≈666.67 平方米。

发展滞后，扶贫任务仍十分艰巨。

世界银行把收入只有或少于社会平均收入 1/3 的居民视为相对贫困居民。按照中国 2300 元(约为 2010 年全国农村居民人均纯收入 5919 元的 38.86%)的农村扶贫新标准，全国农村有 1.28 亿低收入人口(2010 年底数据)。作为发展中大国，解决好这 1 亿多人的相对贫困问题，直接关系中国发展的成功转型和避免掉进中等收入陷阱，直接关系中国科学发展和可持续发展。

长期的扶贫工作使农村绝对贫困人口数量大幅下降，由改革开放初期的 2.5 亿人下降到 2018 年末的 1660 万人、2019 年末的 551 万人，绝大多数农村贫困人口解决了温饱问题。但与此同时，相对贫困问题却越来越突出，农民收入增速放缓以及区域经济发展不均衡问题比较严重。农村居民的相对贫困对外表现为城乡居民的收入差距越来越大，对内表现为农村内部的贫富分配不均。

2020 年之后，中国现有标准下的绝对贫困问题将不复存在，大部分脱贫的人口将会转为相对贫困人口。如何继续保障这部分群体的基本生活，并帮助其不断提升生活质量，是贫困治理需要面对的问题。在 2020 年后的贫困治理中，首先应该设定相对贫困的标准，测算相对贫困的人口数量，对相对贫困人口进行有效识别。由于各地经济社会发展水平不同，所以在设定相对贫困标准的时候，要充分结合地区实际发展状况，通过实地调查与科学研究，建立科学的标准体系。其次，应该从宏观和微观两个层面认真分析相对贫困的原因，有些相对贫困的问题是社会结构调整、分配机制不公等宏观因素导致的，有些相对贫困的问题是个体思想落后、能力不足导致的，找准致贫原因，才能对症下药。最后，应该探索出缓解相对贫困的办法与途径，完善文化教育与技能培训体系，强化社会保障托底作用，丰富社会服务的内容与方式。

第八节　多维贫困特征日益显著

进入中等收入阶段和减贫发展相结合的阶段后，中国减贫工作的多维特征明显，表现为对象多维、任务多维和手段多维。

(1) 对象多维。既包括农村低保人员，也包括农村有劳动能力的低收入贫困人口；既包括连片贫困地区，也包括贫困家庭，还包括残疾人等特殊贫困人群；既包括务农的农村贫困人口，也包括到城市务工的农村贫困人口。

(2) 任务多维。农村居民的生存和温饱问题已经基本解决，随着经济社会的全面发展，仅考察收入单项指标已不足以全面反映人们生产生活的状态。需要深入研究把握不同群体在公共政策、教育、医疗、卫生、文化、基础设施等资源享有上的差异，提出和落实有针对性的措施。既要解决物质贫困，也要解决能力贫困，还要关心权利贫困问题。

(3)手段多维。既包括行政手段，也包括经济手段；既要依靠政府力量，也要动员社会力量，激活自我发展力量；构建专项扶贫、行业扶贫和社会扶贫三位一体的工作格局；既要加强政府领导，也要尊重贫困群众主体地位，赋予和保证贫困群众的参与权、决策权、管理权和监督权。根据中等收入阶段的国情和国际社会经验教训，赋权和维权是新形势下促进减贫的重要手段。

第九节 贫困的动态性问题凸显

在新的发展阶段，贫困的动态性问题需引起关注。中国农村低收入贫困人口构成中，既有长期处于贫困线以下的贫困人口，也有因自然、市场、社会等外部因素冲击而徘徊在贫困线附近的动态贫困人口。研究表明，在贫困线附近徘徊的动态贫困人口占比接近 2/3。影响动态贫困的外部因素主要包括自然冲击、市场冲击和政策冲击等。

自然冲击指自然灾害对贫困人口生产生活带来的负面影响。自然灾害导致生态脆弱地区农民赖以生存的自然生态条件及土地资源条件弱化，农业生产力下降，迫使农民进而对自然资源及生态环境过度开发，形成恶性循环。结果是一部分人因灾致贫或返贫，脱贫的自然生态环境成本会进一步加大。

市场冲击指宏观经济波动带来的一种不利影响，其中通货膨胀、农产品贸易条件变化和劳动力市场波动对农村贫困人口影响最为明显。贫困农民收入渠道少且不稳定，如果出现因通货膨胀导致生活费用上涨，可能其有限收入大部甚至全部将用于消费支出。农产品贸易条件变化对贫困地区和贫困人口收入影响是直接和快速的，如果出现农产品贸易条件的恶化，农产品价格指数下降，工业品价格指数持续走高，则会导致农民在收入减少的同时，增加生活必需品支出，加剧农民陷入收入贫困或暂时贫困的风险。劳动力市场风险同样存在，农村转移劳动力具有低技能特征，当宏观经济不景气，就业机会减少时，他们首先受到冲击，有可能失去工作而陷入贫困。

政策冲击指政策调整或变动导致农户对未来预期不确定，包括正向冲击和负向冲击。前者是有利于农户增加收入和减贫的积极性冲击，如免除农业税、粮食生产直接补贴等；后者则是造成农户减少收入和陷入贫困的不利性冲击，如劳动力市场歧视性政策、管制性户籍政策及限制性社会保障政策等。

至 2019 年，中国农民工的数量达 2.91 亿人，其中到乡外就业的农民工达 1.74 亿人(国家统计局，2020)。由于务工农民自身及客观的就业条件和城市工人相比有差距，普遍存在收入低、稳定性差的问题，容易受到市场变化等变故的影响而陷入贫困境地。这部分人群也是中国动态贫困的重要变量，应该研究针对这一群体减贫的措施。

第六章　从国际实践出发对我国未来减贫的建议

第一节　重视贫困群体的能力建设

一、彰显贫困人群的主体性和参与性

无论是美国政府的有限扶贫责任和积极福利政策，还是巴西的穷人参与政策，或者是泰国的村级扶贫规划，都在强调贫困人群是减贫事业的主体，贫困人群的参与性和主动性对减贫的成功至关重要，他们有能力也有义务为摆脱自身的贫困而努力工作。

从一般意义上来说，事物发展有内因和外因，内因永远是起主导作用和决定性的作用，外因只起辅助和促进的作用。贫困人群的主体性作用首先意味着发展目标的确定要体现贫困人群的发展需求和愿望，不能用外部人群（哪怕是领导或专家）的意见和判断代替贫困人群做决策，或者说外部的机构和人群在提出发展目标的时候，要充分尊重和考虑贫困人群的愿望，要多“设身处地”。其次是在发展方法和路径的设计上要充分考虑贫困人群的掌控和承受能力，要允许贫困人群等待、观望、学习和提高认识，要从贫困人群的实际出发，一步一个脚印。最后是要明确贫困人群是发展成果的最终受益者和持续受益的经营管理者，贫困人群要有意愿、有能力持续地经营管理发展成果，要有能力根据新的发展形势不断做出调整，保证可持续收益。“扶上马，送一程”是外因的作用，持续走下去是内因的作用。

我国今后的减贫事业除继续发挥我国全社会力量参与减贫的制度优势，更应该强调贫困人群的主体地位和贫困人群的首要责任，更应该动员贫困人群主动参与减贫。尤其是在今后新的发展环境中，低收入群体或者是相对贫困群体是以不同形式分散在不同地点，而且会随着时间的推移发生变化。脆弱性、不稳定性和变化性是这些人群的基本特点，我们更应该充分发挥不同人群的主体性作用，及时回应他们的发展诉求和期待，应用适用于他们自己的方法，帮助其走出困境。

二、强调可持续减贫策略

能力贫困将是未来社会的主要贫困问题，医疗和教育是影响能力贫困的两大基本因素。应继续完善“两不愁、三保障”的措施，进一步降低教育与医疗的成本，保证贫困家庭的可持续发展。美国经验已证明，儿童时期的教育投资回报率最高，从国家战略层面重视学前教育意义重大。正如负责实施小布什政府《不让一个儿童掉队》教育法案的密歇根大学教授苏珊•纽曼所说“学前教育不是保姆，而是消除儿童贫困、切断贫困代际传递的重要途径”。目前，美国针对3岁以前的贫困儿童的“光明的开端”计划，将人均6666美元投资到儿童的医疗、营养和学前教育上。“阅读补救计划”的人均投资额高达15000美元，这些项目都致力于提高贫困儿童的读写、认知能力和营养健康水平，提高学前教育机构的水平，并产生了深远的影响。美国研究数据显示，越早干预，减贫效果越明显，可在源头上阻隔贫困的代际传递。更为重要的是，贫困儿童能够获得较好的保育，其家长也能安心工作，不致因养育小孩而返贫。

国际的减贫经验还证明，提高贫困人群的发展能力乃是可持续减贫的关键，因为任何致贫的因素都可能再次出现，如市场的波动、投资的失败、技术的进步等。我国长期以来也有“授人以鱼不如授人以渔”的扶贫策略和经验，而能力建设和提高则是一个缓慢与长期的过程，要通过发展的过程来进行历练，甚至要经历失败来体会，要在实践的过程中学习和提高。只有当贫困人群的能力提高了，他们才能把握政策和市场提供的机会，才能把身边的资源转化为资本，才能开始他们自己能够掌控的发展过程，才能实现自主发展和自我提高。

第二节　重视市场机制在减贫过程中的作用

一、用市场性行为实现贫困农户由农民变农工

产业化、工业化和城镇化是一个自然和渐进的过程，农业适度规模经营也应该是水到渠成的事，不能操之过急，更不能人为地定指标、定时间表。要尊重并发挥市场对资源的配置作用，2020年之后，贫困人群的可持续脱贫将更依赖新农人管理的农业适度规模经营，而不再是以家庭经营为主，贫困农户也将逐步转变为农业产业工人。但世界减贫经验告诉我们，这一转化过程一方面是渐进的，另一方面更重要的是要坚持市场选择的行为，用市场的力量来完成这一转变。

2020年之后，我国的农业和农村发展，将发生深刻而重大的变化，一是农业生产经营的主体将由分散的小农户转变为以新型经营主体如大户、专业户、合作

组织和农业龙头企业为主，扶贫的对象和着力点发生了转移，“扶市场、扶龙头”成为新的选择；二是农业的从业者从世代农民转变为新农人，农民将成为一个历史概念，更加多样化的人群加入农业的生产和经营成为新的趋势，支持新农人将成为新的政策选择；三是农业由为温饱而生产转变到了为满足市场需求而生产，农业的经营环节变得至关重要，分析市场、把握市场、判断市场甚至是预知市场变得更加重要。

“市场主导，市场为先”的形势和趋势告诉我们，扶贫不能简单凭行政命令和热情，要懂得运用市场的工具，要有利于拓宽市场渠道，扩大市场份额，要提高贫困人群把控市场和运用市场的能力，要为贫困人群参与市场竞争的过程护航，促进贫困人群的市场能力的提高。换句话说，过去我们的扶贫更强调的是提高贫困农户的生产性能力，如提高产量、增加供给。今后应该更加强调提高贫困农户的市场经营能力，提高其闯市场的水平。

二、用更加市场化的方法推动社会减贫

扶贫虽然是一种全社会的责任，但并不意味着扶贫可以不计成本、可以逆市场化而行。相反，扶贫项目的确定、扶贫项目的实施、扶贫项目的管理以及扶贫工作的绩效评价，都应该应用市场化的思路和原则。要避免形式主义和形象工程式的扶贫，扶贫工作和扶贫项目要经得起历史和市场的检验。尤其可以借鉴美国的经验，使用独立的、专业的、市场化运行的机构来利用政府的扶贫资源，实现扶贫资源的效用最大化。

近年来，我国市场环境发生了翻天覆地的改变，市场机制不断完善，各类市场组织数量庞大、蓬勃发展，在慈善、扶贫、救济、养老等社会公益方面开始发挥作用，这是我国扶贫模式转轨的一个契机。实现扶贫资源的市场化配置，是政府主导下的市场化减贫的新思路。一是政府所掌握的减贫资源配置机制的市场化，二是政府主导下的减贫机制的市场化。目的是吸引社会力量参与减贫，形成减贫的良性循环。国家要推广“政府和社会资本合作、政府购买服务”以及“探索资产收益减贫”等市场化减贫模式。从操作层面上看，必须注重扶产业、扶市场，走出一条市场化、产业化减贫开发的新路子。

第三节　重视减贫社会保障网络建设

一、城乡联动识别新的贫困人口

自由市场原则不仅促进了资本向回报最高的地方流动，同时也促进了劳动力

向生产力最发达、收入最高的地方流动。从理论上看，城乡之间的人口流动在一定程度上减少了农村贫困，但从另一方面看却使城市贫困加剧。新的城市贫困人群来自农村进城务工人员，农村人口职业城市化，但是身份并没有城市化，而且面临很多的障碍和困难。今后的贫困人口识别，必须包括农村和城市地区。

我们走过了区域扶贫、片区扶贫和扶贫攻坚的时代，现今进入了精准扶贫的时代，原因之一就是贫困人群和贫困问题从集中在一个特定地区而转变为分散在不同地区和不同时间点上。最明显的变化就是新出现两类人群：一类人群是第二代、第三代农民工，他们出生于父辈在城市打工的过程中，他们仍然能够继承父辈的土地，但已经失去了父辈们农业劳动的技能，他们只有一个“回不去的家乡”，一些人重新成为城市的贫困者。另一类人群是接受了中等甚至高等教育的农民后代，他们完全不认同农业劳动和农村生活，反而非常认同城市工作和城市生活，他们在城市中只能不稳定就业或者低质量就业，他们中的一些人可能处于“不愿回家乡，城里不好待”的境地。或者说，在2020年之后，农村的留守老人将逐步成为社会救助和兜底的对象，农业劳动力将以农业产业化工人的形式出现，而城市中的贫困群体将成为新的扶贫对象。

二、完善贫困地区社会保障网络

由于中国社会保障制度呈现明显的二元结构特征，城乡居民社会保障在结构、范围和标准的设立等方面均存在较大差距，农村贫困地区现有社会保障制度建设仍处于初级化、非规范化和非系统化的阶段，保障范围只针对一些特殊类型的贫困，保障对象数量有限，现有保障制度难以从根本上促进农村贫困的缓解。借鉴在泰国实践中取得的经验，要发挥社区服务功能，赋予贫困主体更多权利，积极探求贫困农村社区社会保障需求，分类制定满足不同需求的减贫政策，构建多元化、多渠道的社会保障政策。

在贫困地区建立全覆盖的社会保障网络，实现老有所依、老有所养，对于丧失发展能力的人群至关重要。但在2020年之后，从国际经验来看，降低或者稳定贫困人群的生产和生活成本同样重要。社会保障最基本的含义是社会兜底，另外的含义是减少社会焦虑，提高未来预期，增强生活信心。这就涉及政策的稳定性、连续性和互补性，要让贫困人群清楚地知道未来努力的方向和目标，而不是机会主义和“等靠要”的思想，也不是生活在飘忽不定和变幻莫测之中，从而增加内心的不稳定性和焦虑感。

同时，要以社区为基础建设社会保障网络，充分发挥我国传统文化中的社区支持网络，如亲情关系、家族关系、熟人社会等。建设以社区为基础的保障网络，一是可以保持稳定性，二是可以增加社区成员的认同感和可接受性，三是可以提高被保障对象的心理舒适度，四是可以降低保障成本，减少资本和物资的投入。

三、建立灾害救助体系减少因灾致贫

灾害导致的贫困和返贫是所有致贫因素中最核心的因素之一。灾害不仅会加剧贫困，而且会导致已经脱贫甚至富裕的家庭重返贫困。针对各区域的频发灾害重点防范、全面救助，进而建立灾害救助体系减少因灾致贫的减贫系统已迫在眉睫。在有效灾害救助体系前提下，应加强应急灾害救助体系的自动启动机制。面对不期而遇的灾害，应急灾害救助体系能否自动启动，迅速而有效地帮助受灾农户渡过难关，是减少损失，以及防止因灾致贫和返贫的关键，解决“多年致富、一灾返贫”和突发性的因灾致贫问题需要高度的预见性和防范性。

灾害包括自然性灾害和社会性灾害，自然性灾害可以通过农业基础设施建设和农业技术进步来解决，如建设高产稳产田地、开展设施农业、提供农作物新品种等，增强抗灾减灾能力。社会性灾害则要通过提高社会管理水平，提高医疗健康水平来避免，还要通过建立切实有效的保险制度来进行保障。另外，灾害之后的恢复能力也是至关重要的，这种恢复能力又取决于救助体系的完备性。要把灾害的救助与弘扬社会正能量和倡导社会新风气结合起来，形成自力更生、互帮互助、处处感恩的灾害救助的社会氛围。

参 考 文 献

阿马蒂亚・森，2002. 以自由看待发展[M]. 任赜，于真，译. 北京：中国人民大学出版社.

安春英，2016. 构建合作共赢的中非减贫合作范式[J]. 国际经济合作(8)：13-19.

白濑由美香，2018. 日本社会福利的变迁：向以“自立”为主的生活支援转型[J]. 李晓魁，译. 社会保障评论(2)：107-118.

彼得・沃尔，2005. 泰国的全球化、经济增长和贫困率降低[J]. 谧谷，译. 南洋资料译丛(2)：19-32.

卜凯，1936. 中国农家经济[M]. 张履鸾，译. 上海：商务印书馆.

蔡昉，都阳，王美艳，2003. 劳动力流动的政治经济学[M]. 上海：上海三联书店，上海人民出版社.

蔡荣鑫，2000. 国外贫困理论发展述评[J]. 经济学家(2)：85-90.

陈宝森，1988. 美国经济与政府政策：从罗斯福到里根[M]. 北京：世界知识出版社.

陈锋正，2009. 中国、巴西：城市反贫困的比较及其启示[J]. 经济与管理，23(6)：37-41.

陈其鹿，1934. 陕西省农业金融之概况[J]. 社会经济月报，1(11):72-73.

陈恕祥，2000. 美国贫困问题研究[M]. 武汉：武汉大学出版社.

陈旭堂，2017. 结构失序中的援助：国际减贫经验借鉴[J]. 丽水学院学报，39(1)：88-93.

陈银娥，高思，2011. 社会福利制度反贫困的新模式：基于生命周期理论的视角[J]. 福建论坛(人文社会科学版)(3)：13-17.

春花，2011. 老挝经济发展与贫困的关系[J]. 东方企业文化(8)：170.

邓维杰，2014. 精准扶贫的难点、对策与路径选择[J]. 农村经济(6)：78-81.

邓燕，徐仲伟，2017. 中国与印度扶贫问题之比较[J]. 重庆邮电大学学报(社会科学版)，29(4)：32-37.

丁英顺，2017. 日本老年贫困现状及应对措施[J]. 日本问题研究，31(4)：69-80.

都阳，蔡昉，2005. 中国农村贫困性质的变化与扶贫战略调整[J]. 中国农村观察(5)：2-9，22，80.

樊胜根，邢鹂，陈志钢，2010. 中国西部地区公共政策和农村贫困研究[M]. 北京：科学出版社.

方菲，2012. 社会排斥视野下农村低保对象的生活图景探究：基于湖北省X村和T村的调查[J]. 中国农村观察(2)：86-96.

方清云，2012. 贫困文化理论对文化扶贫的启示及对策建议[J]. 广西民族研究(4)：158-162.

方旭飞，2014. 巴西劳工党的执政经验与教训[J]. 拉丁美洲研究，36(5)：40-45.

费尔南多・德・奥兰达・巴尔博萨・菲略，2013. 巴西的不平等和经济发展[M]//费尔南多・奥古斯都・阿德奥达托・韦洛索. 跨越中等收入陷阱：巴西的经验教训. 北京：经济管理出版社.

费孝通，1986. 论小城镇及其他[M]. 天津：天津人民出版社.

冯宗宪，陈金贤，万威武，等，1994. 中国贫困地区交通和经济综合评价研究[J]. 西安交通大学学报，28(1)：69-76，106.

符平，杨典. 2019. 中国经济社会学40年：传统、当下与未来[J]. 江海学刊(6):96-103.

高欣，2017. 国际减贫行动与经验[OL]. [2017-08-07]. https://m.huanqiu.com/r/MV8wXzExMDkxNjQwXzIwNjFfMTUwMjA5NTAyMA==.

葛志军，邢成举，2015. 精准扶贫：内涵、实践困境及其原因阐释：基于宁夏银川两个村庄的调查[J]. 贵州社会科学(5): 157-163.

公丕宏，公丕明，2017. 论中国特色社会主义扶贫实践和理论[J]. 上海经济研究(9): 10-17.

国家统计局，2019. 农村经济持续发展，乡村振兴迈出大步：新中国成立70周年经济社会发展成就系列报告之十三[OL]. [2019-08-07]. http://www.stats.gov.cn/tjsj/zxfb/201908/t20190807_1689636.html.

哈瑞尔•罗杰斯. 2012. 美国的贫困与反贫困[M]. 刘杰，译. 北京：中国社会科学出版社.

何玲，2015. 中国政府与国际社会在扶贫开发领域合作问题研究[D]. 长春：吉林大学.

何中正，2010. 巴西二元经济结构的特征、演进及政策评价[J]. 拉丁美洲研究，32(1): 43-49，72.

贺胜年，2016. 国外女性贫困研究及对中国减贫的启示[J]. 云南民族大学学报(哲学社会科学版)，33(6): 56-61.

胡鞍钢，2001. 中国知识贫困差异明显[J]. 领导决策信息(27): 21.

胡大伟，2012. “权利贫困”及其纾解：水库移民利益补偿的困境与出路[J]. 大连理工大学学报(社会科学版)，33(2): 114-118.

黄安年. 1998. 当代美国的社会保障政策(1945-1996)[M]. 北京：中国社会科学出版社.

黄承伟，刘欣，周晶，2017. 鉴往知来：十八世纪以来国际贫困与反贫困理论评述[M]. 南宁：广西人民出版社.

黄林，李康平，2017. 扶贫经验的国际比较：农民组织化建设的视角[J]. 当代世界(4): 72-75.

姜安印，张庆国，2016. 中国减贫经验在“一带一路”建设中的互鉴性[J]. 中国流通经济，30(4): 55-63.

姜德华，等. 1989. 中国的贫困地区类型及开发[M]. 北京：旅游教育出版社.

鞠海龙，邵先成，2015. 中国-东盟减贫合作：特点及深化路径[J]. 国际问题研究(4): 26-39.

康晓光，1995. 中国贫困与反贫困理论[M]. 南宁：广西人民出版社.

李金铮，2013. 题同释异：中国近代农民何以贫困[J]. 江海学刊(2): 160-168.

李实，Knight J, 2002. 中国城市中的三种贫困类型[J]. 经济研究(10): 47-58，95.

李树青，1934. 清华园附近农村的借贷情形[J]. 清华周刊，40(11-12)： 45-58.

李涛，2012. 巴西加速减贫进程[J]. 中国扶贫，176(4): 70-71.

李湘云，王涛，2011. 论国际非政府组织在非洲的扶贫模式及成效[J]. 思想战线，37(5): 147-148.

李小云，马洁文，唐丽霞，等，2016. 关于中国减贫经验国际化的讨论[J]. 中国农业大学学报(社会科学版)，33(5): 18-29.

梁漱溟，2005. 梁漱溟全集. 第四卷[M]. 济南：山东人民出版社.

林志斌，1998. 关于“参与式”农村社区发展问题的讨论[J]. 科技导报(9): 62-64.

刘畅，2013. 印度服务业发展对降低贫困的作用研究[D]. 湘潭：湘潭大学.

刘源，2016. 精准扶贫视野下的国际非政府组织与中国减贫：以乐施会为例[J]. 中国农业大学学报(社会科学版)，33(5): 99-108.

刘子富，2016. 国际协作扶贫：携手为人类减贫事业作贡献[J]. 当代贵州(46): 63.

刘宗绪，1999. 世界近代史[M]. 北京：高等教育出版社.

罗必良，1991. 论生态经济系统的边界[J]. 农业现代化研究(5): 29-32.

吕方，2012. 发展的想象力：迈向连片特困地区贫困治理的理论创新[J]. 中共四川省委省级机关党校学报(3): 112-117.

马丁•拉瓦利恩，2010. 巴西、中国及印度减贫工作之比较[J]. 石芸，译. 国外理论动态(8): 70-79.

马戎，1996. 西藏的人口与社会[M]. 北京：同心出版社.

米勇生，2012. 社会救助与贫困治理[M]. 北京：中国社会出版社.

欧阳福军，孙兴涛，2006. 腐败对巴西经济发展的严重阻碍[J]. 中国工商管理研究(2): 56-58.

千家驹，1936. 中国乡村建设批判[M]. 上海：上海书店.

千家驹，韩德章，吴半农，1936. 广西省经济概况[M]. 上海：商务印书馆.

乔启明，1946. 中国农村社会经济学[M]. 上海：商务印书馆.

乔希·比文斯，2014. 劫贫济富：美国经济数据背后的真相[M]. 喻海翔，罗康琳，译. 北京：北京大学出版社.

任树椿，1934. 中国田赋之沿革及其整理之方案[J]. 东方杂志 31(14): 95-105.

萨阁林·倪永新，2007. "适足经济理论"：泰国可持续经济发展的新路线[J]. 银行家(5): 92.

沈红，1992. 经济学和社会学：判定贫困的理论[J]. 开发研究(3): 22-26.

沈红，1995. 中国历史上少数民族人口的边缘化：少数民族贫困的历史透视[J]. 经济开发论坛(2): 53-60.

施锦芳，2010. 国际社会的贫困理论与减贫战略研究[J]. 财经问题研究，316(3): 113-120.

宋宪萍，张剑军，2010. 基于能力贫困理论的反贫困对策构建[J]. 海南大学学报(人文社会科学版)，28(1): 69-73.

宋志辉，2012. 试析印度的城市化对农村减贫的影响[J]. 南亚研究季刊(3): 47-51.

苏振兴，2015. 反贫困斗争与政府治理能力：巴西案例研究[J]. 拉丁美洲研究，37(1): 9-15.

孙广勇，2018. 泰国：农村生活比以前好多了[OL]. [2018-05-29]. http://world. people. com.cn/nl/2018/0529/c1002-30019343.html.

覃志敏，2017. 中国-东盟减贫合作：现实基础、实施机制及发展趋势[J]. 广西社会科学(3): 34-37.

唐丽霞，2016. 中国对国际减贫经验的借鉴[J]. 团结(4): 39-42.

汪三贵，2016. 探索一条有中国特色的精准扶贫之路[OL]. [2016-10-08].http://tuopin. ce. cn/news/201610/08/t20161008-16540188.shtml.

汪三贵，郭子豪，2015. 论中国的精准扶贫[J]. 贵州社会科学(5): 147-150.

汪树民，2011. 超级大国的弱势群体：战后美国贫困问题透视[M]. 上海：学林出版社.

王海燕，2012. "中等收入陷阱"：巴西的教训[J]. 政策瞭望(9): 51-52.

王建民，2012. 扶贫开发与少数民族文化：以少数民族主体性讨论为核心[J]. 民族研究(3): 46-54，108.

王俊文，2009. 国外反贫困经验对我国当代反贫困的若干启示：以发展中国家巴西为例[J]. 农业考古(3): 209-213.

王三秀，2011. 英国促进贫困人群可持续就业政策及其借鉴[J]. 中国行政管理(2): 94-97.

王素霞，王小林，2013. 中国多维贫困测量[J]. 中国农业大学学报(社会科学版)，30(2): 129-136.

王小强，白南风，1986. 富饶的贫困 [M]. 成都：四川人民出版社.

王耀华，宁龙堂，2018. 中国助力老挝减贫研究[J]. 中国集体经济(3): 167-168.

王永红，2011. 美国贫困问题与扶贫机制[M]. 上海：上海人民出版社.

王志章，何静，2015. 英美两国城市化进程中的扶贫开发模式研究与借鉴[J]. 中国名城(4): 4-15.

文丽芳，2012. 老挝琅勃拉邦省旅游业发展政策研究[D]. 南宁：广西民族大学.

乌尔里希·贝克，2004. 风险社会[M]. 何博闻，译. 南京：译林出版社.

吴华，2012. 中等收入阶段中国减贫发展战略与政策选择[D]. 北京：财政部财政科学研究所.

吴建功，1996. 富裕中的贫困：美国贫困问题多维透视[J]. 世界经济与政治(12): 57-58.

吴景超，2008. 第四种国家的出路：吴景超文集[M]. 北京：商务印书馆.

习明明，郭熙保，2012. 贫困陷阱理论研究的最新进展[J]. 经济学动态(3): 109-114.

向恒，1998. 反贫困与人力资本投资[J]. 当代财经(7): 15-18.

徐静，徐永德，2009. 生命历程理论视域下的老年贫困[J]. 社会学研究，24(6)：122-144，245.

薛暮桥，1980. 旧中国的农村经济[M]. 北京：农业出版社.

闫坤，孟艳，2016. 反贫困实践的国际比较及启示[J]. 国外社会科学(4)：87-96.

晏阳初，1992. 晏阳初全集：书信. 第三卷[M]. 长沙：湖南教育出版社.

杨人楩，1984. 非洲通史简编[M]. 北京：人民出版社.

尹绍亭，1991. 一个充满争议的文化生态体系：云南刀耕火种研究[M]. 昆明：云南人民出版社.

于茜西，2011. 巴西卢拉政府的反贫困政策研究[D]. 北京：对外经济贸易大学.

袁立超，王三秀，2016. 美国贫困救助精细化管理的检视与镜鉴[J]. 理论探索(6)：64-69.

袁勤俭，2004. 空间位置对美国数字鸿沟影响分析[J]. 情报杂志，23(9)： 65-67.

岳云霞，史沛然，2017. 跨越“中等收入陷阱”：巴西与韩国比较研究[J]. 国家行政学院学报(2)：118-123.

张楚，张守夫，2017. 深入学习习近平总书记“破解深度贫困问题”新思想[OL]. [2017-08-10]. http://cpc.people.com.cn/n1/2017/0810/c187708-29463391.html .

张庆，2014. 巴西不断深化与务实的减贫之路：从“雷亚尔计划”到“零饥饿计划”再到“无贫困计划”[J]. 西南科技大学学报(哲学社会科学版)，31(3)：11-15.

张新红，2017. 英巴两国城市贫困治理实践及其对我国的启示[J]. 经贸实践(4)：49-50

张宇涵，2017. 从日本公共年金制度看老年单身女性的贫困问题[D]. 上海：上海外国语大学.

赵捷，1997. 提供机会与赋权女性[M]//刘文璞. 中国农村小额信贷扶贫的理论与实践. 北京：中国经济出版社.

赵娜，2012. 关于反贫困研究的社会学理论综述：基于个体与结构的视角[J]. 知识经济(11)：6-7.

赵硕刚，2014. 巴西落入中等收入陷阱的原因及启示[J]. 发展研究(6)：9-12.

赵要军，王禄生，2009. 中国、美国、泰国三国医疗保险制度比较分析[J]. 中国卫生经济，28(11)：41-44.

中国经济周刊采制中心，2016. 中国的减贫成绩单[J]. 中国经济周刊(41)：9.

中国社会科学院贫困问题研究中心课题组，2010. 扶贫经济合作社：小额信贷扶贫模式在中国的实践[M]. 北京：社会科学文献出版社.

钟玲，左停，2012. 制度、政策与穷人的脆弱性[J]. 经济研究参考(38)：40-48.

朱玲，1992. 中国扶贫理论和政策研究评述[J]. 管理世界(4)：190-197.

Bannett H, 2016. Anti-poverty activities in a liberal welfare model: local levers and multi-level tensions in Glasgow, UK[OL]. [2018-03-25]. https://link.springer.com/chapter/10.1057/978-1-137-53190-2_6.

Barrientos A，Gorman M, Heslop A, 2003，Old age poverty in developing countries：contributions and dependence in later life[J]. World Development, 31(3)：555-570.

Caminada K, Martin M C, 2011. Differences in anti-poverty approaches in Europe and The United States: a cross-Atlantic descriptive policy analysis[J]. Poverty &Public Policy，3(2)：1-15.

Chrysa L, Holly S, Tasseva I V, 2017. Improving poverty reduction in Europe: what works best where?[J]. Journal of European Social Policy, 29(1)：29-43.

Collado D, Cantillon B, Van Den Bosch K, et al., 2016. The end of cheap talk about poverty reduction: the cost of closing the poverty gap while maintaining work incentives[J]. ImPRovE Working Papers, (8)：1-23.

Cronberg S C, Laohasiriwong W, Gericke C A. 2007. Health care utilization under the 30-Baht Scheme among the urban poor in Mitrapap slum, Khon Kaea, Thailand: a cross-sectional study[J].International Journal for Equity in Health,6(11): 1-9.

Daiji K, Yuko M, 2009. Is minimum wage an effective anti-poverty policy in Japan?[J] Pacific Economic Review, 14(4): 532-554.

Faieta J,2014.For a more resilient Latin America and Caribbean[OL].[2017-11-23].https://www.undp.org/content/undp/en/home/blog/2014/8/25/for-a-more-resilient-latin-america-and-the-caribbean.html.

Frank P, 2013. The effect of anti-poverty and in-work tax credits for families on self-rated health in parents in New Zealand[D]. Dunedin: University of Otago.

Giuntoli G, Mitchell B, Sulivan G B, et al., 2014. Reducing poverty in the UK: a collection of evidence reviews[OL]. [2018-12-25].https://www.researchgate.net/profile/Gavin_Sullivan/publication/280880464_Well-being_and_poverty/links/55ca078a08aea2d9bdcbf348/Well-being-and-poverty.pdf.

Hochlaf D, 2019. UK Absolute Child Poverty Hits 3.7m Amid Brexit Chaos, Jumps 200,000 In One Year [OL].[2019-03-28]. https://sputniknews.com/europe/201903281073619827-UK-child-poverty-figures/.

Iceland J, 2013. Poverty in America: a Handbook[M]. Berkeley: University of California Press.

Kelley E W, 1987. Policy and Politics in the United States: the Limits of Localism[M]. Philadelphia: Temple University Press.

Klein M，2010. The Genesis of Industrial America（1870—1920）[M]. Oxford：Oxford University Press.

Leisering L, Leibfried S, 1999.Time and Poverty in Western Welfare States: United Germany in Perspective[M]. Cambridge: Cambridge University Press.

Moore J D, Donaldson J A, 2015. Human-scale economics: poverty reduction in north-eastern Thailand[OL]. [2018-03-16]. http://web.isanet.org/Web/Conferences/GSCIS%20Singapore%202015/Archive/6ebef9db-185f-487e-a200-7e00798bb890.pdf.

New Zealand Council of Christian Social Services, 2017. Facts about poverty in New Zealand[OL]. [2018-03-16]. https://nzccss.org.nz/work/poverty/facts-about-poverty.

Pressman S, 2018, The rang of poverty in America[OL].[2018-09-12].https://www.usnews.com/news/healthiest-communities/articles/2018-09-12/poverty-in-america-new-census-data-paint-an-unpleasant-picture.

Sandoval D A, Rank M R, Hirschl T A, 2009. The increasing risk of poverty across the American life course[J]. Demography,（46）: 717-737.

Saunders J M, 1988.Survival of the Black Family, The Institutional Impact of U.S. Social Policy[J]. Social Forces, 69(3): 940-941.

Steevens H, 2016. The child poverty reduction and eradication bill: an attempt to define what it means to be poor in New Zealand. [OL]. [2018-03-25]. https://papers.ssrn.com/sol3/papers.cfm?abstract_id=2806710.

Suraratdecha C, Saithanu S, Tangcharoensathien V, 2005. Is universal coverage a solution for disparities in health care? Findings from three low-income provinces of Thailand[J]. Health Policy, 73(3): 272-284

United Nations Development Programme, 1997. Human Development Report 1997[M]. New York: Oxford University Press.

Vakis R, Rigolini J, Lucchetti L, et al., 2016. Left behind: chronic poverty in Latin America and the Caribbean[OL]. [2018-09-20]. http://admin.indiaenvironmentportal.org.in/files/file/Left%20Behind%20Overview.pdf.

Wang Z Z, Sun H L, 2013. Anti-poverty experience of Brazil and its enlightenment for China[J]. Study in Sociology of Science, 4(4): 72-76.

新能源设备制造业的补贴政策设计研究

张慧明　曹　杰　著

国家社会科学基金青年项目（13CGL094）
江苏高校品牌专业建设工程项目（PPZY2015A072）　资助出版

科学出版社
北　京

内 容 简 介

本书是国家社会科学基金青年项目“我国新能源设备制造业补贴的适度规模及模式选择研究”的研究成果总结。本书首先分析产能过剩、关键技术发展特征及发达国家新能源设备制造业补贴政策的经验，明确我国补贴政策存在的问题；其次，基于调查与实证研究，剖析补贴与企业产能利用率、财务绩效之间的关系，从微观层面测度补贴的适度规模、剖析补贴模式的效率，进而提出我国补贴政策优化的方向、路径与重点。

本书可为政府改革补贴政策、新能源企业加强公司治理提供理论依据，也可供相关领域研究者和社会读者阅读。

图书在版编目（CIP）数据

新能源设备制造业的补贴政策设计研究 / 张慧明，曹杰著.—北京：科学出版社，2019.12

ISBN 978-7-03-061866-5

Ⅰ. ①新… Ⅱ. ①张… ②曹… Ⅲ. ①新能源-发电设备-政府补贴-财政政策-研究-中国 Ⅳ. ①F812.0

中国版本图书馆 CIP 数据核字（2019）第 146049 号

责任编辑：魏如萍 陶 璇 / 责任校对：贾娜娜

责任印制：张 伟 / 封面设计：正典设计

科学出版社出版

北京东黄城根北街 16 号

邮政编码：100717

http://www.sciencep.com

北京虎彩文化传播有限公司印刷

科学出版社发行 各地新华书店经销

*

2019 年 12 月第 一 版 开本：720 × 1000 1/16

2020 年 11 月第二次印刷 印张：8 3/4

字数：176 000

定价：70.00 元

（如有印装质量问题，我社负责调换）

序　言

发展新能源设备制造业是从产业链上游应对气候变化与能源安全的主要措施之一。美国、德国等发达国家对该产业的支持政策日趋多元化，包括税收、补贴等；中国的起步虽然略晚，但进步明显，现阶段风能、太阳能设备制造业的装机容量在世界的地位举足轻重。

作为战略新兴产业之一，我国新能源设备制造业所得到的政府补贴优惠政策是飞速发展的重要驱动力。不过，补贴的实施不仅给政府带来一定的财政压力，而且加大了国内产能过剩风险。在破解产能过剩这一大难题的同时，如何使产业的发展从政策依赖型转向创新驱动型？张慧明教授的这本书试图回答这一问题。在我看来，该书的研究工作在以下三个方面值得肯定。

（1）构建了企业层面补贴机制改革的研究框架。不可否认，新能源的补贴问题，尤其是新能源汽车、光伏制造等行业的补贴问题已经为大量的学者所关注，分析也较为深入，然而鲜有研究系统构建企业层面的补贴机制改革研究框架。该书在这一方面进行了有益的尝试，由专利技术特征和典型国家经验着手，聚焦最优补贴强度、补贴模式的选择，并且在分析补贴模式时，将新能源设备制造产业与新能源设备再制造产业进行了区分。基于微观层面的研究，使得政府针对企业政策的制定更具有实践上的可操作性。

（2）认为补贴政策的制定不能搞“一刀切”。无论是补贴规模还是补贴模式选择，作者都用实证分析证明太阳能设备制造业和风能设备制造业的效果存在一定差异性。这也与两大行业的技术发展状况有一定关联，政府在制定政策时必须考虑行业的实际情况，在补贴规模强度的设定、补贴模式选择上依据实证结果实施差别性的政策。

（3）认为补贴规模调整的同时必须进行补贴模式的改革。补贴规模的调整是基于产能过剩的角度来考虑的，而补贴模式的改革有利于提升企业的技术创新能力。应该说，补贴的改革既要包括总量的调整，也要包括结构的调整，两者缺一不可。

该书的撰写得到了国家社会科学基金青年项目、江苏高校品牌专业建设工程项目的资助，结题考核为“优秀”，表明张慧明教授的研究具有一定的认可度。好的成果应该是伴随实践逐步形成的，从目前来看，该书研究还有待于进一步拓展：如限于研究的时间，还没能考虑下游光伏发电补贴退坡等因素对新能源设备制造业的冲击；另外，补贴规模控制、补贴模式优化后，如何将补贴政策与其他类型的政策工具搭配？期望作者及时跟进太阳能、风能等设备制造业发展中的新情况、新问题，继续为国家的战略规划献策献力。

中国工程院院士

2019 年 6 月 28 日

前　言

当前我国新能源设备制造业的发展举步维艰，突出表现为国内产能过剩、新能源设备制造企业亏损严重。近年来我国新能源设备制造业得到了政府的强力支持，中央与地方政府给予的补贴加剧了产能扩张态势。统计数据显示，2011年风电与太阳能设备均有40%以上的产能处于过剩状态，2012年仍然存在产能过剩问题。与产能过剩相对应的是关键技术（如硅片切割设备、光伏电池等）滞后。产能过剩及关键技术滞后导致市场竞争激烈，企业亏损严重。发达国家的经验表明，在一定的阶段内，选择适度的补贴规模、补贴模式而不是完全取消补贴是破解以上结构性难题的重要举措，因此，如何优化我国新能源设备制造业的补贴政策就成为亟待解决的问题。本书突破了以往文献仅注重从宏观层面研究新能源补贴问题的局限性，由企业的补贴规模及补贴效率作为切入点展开分析，理论上不仅推进了资源产业管理、制造业与公司治理研究的交叉融合，实践上也有助于提升新能源设备制造业的补贴财务绩效及自主创新能力，从根本上摆脱该行业面临的两大困境。

新能源设备制造业的政府补贴机制改革是现实中颇受关注而在理论上亟待进一步研究的问题。由企业微观层面展开分析，是对传统仅注重政府补贴宏观影响研究的突破；政府补贴对企业产能影响的实证分析，是对以往制造业或农业公司研究仅关注企业财务绩效及技术创新效应的拓展。本书的研究不仅可以丰富制造业与能源经济的内容，也可以在一定程度上推进能源经济、制造业与技术创新、公司治理研究的交叉融合，为政府科学制定制造业产业政策提供一般方法论与政策分析工具。在宏观与中观上，通过比较国内外新能源设备制造业政府补贴的对象、补贴的模式、补贴的行业和效果，总结发达国家经验与教训，对中国新能源设备制造业的问题研究具有重要的借鉴意义；通过分析政府补贴对于产能利用率、企业财务绩效的影响，将有助于政府制定补贴改革政策，同时也可以加强公司治理。

本书的总体思路是问题辨识（理论研究、比较研究、内容分析法、专利地图）

—关键计量指标遴选（文献与调查研究）—补贴的产能效应（门槛回归）—补贴模式的实证检验（动态博弈模型、门槛回归模型）—补贴效果分析的案例研究—政策方案。本书分为六章：第一章新能源设备制造业的产能过剩；第二章新能源设备制造业的技术发展特征；第三章新能源设备制造业补贴政策的国际比较；第四章新能源设备制造业补贴的适度规模测度；第五章新能源设备制造业补贴的模式；第六章政府补贴改革与政策设计。其中第一章与第二章为并列关系，分别从补贴的表象因素与真实因素两个方面讨论补贴的动机。第三章构建了补贴的国际经验分析框架，对比分析美国、巴西、日本等国的新能源设备制造业补贴政策。在此基础上第四章采用门槛回归模型分析判定怎样的补贴规模是适度的、有助于缓解产能过剩。第五章将补贴模式按照两种不同的标准分类，比较原始制造情境下直接补贴与间接补贴、创新型补贴与非创新型补贴对企业财务绩效影响的差异性，并构建动态博弈模型分析再制造补贴模式的选择。第六章结合前几章的研究结论提出政策建议。

张慧明

2019年7月2日

目　　录

第一章　新能源设备制造业的产能过剩

第一节　新能源设备制造业发展的政策动因

在气候变化、能源安全、环境污染的三重压力下，发展风能、太阳能、生物质能等新能源成为解决以上问题的重要举措。目前，世界主要能源生产消费国如美国、巴西、日本等为支持新能源设备制造业的发展，均出台了补贴政策；而中国的补贴政策极大地提升了产品的竞争力。

针对太阳能设备制造业，2009 年财政部、科技部、国家能源局颁布了《关于做好金太阳示范工程实施工作的通知》，计划在未来 2～3 年内，投入近 200 亿元以补贴光伏产业发展。2009 年，出台的《财政部 科技部 国家能源局关于实施金太阳示范工程的通知》和《财政部关于印发〈太阳能光电建筑应用财政补助资金管理暂行办法〉的通知》调整了补贴政策内容，关于补贴标准：①中央财政对示范项目建设所用关键设备，按中标协议供货价格的一定比例给予补贴。2010 年用户侧光伏发电项目、偏远无电地区独立光伏发电项目补贴比例设置分别为 50%、70%。对于新能源设备的回收再制造，该通知规定车用动力电池（不含铅酸电池）回收用于示范项目储能设施的，参照储能铅酸蓄电池补贴标准给予支持。②示范项目建设的其他费用采取定额补贴。2010 年补贴标准暂定为：用户侧光伏发电项目、偏远无电地区独立光伏发电项目分别为 4 元/瓦、10 元/瓦。2012 年 9 月 14 日，国家能源局发布《国家能源局关于申报分布式光伏发电规模化应用示范区的通知》，鼓励各省（区、市）利用自有财政资金，在国家补贴政策基础上，以适当方式支持分布式光伏发电示范区建设。补贴政策从太阳能设备制造业的下游推动了产业的发展。

风能和生物质能设备制造业也是中央政府关注的主要新能源产业。依据2006年制定的《财政部 国家发展改革委 农业部 国家税务总局 国家林业局关于发展生物能源和生物化工财税扶持政策的实施意见》,国家将提供生物能源与生物化工生产企业弹性亏损补贴、税收优惠、示范补助等优惠政策；2008年制定的《风力发电设备产业化专项资金管理暂行办法》规定，中央财政安排专项资金支持风力发电设备产业化。与此同时，一些地方政府也制定了补贴扶持政策。例如，江苏省人民政府办公厅于2009年制定了《省政府办公厅关于转发省发展改革委江苏省光伏发电推进意见的通知》，提出积极争取免征增值税和出口关税退税等扶持政策；运用风险投资、金融信贷、吸引外资等多种渠道和形式，建立光伏发电产业发展投融资平台。在补贴政策的支持下，我国的新能源产业发展十分迅速，尤其是光伏产品在世界市场份额中占有较大的比重,然而这也造成了产能过剩的风险。

第二节　新能源设备制造业的产能过剩风险

从理论上来看，政府补贴，尤其是受政绩驱动的补贴行为可能会扭曲对企业的投资行为，进而导致行业重复建设及产能过剩（耿强等，2011）。而在现实中，一些学者的研究已经表明，2012年中国光伏电池产能占全球的比重为63%（张嵎喆和王俊沣，2013），同年度风能的产能过剩率超过50%，2013年这两个行业仍然面临产能过剩问题。

2013年，天则经济研究所发布的研究报告表明，我国太阳能电池产能过剩率达95%。在众多光伏设备制造企业中，无锡尚德太阳能电力有限公司被裁定破产重组，这是太阳能设备制造业迅速扩张，进而导致产能过剩的一个典型案例。2001年成立的无锡尚德太阳能电力有限公司受到地方政府的强力支持，2005年在纽交所上市，五年后公司的产能位居全球第一。但是伴随无锡尚德太阳能电力有限公司的迅速扩张，全国的效仿者众多，截至2010年，全球前五位的太阳能组建供应商中有四位来自中国。一方面，国内产能扩张、市场需求萎缩；另一方面，欧美等国对我国出口的新能源设备制造产品进行“双反”调查，为无锡尚德太阳能电力有限公司与其他太阳能制造企业的亏损埋下伏笔。

与光伏产业类似，风电设备产业同样面临产能过剩风险。在经历产业快速发展后，2011年中国主要风电设备制造产业产能已经超过30吉瓦，但该年度新增风机装机容量仅为18吉瓦。从新增风机装机容量的年均增长率来看，2011年降低了 6.9%，2012 年年均增长率跌幅高达 26.5%；从产能利用率来看，2013 年风电设备产能利用率为 67%，低于国际标准 75%。

因此，中国政府是否要取消新能源设备制造业的补贴或改革补贴机制就成为现实中极为关注而理论上亟待解决的难题。

第三节 结 语

在对新能源设备制造业发展背景的回溯基础上，分析产能过剩的潜在风险。结合中国补贴政策与补贴实践，得出以下结论：补贴政策虽然在一定程度上提升了新能源设备制造业的竞争力，但是补贴过度可能扭曲对企业的投资行为，导致产能过剩。因此，为有效解决新能源设备制造业产能过剩难题，必须进行补贴政策的改革。

第二章　新能源设备制造业的技术发展特征

发展新能源设备制造技术对提升产业竞争力至关重要。当前我国新能源设备制造业的部分核心技术滞后，以太阳能与生物质能为例，太阳能光伏电池的重要原料多晶硅对发达国家的依存度较高；大型的切割设备、碲化镉、多晶硅铸锭等关键技术装备依赖于国外进口；生物质能技术同样如此，发电机设备、防电晕涂料、生物质颗粒燃烧锅炉等制造技术相对滞后，燃烧效率低、高温腐蚀等技术问题悬而未决，一些关键设备尚未摆脱对国外技术的依赖。

技术的滞后，使得新能源设备制造业在产能过剩的挤压下举步维艰。由此，从表象上看，补贴机制改革的本质是关键技术的驱动。从这一点出发，探求新能源设备制造业关键技术的结构特征、技术演变，将有助于补贴政策的制定，提升该产业的核心竞争力，从根本上扭转新能源设备制造业面临的困境。考虑到新能源设备制造业包括核能、生物质能、风能、太阳能等设备制造，其中风能、太阳能应用最为广泛，且风能发展过程中，海上风电设备制造技术的推进具有较强的现实性与可行性，这是因为：从资源禀赋来看，我国近海风能资源丰富，全年风速大于或等于3米/秒的时间为7000～8000小时，大于或等于6米/秒的时间为4000小时；按照与陆上风能资源同样的方法估算，海上10米高度可利用的风能资源为7.5亿千瓦（倪云林等，2009）；从政策支持来看，我国先后颁布《风力发电设备产业化专项资金管理暂行办法》（2008年）、《风电特许权项目前期工作管理办法》（2003年）、《海上风电开发建设管理暂行办法》（2010年）、《风电标准体系框架》（2010年）、《海洋工程装备制造业中长期发展规划》（2012年）、《国家发展改革委关于海上风电上网电价政策的通知》（2014年）等，给予风电产业发展以产品、研发补贴及税费优惠；从海上风电的实践来看，自2003年我国启动了风电市场以来，广东、上海、浙江、海南、河北、山东等沿海省市相继制订发展规划，并在岱山、黄骅、上海、如东、东台等地筹建海上风电场。

虽然中央及地方制定了一系列政策，但海上风电设备易受强风载荷、海水腐蚀及波浪冲击的影响，这使得海上风电设备远比陆上风电设备的风险大，技术的标准也更高；而与之相对应的是，我国海上风电装备技术支撑体系薄弱，海上风电机组、叶片、冷却系统及海上风电场的施工、运输、安装、维护等技术滞后。在此情境下，构建完善的关键装备发展政策体系、提升技术创新能力已成为亟待解决的难题。基于以上分析，本书以海上风电装备技术作为研究对象，由专利地图视角分析其技术发展特征。

从理论层面上，将专利地图嵌入海上风电装备技术分析的文献相对匮乏，有限的研究集中于以下几个方面。

（1）专利情报或数据分析。Noailly 和 Ryfisch（2015）通过专利数据测度了跨国公司绿色研发的国际化程度，不过这仅给予使用专利数据分析中国海上风电装备技术发展以初步启示。Dubaric 等（2011）利用瑞典专利局的数据库对风能专利申请进行了探究，发现专利数据可以用来分析这类技术的成熟度和演化程度。由专利预警系统的两个迥异性变化，Daim 等（2012）分析了不同的风能技术。Benson 和 Magee（2014）在搜集专利数据基础上，对比了其他三个技术领域，即风力涡轮机、太阳能光伏和电容器的成本/投资年度改进率之间的差异。同样关注风力涡轮机器，Huenteler 等（2016）利用专利引文网络分析验证了产品设计层次对技术知识进化存在显著影响。Kapoor 等（2015）以专利审查员分配的引用类型分析为前提，重点考察了顶级风电企业的专利申请活动。Urban 等（2015）指出，风能技术领域的创新（如专利）在历史上一直集中在北方，中国和印度是风能技术转移的主要接受国。根据 1991～2008 年西欧八个核心风电技术国家的数据集，Grafström 和 Lindman（2017）在他们的发明模型中发现了国家和国际知识溢出的证据。Lindman 和 Söderholm（2016）还关注了西欧国家，他们通过研究专利申请数据分析了公共研发政策对创新的影响。

（2）专利地图的使用。宓翠等（2010）通过使用专利地图对中国知识产权网公布的机构研发团队数量、位置、分布、投入/产出及风电技术专利国际专利分类进行统计分析和比较研究。结果显示，尽管我国风电技术的专利数量正在快速增长，但相对于国外先进风电企业，参与研发的机构和人员数量仍然较低。Tsai 等（2016）研究了海上风电装备技术的发展，发现工程船舶、涡轮机安装、系泊系统而不是风力涡轮机本身被确定为优先发展的技术，与此同时，也为远东国家提出了特定发展战略。

尽管学者们对海上风电装备技术进行了富有成效的研究，但仍存在两个缺憾：①从专利地图的视角分析中国海上风电技术关键政策选择的文献极为匮乏。现阶段极少数研究关注的是陆上风电技术专利数据信息问题，然而陆上与海上风电技术在技术装备上存在一定的差异性，后者对关键技术装备提出了更高的要求，如运营中设备运输、维修等。②大多数研究将专利活动认为是静态过程，而不是动态过程，从而忽略了技术发展的演化过程。因此，本章的主要目标在于建立一个随时间推移、区域分布和专利结构的演化分析框架，以探究中国海上风电装备制造业的技术特征。专利数据分析的时间起点设置为1985年1月1日。

第一节　研究方法与数据来源

一、研究方法

作为技术信息最有效的载体，专利涵盖了全球90%以上的最新技术情报，比一般技术刊物所提供的信息早5～6年，而且内容翔实准确。专利地图，是将蕴含在专利文献中包含的技术、经济、法律进行搜索、筛选、分类、归纳，以各种直观图表形式反映出来的一种专利分析研究方法，具有类似地图的指向功能。专利地图是科技竞争新形势下一种重要的战略情报获取工具，在未来信息竞争中扮演着举足轻重的角色（肖国华等，2007）。

二、数据来源

以“北京合享智慧专利数据库”为检索信息源，检索时间范围为1985年1月1日至2016年12月30日。检索的起始时间设置为1985年1月1日是因为《中华人民共和国专利法》实施于该年份。北京合享智慧信息科技有限公司开发了中国首个将全球海量专利数据深度整合的、中英文双语检索的科技创新情报平台——IncoPat。它是迄今国内唯一涵盖230余年、包括102个国家约1.04亿项专利数据的情报平台。在专利检索过程中，结合了关键词和国际专利分类（international patent classification，IPC）号，其中关键词包括风力、风力发动机、风力驱动、风力涡轮机、风力转子、永磁发电机等。IPC号包括风力发动机（IPC号F03D9）、风轮机的部件和附件（IPC号F03D1）、一种垂直轴风电叶片装置（IPC号F03D3）、风力发电机组的塔架基础（IPC号F03D11）、船舶的推进装置或操舵装置（IPC号B63H）、塔和桅杆（IPC号E04H12）等。需要强调的是，每个

IPC 号都意味着不同的海上风电设备。然后结合关键词和 IPC 号，根据搜索公式进行搜索。在这些 IPC 号中，有些专利，如 F03D1、F03D3 和 F03D11，所包含的专利既适用于陆地风电也适用于海上风电。在检索过程中，本书还考虑了海上风电与陆上风电的差异。与后者相比，海上风电具有特殊性，如区分海洋的功能区域、水道、电缆铺设等。塔和其他材料易受盐和喷雾腐蚀、波浪载荷、与海冰的碰撞及破坏台风的影响，所有这些都需要特殊的设备和运输工具操作和维护。

第二节 新能源设备制造技术的特征

一、专利申请的时间演变

专利年度申请数量可以较为准确地反映专利年度变化情况。图 2.1 显示，1996 年我国海上风电的专利申请数量为 2 项，分别是李英杰的“风力发电装置”与东北大学的“发电和推进装置的螺旋透平”。显然，中国在海上风电技术领域还处于关键技术研究的起步阶段。2005 年之前，中国海上风电技术领域的专利申请数量大部分低于 20 项（2004 年为 21 项），处于缓慢发展阶段。2006～2013 年，中国海上风电技术专利申请量进入快速增长阶段，年均增长率为 27.16%，2013 年已达到 215 项。该变化可以归结于中国能源生产与消费的结构不合理：现阶段中国可耗竭性能源生产与消费所占的比重超过了 70%，导致严重的能源安全与环境污染问题，在此情境下发展新能源具有一定潜力。从 2006 年开始，政府出台了一系列激励政策，如《国务院关于加快振兴装备制造业的若干意见》（2006 年）、《可再生能源中长期发展规划》（2007 年）、《财政部关于调整大功率风力发电机组及其关键零部件、原材料进口税收政策的通知》（2008 年）、《风力发电设备产业化专项资金管理暂行办法》（2008 年）、《海上风电开发建设管理暂行办法》（2010 年）、《风电标准体系框架》（2010 年）、《海洋工程装备制造业中长期发展规划》（2012 年）等，这些政策在一定程度上推进了海上风电设备制造技术的发展。2014 年开始，中国海上风电技术领域的专利申请数量开始下滑，重回 200 项/年之下，究其原因可能是该年份相继颁布《国家能源局关于规范风电设备市场秩序有关要求的通知》与《国家能源局关于印发全国海上风电开发建设方案（2014—2016）的通知》，这些旨在规制我国风电行业的市场秩序和重复建设的政策，对海上风电设备可靠性和高研发成本提出了严格的技术要求，降低了专利申请数量。较之于中国，欧美等国家在海上风电技术的创新方面起步早，在 1997 年以前的专利申请数量较少，但 1998～2003 年，专利申请数量呈现大幅攀升态势，这是示范项目的启动，特别是兆瓦级及海上风电场出现所致；2004 年专利申请数量又有所下降，而 2007 年开始又因英国、德国等国家的政策支持，专利申请数量恢复大幅增长（谭思明等，2011）。2006 年，德国通过了强制推进海上风电技术的《能源经济法》和《加快新基础设施规划法案》，随后德国环境部给予大量资金支持。同样在 2006 年，英国建立了基于市场的定价机制，并制定《能源白皮书》旨在 2007 年进一步发展可再生能源技术。

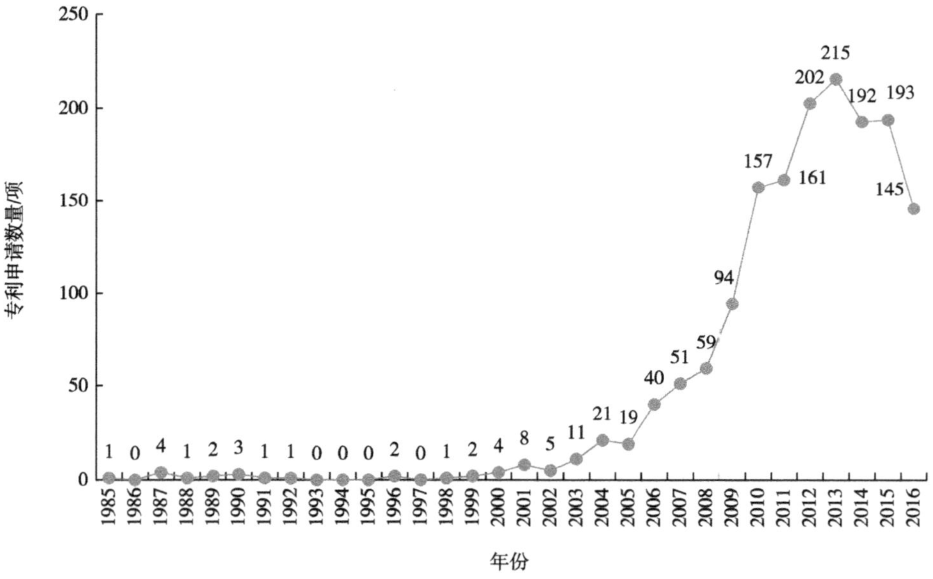

图 2.1　中国海上风电技术专利申请数量的年份分布

二、专利申请的地区分布

图 2.2 展示了中国海上风电产业专利申请的地区分布特征。在检索到的 1595 项专利中，专利申请数量排名前 10 位的省市共有 1187 项，占比高达 74.42%。这些省市的专利申请数量和占比由高到低分别为：北京（222 项，13.92%）、浙江（184 项，11.54%）、江苏（156 项，9.78%）、广东（164 项，10.28%）、上海（133 项，8.34%）、山东（135 项，8.46%）、辽宁（73 项，4.58%）、福建（59 项，3.70%）、

天津（38 项，2.38%）和四川（23 项，1.44%）。

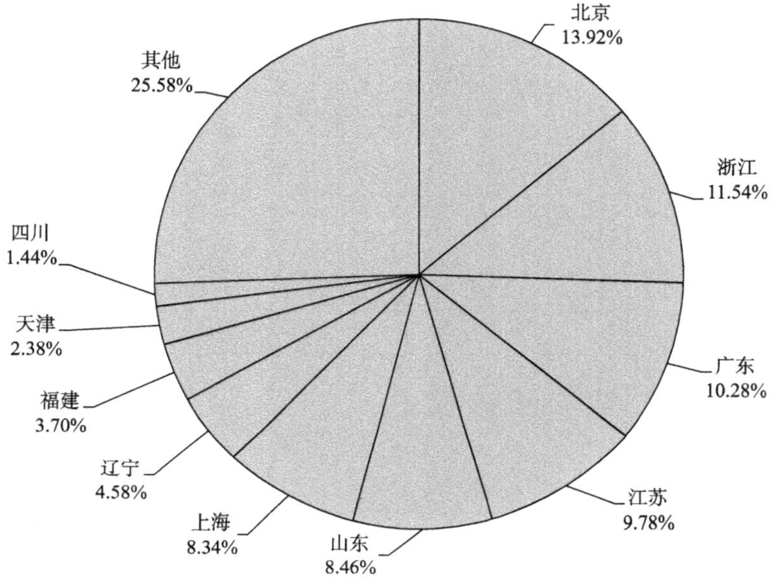

图 2.2 专利申请的地区分布

不难发现，北京、浙江、江苏、广东和山东 5 省（直辖市）的专利申请数量居多，占国内专利申请总量的 53.98%；专利申请数量排名居前 10 位的除了四川省在西部地区，其他均在东部地区。进一步地，表 2.1 给出了海上风电的 10 项细分技术的专利在中国主要 10 省（直辖市）的分布情况。整体而言，浙江、上海、山东 3 个沿海或沿江省（直辖市）的技术涉及面更加广泛；而福建与四川的专利结构严重失衡，前者在一种风力发电机组风轮锁定装置（IPC 号 F03D11/00）、风力发电机组的塔架基础（IPC 号 F03D11/04）、双舱风力机驱动的空气压缩系统（IPC 号 F03D9/02）、单桩四叶轮水平轴无源自变距双向潮流发电机组（IPC 号 F03B13/26）、一种无线充电装置（IPC 号 H02N6/00）等技术上专利较少，后者则在风力发电机组的塔架基础（IPC 号 F03D11/04）、一种大叶轮变速箱水轮发电机组（IPC 号 F03B13/00）、一种 FGD 废水处理装置（IPC 号 C02F103/08）、双舱风力机驱动的空气压缩系统（IPC 号 F03D9/02）、单桩四叶轮水平轴无源自变距双向潮流发电机组（IPC 号 F03B13/26）、一种无线充电装置（IPC 号 H02N6/00）等技术上专利较少。专利申请数量排名前 10 位的省（直辖市），其研发的重点均集中于风力发动机，且细分项旋涡式风机（IPC 号 F03D9/00）的专利申请数量最多。

表 2.1　中国主要省（直辖市）的海上风电技术专利申请分布（单位：项）

IPC 号	北京	浙江	江苏	广东	上海	山东	辽宁	福建	天津	四川
F03D9/00	89	62	71	63	56	52	39	36	10	14
F03D11/00	36	32	32	38	24	8	5	1	5	4
F03D11/04	22	0	13	13	21	12	5	1	7	1
F03D14/14	0	0	0	0	0	0	0	0	0	0
F03B13/00	13	10	12	12	5	17	1	9	0	1
F03D3/06	9	15	8	17	6	7	5	5	4	3
C02F103/08	20	14	0	11	0	14	8	4	3	0
F03D9/02	12	27	7	5	5	2	5	1	2	0
F03B13/26	12	16	6	0	10	15	3	2	5	0
H02N6/00	9	8	7	5	6	8	2	0	2	0

三、专利类型和法律状态

图 2.3 描述了中国海上风电技术专利的类型分布情况。在 1595 项专利中，发明专利 930 项，占总数比重为 58.31%，其次是实用新型专利，占总数比重为 41.56%，仅 2 项专利是外观设计专利。由于发明专利对科技含量与技术密集程度要求较高，中国发明专利申请数量略高于实用新型专利，表明其技术结构与欧洲和美国的情况已经接近，海上风电装备拥有相对合理的专利结构，但就发明专利所占比重而言，相比发达国家（发明专利占绝对优势）仍有一定差距。

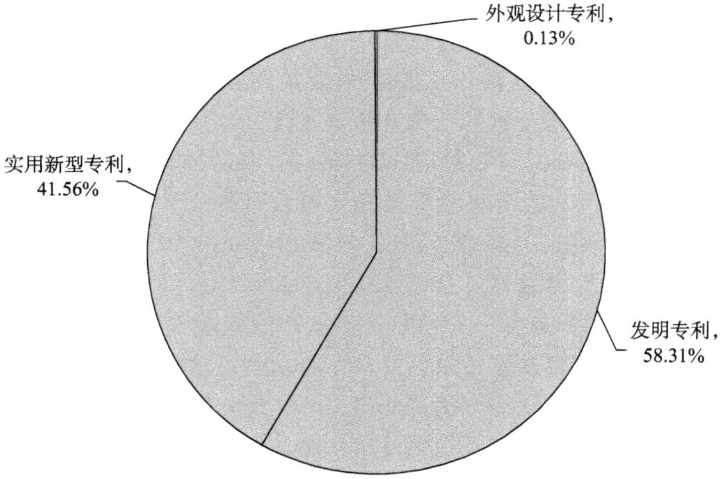

图 2.3　三类专利的占比结构

从最新的法律状态来看，检索所得的 1595 项中国海上风电技术专利中，有效和在审的总体比例分别为 40.15%和 21.21%，超过 38%的专利处于失效（包括驳回、撤回、放弃和权利终止）状态，高失效率的原因可能在于：①中国海上风电产业缺乏更深层次的技术创新和工业化能力；②知识产权（intellectual property rights，IPR）保护不足，致使部分申请人不愿意为其专利续费。

四、专利技术结构

表 2.2 给出中国海上风电技术的主要 IPC 号，中国海上风电技术目前尚集中于风力发动机、液力机械或液力发动机和船用设备等上，对电机、供电配电系统和船舶的推进装置或操舵装置等研究较少；而欧洲和美国在单元技术、浮动装置、系泊系统、塔等技术上研究较多。

表 2.2　中国海上风电技术主要 IPC 号及含义

序号	IPC 号	IPC 号含义（简述）
1	F03D	风力发动机
2	F03B	液力机械或液力发动机
3	B63B	船用设备
4	C02F	水处理
5	H02J	供电配电系统
6	H02N	其他类不包含的电机
7	H02K	电机
8	F03G	弹力、重力和惯性等类似发动机
9	E02B	水利工程
10	B63H	船舶的推进装置或操舵装置

五、专利申请人特征

分析专利申请人特征有助于挖掘技术创新主体的特征。图 2.4 给出专利申请数量排前 10 位的专利申请人分布状况。前 10 位专利申请人中，企业有 4 家，高校或科研院所有 5 所，自然人有 1 位。可见，中国在海上风电技术的专利申请是以高校或科研院所和相关领域的企业为主，且高校或科研院所仍然是中国科技研发的主力军。浙江海洋大学、广东明阳风电产业集团有限公司和上海交通大学的海上风电技术专利申请数量均超 25 项，处于专利申请数量的前 3 位；其次是国电联合动力技术有限公司、中国科学院工程热物理研究所和国家电网有限公司，专利申请数量在 20～25 项区间；位居第三层次的专利申请数量为 10～15 项，申请人包括张波峰、上海海洋大学、哈尔滨工程大学和华锐风电科技（集团）股份有限公司。

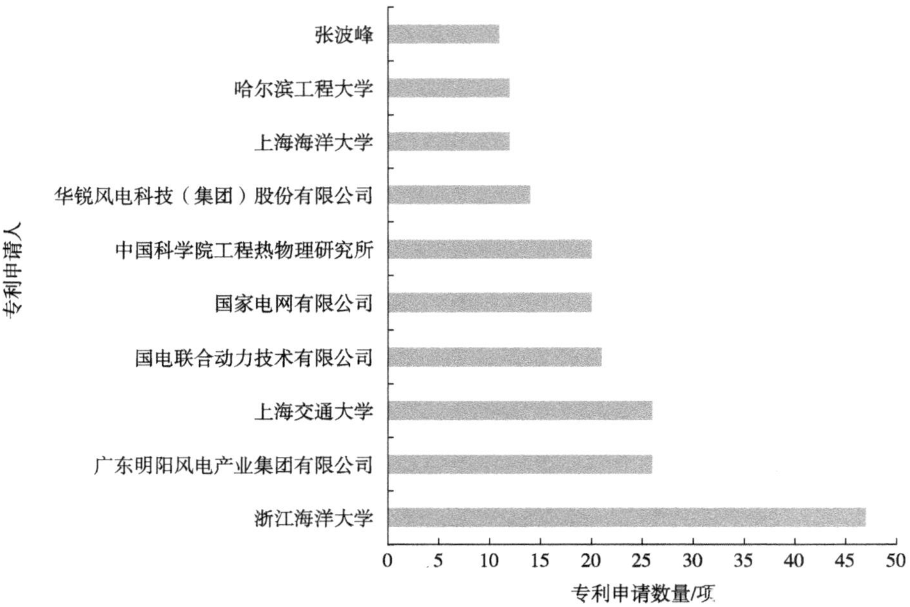

图 2.4　中国海上风电技术领域主要专利申请人分布

通过分析专利申请人的所有制特征可知，位居前 10 位的 4 家企业中，国电联合动力技术有限公司和国家电网有限公司是国有企业，专利申请数量共 41 项；广东明阳风电产业集团有限公司和华锐风电科技（集团）股份有限公司是非国有企业，专利申请量为 40 项，这两家企业分别上市于美国纽约证券交易所和上海证券交易所。按照中国可再生能源学会风能专业委员会、中国农业机械工业协会风力机械分会和国家可再生能源中心联合发布的“2017 中国风电整机商装机排名”，广东明阳风电产业集团有限公司与华锐风电科技（集团）股份有限公司位居前 5 位。

为识别主要专利申请人的技术差异，本节展示了排名前 10 位的专利申请人的技术布局。图 2.5 显示排名前 10 位的专利申请类型集中于 F03D。除了 F03D、F03B、B63B、C02F 外，在其余 6 个专利申请领域中，专利申请数量均小于 6 项，表明中国在这些领域的研究不足。在前 4 项技术领域，浙江海洋大学的 3 项技术，即风力发动机、液力发动机、船用设备排名第一，具有明显优势；但在水处理技术上缺乏研究，仅有 2 项专利。上海交通大学的专利申请数量排名第二，广东明阳风电产业集团有限公司与张波峰具有相似之处：专利申请集中在风能涡轮机的研发上，缺乏其他技术领域。国电联合动力技术有限公司、上海海洋大学和哈尔滨工程大学在专利申请上也有类似之处：风力发动机和液力发动机研发突出，其他项技术相对薄弱，专利申请数量较少。中国科学院工程热物理研究所、国家电网有限公司和华锐风电科技（集团）股份有限公司在前 4 项技术的研发上均有专利申请，但主要限于风力发动机。

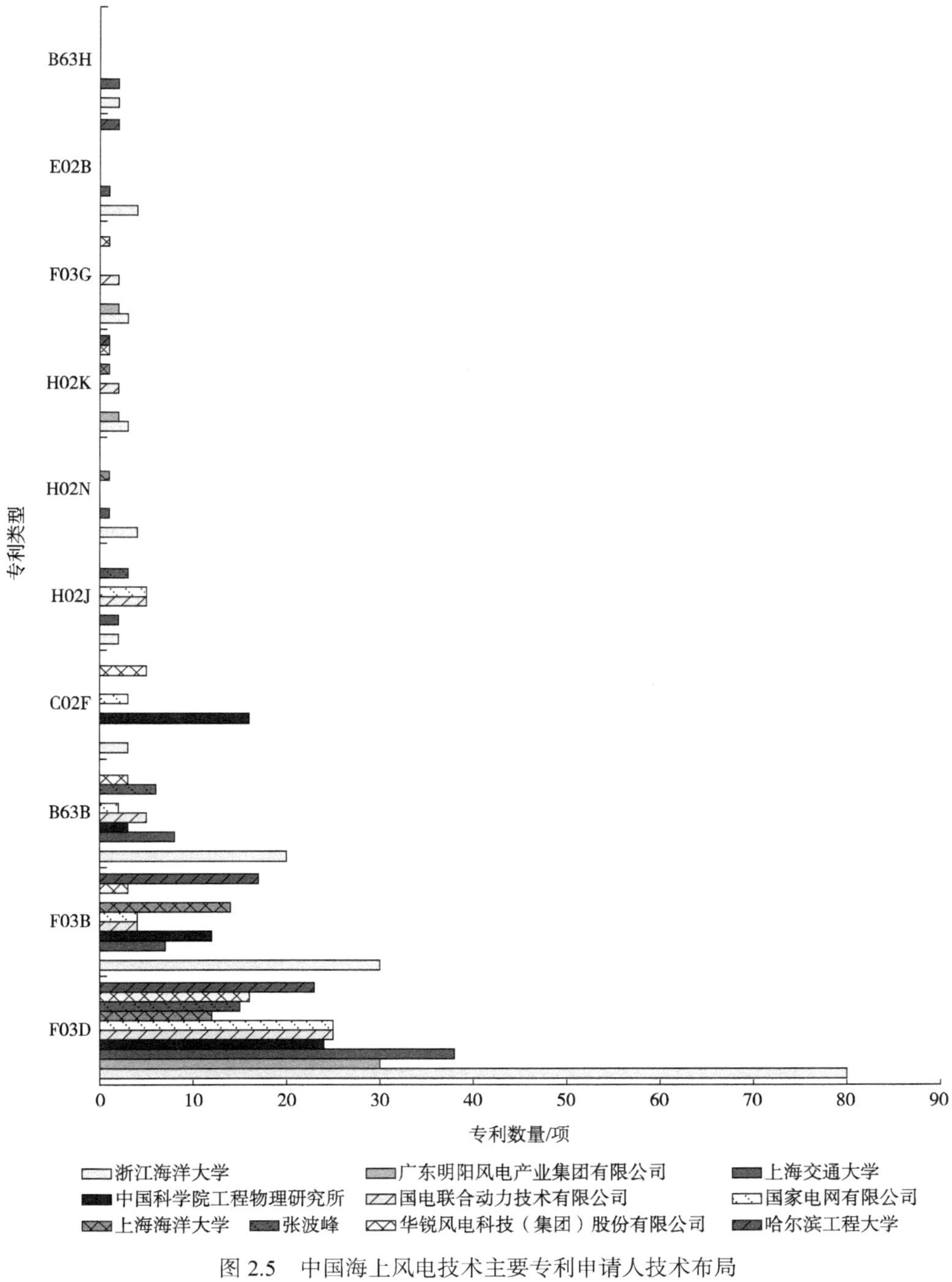

图 2.5　中国海上风电技术主要专利申请人技术布局

研究进一步揭示，相当一部分海上风电技术专利申请人之间存在合作关系，这些占到总专利申请量的9%。通过对筛选出的145项专利社会网络进行分析，对合作关系进行厘清，发现国家电网有限公司的合作申请人最多，其在社会网络中的分量远远高于排名前10位中的中国电力科学研究院、国网福建省电力有限公司、国网山东省电力公司电力科学研究院、国网浙江省电力公司、国网江苏省电力公司徐州供电公司、国网河北省电力公司、熊凌云、熊英、熊倩等机构或个人。在社会网络中分量最重的前10位专利申请人位置关键程度、活动频繁程度（向内）、活动频繁程度（向外）如表2.3所示。其中，“活动频繁程度”表示专利申请人之间合作频率的高低。不难发现表格凸显出以下信息：①电网系统之间的合作频繁；②前10位申请人中，有3位自然人，其余皆为国有电力公司，无民营企业；③国有电力公司主要位居东部地区。

表2.3　中国海上风电技术专利申请人间合作网络分析结果表（前10位）

排序	申请人	位置关键程度	活动频繁程度（向内）	活动频繁程度（向外）
1	国家电网有限公司	0.765 13%	5.702%	5.702%
2	中国电力科学研究院	0.150 71%	1.316%	1.316%
3	国网福建省电力有限公司	0.150 71%	1.316%	1.316%
4	国网山东省电力公司电力科学研究院	0.077 29%	1.316%	1.316%
5	国网浙江省电力公司	0.077 29%	0.877%	0.877%
6	国网江苏省电力公司徐州供电公司	0.077 29%	0.877%	0.877%
7	国网河北省电力公司	0.077 29%	0.877%	0.877%
8	熊凌云	0.030 91%	0.877%	0.877%
9	熊英	0.030 91%	0.877%	0.877%
10	熊倩	0.023 19%	0.439%	0.877%

第三节　结　　语

运用专利地图法，对中国海上风电技术领域的专利进行统计分析，主要得出以下结论。

（1）从发展趋势上看，中国海上风电技术的专利在1996～2005年处于缓慢增长阶段，2006～2013年进入快速增长阶段，究其原因在于政府颁布了系列政策。2014年后中国海上风电技术专利申请数量又有所下滑，可能与政府采取的规制、规范政策有一定的关联性。

（2）从专利的地区分布来看，海上风电技术的专利申请存在明显的地区指向性，排名前 10 位的省市中有 9 个位居东部地区，西部地区仅四川 1 省，而尚无中部省区市排名进入前 10 位，凸显了内陆省区市海上风电关键技术的创新能力弱。四川之所以具有较多的专利申请数量，可能的原因在于四川较强的海上风电科研实力。四川有为数不少的能源企业，如东方电气风电有限公司、四川省能投风电开发有限公司、四川电力建设三公司等，其业务涉及海上风电技术的研发；而作为海上风电技术研发的另一个贡献者——高校，无论是普通高校的数量还是重点高校数量，四川省均稳居前 10 位；中部地区海上风电技术的创新能力弱可能是与其区位有关。

（3）由专利类型和法律状态看，发明专利和实用新型专利占有绝对比重，表明专利的技术含量较高，结构较为合理。然而有效专利仅占 40.15%，说明中国在海上风电技术知识产权保护或者关键技术的产业化能力方面有待于进一步改进。

（4）从技术研究重点看，当前海上风电关键技术的发展侧重于风力发动机、液力发动机、船用设备和水处理技术等，对电机、水利工程和船舶推进装置等方面研究不足。考虑到海上风力发电技术对水利、船舶等技术有一定的要求，以上几种关键技术的创新能力不足在一定程度上削弱了该产业的竞争力。

（5）从专利申请数量特征来看，中国在海上风电的专利申请是以高校或科研院所和相关领域的企业为主；排名前 10 位的申请人，其申请的专利均有风力发动机（F03D）。

第三章　新能源设备制造业补贴政策的国际比较

日本、美国、巴西等国在新能源设备制造业方面具有成熟的经验，以上述典型国家作为研究对象，结合现有的文献资料系统梳理各国在新能源设备制造业中的直接补贴与间接补贴政策，创新型补贴与非创新型补贴政策等成功经验，通过与我国的相关政策比较研究全面地掌握我国新能源设备制造业补贴政策制定的成效与缺憾。本章介绍了我国风能设备制造业、太阳能设备制造业、生物质能设备制造业补贴政策的缘起和演变，在此基础上构建了补贴政策的 *X-Y* 维分析框架，采用内容分析法重点分析两类新能源设备制造业补贴基本政策工具特征。随后将补贴模式按照两类标准——直接补贴与间接补贴、创新型补贴与非创新型补贴，对巴西、美国、日本等国的新能源设备制造业补贴政策进行比较研究，并对补贴效果进行初步判断。

第一节　我国新能源设备制造业补贴政策的缘起与演变

新能源设备制造包括风能、太阳能、生物质能、核能、潮汐能等设备的生产，其中风能、太阳能、生物质能因其资源的充裕性，更为政府重视。严格来说，针对风能补贴政策的发展阶段，有两种不同的划分方式：一种是 1994～2004 年为第一阶段，年均风电产业政策不足三项；2005 年至今为快速发展阶段（王晓珍等，2016）。另一种是分为四个阶段：第一阶段为 1970～1996 年的自主研发；第二阶段为 1997～2003 年，国外技术授权的模仿创新；第三阶段是 2004～2007 年，表现为以联合研发与合资企业为特征的合作创新；2008 年至今为第四阶段，以风电企业的外向国际化为特征（黄萃等，2014）。虽然两种划分均有合理之处，但遗憾的是未能考虑到国家曾规制风能产业发展这一事实。本书针对风能设备制造业的主要划分方式为：20 世纪 70 年代至 1994 年为起步阶段，1995～2004 年为缓慢发展阶段，2005～2007 年为快速发展阶段，2008 年至今为高质量发展阶段。针对太阳能补贴政策的发展阶段，主要划分方式为：20 世纪 70 年代至 2005 年为起步阶段，2006～2011 年为快速发展阶段，2012 年至今为消费拉动阶段。此外，对生物质能设备制造业主要通过以下方式划分：20 世纪 70 年代至 1995 年为农村生物质能发展阶段，1996～2004 年为多元化市场机制推进阶段，2005 年至今为装备制造与生物质发电并行发展阶段。结合以上分析与补贴政策的颁布特点，本书从上述阶段分别对风能、太阳能及生物质能设备制造业进行分析。

一、风能设备制造业

（一）起步阶段（20 世纪 70 年代至 1994 年）

我国风能设备制造业起步于 20 世纪 70 年代（表 3.1），通过封闭的自主研发来制造风电机组，自主攻关聚焦于农用小型离网风机技术。《中华人民共和国国民经济和社会发展第七个五年计划》规定“积极搞好太阳能、风能、地热等新能源的开发利用”“发展能源、交通、通信、原材料工业的关键技术和装备”。1991 年颁布的《中华人民共和国国民经济和社会发展十年规划和第八个五年计划纲要》提出“增强重大技术装备的成套制造能力”。以上两个政策对风电机组研发起到直接或间接的推动作用。

表 3.1　风能设备制造业各阶段对比

阶段	政策要点
起步阶段（20 世纪 70 年代至 1994 年）	政府提出发展关键技术装备，直接或间接助推了风电机组的研发
缓慢发展阶段（1995～2004 年）	推进内向国际化，补贴模式多元化
快速发展阶段（2005～2007 年）	在研发、制造、发电等全产业链上支持，内向国际化程度加深
高质量发展阶段（2008 年至今）	补贴方式进行了改革，取消国外投资的增值税优惠政策。对风能设备制造业的发展不再追求单一的发展速度

（二）缓慢发展阶段（1995～2004 年）

将 1995 年设定为风能补贴政策第二阶段的起始点不仅是因为该年份以后国

家更多地考虑战略支持风能产业，更是基于国际化的思考。1995 年以后陆续颁布或出台的《新能源和可再生能源发展纲要（1995—2010）》（1995 年）、“乘风计划”（1996 年）、《国务院关于调整进口设备税收政策的通知》（1997 年）等，从优惠政策计划、税收等方面支持技术的国外引进，推进了风能设备制造业的面向国际化。与此同时，补贴模式也进一步地多元化，如提供低息贷款、降低增值税率等。不过，这一阶段涉及风能设备制造业的政策数量不超过 3 项/年，对该产业发展的支撑力度有限，因此仍然属于缓慢发展阶段。

（三）快速发展阶段（2005～2007 年）

2005～2007 年为风能设备制造业的快速发展阶段。以 2005 年《中华人民共和国可再生能源法》的颁布为标志，政府在风能设备制造业产业链的下游实施了政府定价或招标价格的购买政策，拉动了上游设备制造业的发展；另外，对风电机组的购置设定了最低本地化率要求，从设备研发、制造与购买环节有效激励了风能产业。这一阶段还有一特征，即风能设备制造业的国际化不再限于第二阶段的国外技术授权、先进技术设备进口等初级模式，而是加大了合资企业的联合研发力度。

（四）高质量发展阶段（2008 年至今）

在两级政府陆续出台的补贴或优惠政策下，风能设备制造业得到了快速发展，但也面临产能过剩的风险。于是 2008 年，针对风电场安全、风电设备产能过剩、规范市场等问题，国家发展和改革委员会（以下简称国家发改委）、国家能源局、国家海洋局等部门相继出台规制政策，解决无序竞争、粗放发展难题。例如，颁布了《关于完善风力发电上网电价政策的通知》（2009 年）、《海上风电开发建设管理暂行办法》（2010 年）等，旨在淘汰落后产能、减小海上风电开发环境影响等。与加大规制强度相对应的，这一时期，国内外对气候变化与能源安全更为关切。2009 年哥本哈根世界气候变化大会后，我国承诺：到 2020 年，非化石能源在能源消费中达到 15%，单位国内生产总值（gross domestic product，GDP）二氧化碳排放量比 2005 年减少 40%～50%。2014 年，国务院发布《能源发展战略行动计划（2014—2020 年）》，提出“节约、清洁、安全”的战略方针和“节约优先、立足国内、绿色低碳、创新驱动”的重点战略。同年份，国家发展和改革委员会发布《国家应对气候变化规划（2014—2020 年）》，提出优化能源结构、加强能源节约等九项举措，以控制温室气体排放。2015 年初，中共中央、国务院印发《关于进一步深化电力体制改革的若干意见》，要求“强化能源领域科技创新”“提高可再生能源发电和分布式能源系统发电在电力供应中的比例”。由此可见，2008 年以后，新能源设备制造业处于健康、有序、快速的高质量发展阶段，并不单一追求发展的速度。

二、太阳能设备制造业

（一）起步阶段（20 世纪 70 年代至 2005 年）

我国太阳能资源丰富，太阳能资源主要集中在光电、光热利用两方面：其中光热利用是将太阳能转化为热能，包括太阳能热水器、太阳能温室等利用形式；光电利用包括光伏发电等利用形式。太阳能起步阶段要追溯到 20 世纪 70～80 年代，1975 年我国首次召开了国家级太阳能会议——全国第一次太阳能利用工作经验交流大会，之后不久又召开了第二次全国太阳能会议，核心议题是如何推广、应用太阳能。80 年代后，太阳能行业得到稳步发展。同时，国家发改委等有关部门实施了包含大量太阳能工作的农村能源计划项目，太阳能作为一种新能源由国家发改委、国家经济贸易委员会、国家科学技术委员会及水利电力部、农业部的相关部门组织管理。1995 年国家颁布了《新能源和可再生能源发展纲要（1995—2010）》，从战略层面对太阳能设备制造业进行了规划。在起步阶段（图 3.1），国家出台的政策涉及农村太阳能的利用（《中华人民共和国大气污染防治法》《中华人民共和国电力法》《中华人民共和国节约能源法》），以及建筑太阳能利用（《建筑部建筑节能“九五”计划和 2010 年规划》《国家能源节约与资源综合利用“十五”规划》）等，并在 1998 年实施的《中华人民共和国节约能源法》中明确提出支持太阳能开发利用的优惠政策。虽然这些政策对推进太阳能设备制造业在多个领域的终端利用起到一定作用，但从整个行业来看，真正带动行业快速发展的是 2006 年以后光伏设备制造业。

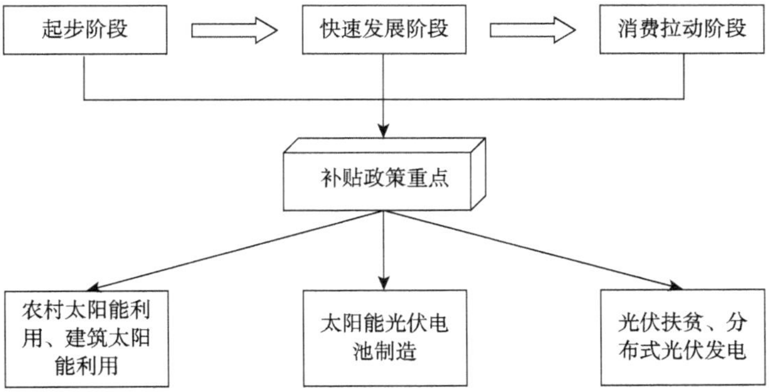

图 3.1　太阳能设备制造业各阶段对比

（二）快速发展阶段（2006～2011 年）

以 2005 年《中华人民共和国可再生能源法》的颁布为标志，我国陆续颁布了一些政策法规，很大程度上带动了光电建筑、光伏发电、太阳能热水器的利用，也缓解了由煤炭价格及建筑能源涨价困境带来的能源短缺问题。例如，2009 年财政部办公厅、住房和城乡建设部办公厅发布了《太阳能光电建筑应用示范项目申报指南》，明确提出“对于建材型、构件型光电建筑一体化项目，补贴标准不超过 20 元/瓦；对于与屋顶、墙面结合安装型光电建筑一体化项目，补贴标准不超过 15 元/瓦；具体标准将根据项目增量成本、建筑结合程度确定。以后年度补助标准将根据产业发展状况予以适当调整”。2009 年以后针对“太阳能屋顶计划”与“金太阳示范工程”等项目的财政补贴政策相继出台，包括《财政部 科技部 国家能源局关于实施金太阳示范工程的通知》和《财政部关于印发〈太阳能光电建筑应用财政补助资金管理暂行办法〉的通知》等。2010 年出台《财政部、科技部、住房城乡建设部、国家能源局关于加强金太阳示范工程和太阳能光电建筑应用示范工程建设管理的通知》，对太阳能相关政策进行调整。具体规定如下：①中央财政对示范项目建设所用关键设备，按中标协议供货价格的一定比例给予补贴；2010 年用户侧光伏发电项目补贴比例暂定为 50%，偏远无电地区的独立光伏发电项目为 70%。车用动力电池（不含铅酸电池）回收用于示范项目储能设施的，参照储能铅酸蓄电池补贴标准给予支持。②示范项目建设的其他费用采取定额补贴。2010 年补贴标准暂定为：用户侧光伏发电项目 4 元/瓦，偏远无电地区独立光伏发电项目 10 元/瓦。《关于做好 2011 年金太阳示范工作的通知》规定“为进一步扩大国内光伏发电应用规模，促进战略性新兴产业发展，中央财政将继续安排资金支持实施金太阳示范工程”，补助标准为“采用晶体硅组件的示范项目补助标准为 9 元/瓦，采用非晶硅薄膜组件的为 8 元/瓦”。

在两级政府的补贴政策支持下，2006～2010 年太阳能光伏电池年均增长接近 100%，其中有四年的产量排名居世界第一位，但也呈现行业利润下滑、产能过剩态势。为解决技术滞后、产能过剩问题，2012 年以后的太阳能设备制造业政策出现一定程度的调整。

（三）消费拉动阶段（2012 年至今）

2012 年以后的太阳能设备制造业政策偏向于从消费终端来解决产能过剩难题，其中相当一部分政策着力于分布式光伏发电或光伏电站的规模化利用。例如，2012 年 9 月 14 日，国家能源局发布《国家能源局关于申报分布式光伏发电规模化应用示范区的通知》“鼓励各省（区、市）利用自有财政资金，在国家补贴政策基础上，以适当方式支持分布式光伏发电示范区建设”。

2012 年 9 月，作为国家发改委的重要金融支持部门，国家开发银行制定关于进一步加强金融信贷扶持光伏产业健康发展，重点确保“六大六小”12 家光伏企业授信额度的政策。2013 年 8 月，国家发改委明确全国范围内分布式太阳能补贴标准为 0.42 元/千瓦时。2014 年光伏扶贫列为中国的十大扶贫工程之一，为有效精准扶贫，国家能源局、国务院扶贫开发领导小组办公室联合印发《关于实施光伏扶贫工程工作方案》，决定利用 6 年时间开展光伏发电产业扶贫工程；2015 年水电水利规划设计总院发布《关于印发光伏扶贫实施方案编制大纲（试行）的函》；2016 年，国家发改委、国务院扶贫开发领导小组办公室、国家能源局、国家开发银行及中国农业发展银行联合下发《关于实施光伏发电扶贫工作的意见》，这些政策涉及信贷、税收优惠等补贴政策，在精准扶贫的同时，也从消费终端拉动太阳能设备制造业。

三、生物质能设备制造业

（一）农村生物质能发展阶段（20 世纪 70 年代至 1995 年）

我国生物质能的发展起始于 1979 年（表 3.2），该年国家经济委员会、国家科学技术委员会、国家农业委员会、农业部联合出台了《当前农村沼气建设中几个问题的报告》；80 年代农牧渔业部和国家经济委员会分别颁布了《关于进一步发展沼气的报告》和《关于加强农村能源建设的意见》。1995 年颁布的《新能源和可再生能源发展纲要（1995—2010）》指出，“因地制宜地开发和推广太阳能、风能、地热能、潮汐能、生物质能等清洁能源”，而对生物质的发展，重点强调了农村能源的供应。显然，这一时期针对生物质能的发展并未涉及设备制造业，且有限的几个政策均着眼于农村生物质能的利用，补贴政策也较为单一。

表 3.2　生物质能设备制造业各阶段对比

阶段	政策要点
农村生物质能发展阶段（20 世纪 70 年代至 1995 年）	补贴政策单一，着眼于农村生物质能的利用
多元化市场机制推进阶段（1996～2004 年）	政策仍然着力于农村生物质能的应用，但激励的市场化方式变得多元化
装备制造与生物质发电并行发展阶段（2005 年至今）	补贴政策重视中上游研发制造与下游的发电，将补贴与规划、直接资金投入等其他多种基本政策工具结合

（二）多元化市场机制推进阶段（1996～2004 年）

1996～2004 年，推进生物质能的政策数量明显增加，制定了《新能源基本建设项目管理的暂行规定》（1997 年）、《国家计委、科技部关于进一步支持可再生能源发展有关问题的通知》（1999 年）、《新能源和可再生能源产业发展“十五”规划》（2001 年）等，综合运用了财政直接补贴、贴息贷款、税收优惠等政策，如《国家计委、科技部关于进一步支持可再生能源发展有关问题的通知》（1999 年）给予生物质发电项目以贷款的贴息政策。应该说，第二阶段政府在更广泛的生物质开发与应用领域给予支持，但依然未能出台针对上游的设备制造的补贴政策。

（三）装备制造与生物质发电并行发展阶段（2005 年至今）

这一阶段以《中华人民共和国可再生能源法》（2005 年）的颁布为起点，生物质能产业得到迅猛发展，并呈现两个特征：一是城市与农村生物质能并行发展。例如，《中华人民共和国可再生能源法》规定“利用生物质资源生产的燃气和热力，符合城市燃气管网、热力管网的入网技术标准的，经营燃气管网、热力管网的企业应当接收其入网”；而 2007 年与 2008 年分别颁布的《农业生物质能产业发展规划（2007—2015 年）》《中华人民共和国循环经济促进法》，均强调了生物质能在农村的应用，其中《中华人民共和国循环经济促进法》明确表明“国家鼓励和支持农业生产者和相关企业采用先进或者适用技术，对农作物秸秆、畜禽粪便、农产品加工业副产品、废农用薄膜等进行综合利用，开发利用沼气等生物质能源”。二是装备制造与生物质发电并行发展。2005 年颁布的《可再生能源产业发展指导目录》陈述了生物质直燃锅炉、生物质燃气内燃机、生物液体燃料生产成套装备的技术发展状况。针对生物质发电，国家发改委发布了《可再生能源发电有关管理规定》《可再生能源发电价格和费用分摊管理试行办法》等，提出了生物质发电、太阳能发电、地热能发电及海洋能发电等价格和费用分摊的原则，其中《可再生能源发电价格和费用分摊管理试行办法》对生物质发电项目明确规定，上网电价实行政府定价的，由国务院价格主管部门分地区制定标杆电价，补贴电价标准为每千瓦时 0.25 元。发电项目自投产之日起，15 年内享受补贴电价；运行满 15 年后，取消补贴电价。自 2010 年开始，每年新批准和核准建设项目的补贴电价比上一年的补贴电价递减 2%。发电消耗热量中常规能源超过 20%的混燃发电项目，视同常规能源发电项目，执行当地燃煤电厂的标杆电价，不享受补贴电价；《可再生能源发展专项资金管理暂行办法》表明可再生能源发展专项资金通过中央财政预算安排，用于支持可再生能源和新能源重点关键技术示范推广和产业示范，可再生能源和新能源开发利用及能力建设，规定发展专项资金的使用方式包括奖励、补助、贴息等方式；《关于发展生物能源和生物化工财税扶持政策的实施意见》明确提出实施弹性亏损补贴、原料基地补助、示范补助和税收优惠，根据该实施意见，财务部发布了《生物能源和生物化工非粮引导奖励资金管理暂行办法》，将奖励和补助资金的标准和申请方式进行详细阐述，补助的金额由财政部按具体标准及经核实的原料基地实施方案予以核定。

第二节　我国新能源设备制造业补贴政策的多维度分析

本节采用内容分析法，构建了 *X-Y* 维政策分析框架，即以标准化的格式收集和组织太阳能与风能设备制造业的政策文本，对基本政策工具特征进行描述和频数统计。

一、补贴政策文本的类量化分析方法

内容分析法由美国国家总评估办公室于 1983 年首次提出。该方法的工作程序为：决定是否采用该法—确定哪些文本应被纳入内容分析—选取分析对象—列出编码目录—对文本进行编码—分析和解释结果。内容分析法的优点在于可从历史数据源中提取和获悉新观点，支持大量文本分析。将该方法应用于政策文本分析，与定性分析方法相比，在政策实践方面更有预见性与指导性。

二、补贴政策的 *X-Y* 维分析框架

补贴政策根据不同属性有不同分类，如按照基本政策工具可以分为财政直接补贴政策、税收优惠政策、融资信贷政策、现金奖励政策、价格政策。其中，财政直接补贴政策是指国家通过直接拨款等方式支持企业的发展，为企业发展提供

资金保障；税收优惠政策是指国家利用税收制度，通过税收减免等方式来减轻企业的纳税义务，从而支持企业的发展；融资信贷政策是指企业为满足自身生产经营的需要，同金融机构或者信誉比较好的融资公司签订协议，借入一定数额的资金，并按照约定的日期偿还的政策；价格政策指实施价格补贴，如产业链终端电价补贴、回收再制造补贴等。

按照补贴的接受对象不同，补贴政策可以分为：就业补贴政策、项目补贴政策、科技人员补贴政策等。其中就业补贴政策是针对企业普通员工的福利政策，用以保障新能源企业员工的基本需求，激发员工的积极性；项目补贴政策是国家为了支持新能源的发展对于企业新能源项目给予一定补助，用以支持其成功推进的政策；科技人员补贴政策主要是针对研发人员的福利政策，旨在激发研发人员的积极性，解决他们的后顾之忧。

按照是否具有创新能力，补贴政策可以分为创新型补贴政策、非创新型补贴政策，其中创新型补贴政策主要指这种补贴政策是为了研发新项目、对老项目改造、进行项目或技术示范等。

按照补贴是否侧重于产业链下游，补贴政策可以分为产业链上游的研发、原料采购等补贴政策，产业链中游的生产性补贴政策，以及产业链下游的产成品消费性补贴政策。

（一）*X* 维度：基本政策工具

X 维度的基本政策工具位居政策体系的基本层面，为政策工具的基本元素，只有将单元工具通过相互组合才能使其发挥效用。

当前，学术界对于基本政策工具的分类尚未达成共识。西方学术界较为推崇的是著名政策分析家 Vander Doelen 的分类，即将基本政策工具分为法律工具、经济工具和交流工具三类。国内学者具有代表性的学者主要有张成福、陈振明与陶学荣等。张成福和党秀云（2001）依据政府介入程度将基本政策工具分为政府部门直接提供财贷与服务、签约外包、补助或补贴、抵用券、经营特许权、志愿服务与市场运作等；不同于张成福的观点，陈振明（2004）将基本政策工具分为市场化工具、工商管理技术与社会化手段三类；另一学者陶学荣（2006）则认为基本政策工具包括经济性、行政性、管理性、政治性和社会性五类工具。尽管以上学者对于基本政策工具做出了有益的尝试，但是总体来说，当前的基本政策工具分类或略显宽泛，或相互之间存在重叠。在新能源设备的制造过程中，财政补贴、金融支持等政策支持极为关键，因而本节将借鉴 Rothwell 和 Zegveld 的思想，将基本政策工具分为直接补贴与间接补贴两类。两者的区别是前者着力于以政府强大的财政补贴直接投入促使新能源设备制造业加速发展，而后者则侧重于通过税收优惠、信贷优惠和价格政策等市场化方针推动新能源设备制造业的逐步成长。

（二）Y维度：企业价值链

企业的价值创造是通过一系列活动进行的，企业整个价值链的综合竞争力决定了企业的竞争力。基于这一点，政府针对价值链过程中的每一个环节制定的相应政策可能会产生不同的效用，进而影响企业的竞争力。新能源设备制造业的价值链包括新能源发电技术的研发、新能源发电设备的制造与生产、新能源发电并接入国家电网、电力消费四个阶段，其中新能源发电技术直接决定了自然界的可再生资源——风和光照能否转化为人们日常生活与生产所需要的电并实现产业化生产，真正应用到实际生活当中；在设备制造与发电阶段，设备的成本及正式运营生产发电后的收益是决定新能源产业能否长久发展，形成一定规模并成长为具有相当竞争力的行业。因而，考虑价值链不同阶段的规律与特点是制定新能源设备制造业补贴政策的重要前提，从价值链的维度来分析新能源设备制造业补贴政策也尤为必要。

三、我国新能源设备制造业的补贴政策的选择

利用内容分析法进行政策分析的基础是政策文本的选择及政策维度的构建，其中政策文本的选择均来自公开的数据资料。本章中涉及风能设备制造业的政策文本均来自国家粮食和物资储备局、自然资源部与中国可再生能源网。为保证政策选择的准确性和代表性，按照以下原则对政策文本进行筛选：①发文单位是国务院直属机构；②政策类型为规划、意见、办法等体现政府政策的文件，不计入行业标准等文件；③考虑到部分政策虽然仅涉及风能和风能发电，并没有明确地将两者结合起来，但是其政策对于风能的开发利用具有一定的指导意义，因此，将涉及新能源设备制造或者新能源发电的间接政策文本也纳入分析的范畴；④从时间节点来看，考虑政策文本的搜集难度，本书对两类新能源设备制造业的最终风能、太阳能设备制造业补贴政策的有效文本进行统计，分别为 34 条、44 条。

（一）风能设备制造业补贴的政策分析

首先对基本政策工具内容分析单元进行编码，以 2005～2007 年为时间节点，共搜集相关政策 34 条，如表 3.3 所示。从政策数量的演变来看，2005 年政策数量

为 2 条，其后 2006～2009 年均为 1～2 条，表明虽然该阶段风能设备制造业得到快速发展，但政策所涉及的方面较窄。自 2010 年开始至今，我国风能及相关产业政策数量有了相当明显的增长，且涉及领域较多。2012 年起，我国风能设备制造业内部“弃风”等产能过剩问题更为严峻，由此从政策的支持、规制领域来看，风能设备制造业发展更趋于理性。

表 3.3　风能设备制造业补贴的政策文本

编号	年份	政策名称
1	2005	《国家发展改革委关于风电建设管理有关要求的通知》
2	2005	《中华人民共和国可再生能源法》
3	2007	《电网企业全额收购可再生能源电量监管办法》
⋮	⋮	⋮
34	2017	《海上风电场设施检验指南》

从发布政策的部门来看，绝大多数政策都是由多部门联合发布的，单一部门的发布的数量较少，以国家能源局发布的为主。可以看出风能设备制造业虽然作为一个新兴行业，但是其研发，设备制造和生产，发电及最终的消费涉及能源、环境、财政等多个部门，需要这些部门通力紧密合作。

（1）基本政策工具分析。风能设备制造业的基本政策工具的维度分析如表 3.4 所示。总体而言，风能设备制造业的直接补贴政策所占比重为 20.59%，间接补贴政策中税收优惠和现金奖励均为 20.59%，而价格政策所占比重居首位，达到了 35.29%，占比最少的信贷优惠政策仅有 2.94%。

表 3.4　风能设备制造业补贴的基本政策工具分配比例

工具类型	工具名称	条文编号	小计	占比
直接补贴	财政补贴	9、13-6、14-3-3、14-3-4、16、17、20	7	20.59%
间接补贴	税收优惠	5、6-4-5、7、13-6、18、19-2-7、19-4-34	7	20.59%
	现金奖励	12-3、13-6、14-3-1、20、23、26-10、30-2-7-2	7	20.59%
	价格政策	2-3、4、8、11、13-5、14、16、24、26、29-2、32、35	12	35.29%
	信贷优惠	26-10	1	2.94%
合计			34	100%

注：条文编号根据内容分析法规则编制，下同

根据数据及政策内容可知，对于风能设备制造业，政府更多的是给予企业价格上的政策倾斜，以定价和配额的形式，如 2009 年发布的《国家发展改革委关于完善风力发电上网电价政策的通知》、2012 年公布的《可再生能源电力配额管理

办法》，旨在建立一个良好的市场竞争外部环境，保证了大企业的盈利空间，同时也给予小企业一定的生存空间，促使风能设备制造业更快更好地发展。

在保证风能设备制造业市场秩序及企业收入空间的情况下，国家又从成本方面为企业减负，提高企业的生存能力及生产积极性。在这方面直接补贴、税收优惠、信贷优惠等政策效果更为明显，这些政策的目标多是降低企业设备制造成本或发电成本。例如，2008 年发布的《财政部 国家税务总局关于资源综合利用及其他产品增值税政策的通知》中第四项中“销售下列自产货物实现的增值税实行即征即退 50%的政策”，第五条为“利用风力生产的电力”。在进口关税方面，对国内企业为开发、制造 12 兆瓦以上的大功率风力发电机组而进口部分关键零部件、原材料所缴纳的进口关税和进口环节增值税实行先征后退政策。对进口单机功率大于 1.5 兆瓦的风电机组配套的关键零部件和原材料，免征收关税和进出口环节增值税。2011 年公布的《风力发电设备产业化专项资金管理暂行办法》中第二章支持对象和方式的第四条为“产业化资金支持对象为中国境内从事风力发电设备（包括整机和叶片、齿轮箱、发电机、变流器及轴承等零部件）生产制造的中资及中资控股企业”，以及第四章补助标准和资金使用范围的第七条为“对满足支持条件企业的首 50 台风电机组，按 600 元/千瓦的标准予以补助，其中整机制造企业和关键零部件制造企业各占 50%，各关键零部件制造企业补助金额原则上按照成本比例确定，重点向变流器和轴承企业倾斜”。政府甚至将风电行业所需技术与设备专门罗列目录，以便减税，其代表的实例是 2014 制定的《鼓励进口技术和产品目录（2014 年版）》等。

综合以上几种政策类型不难看出，政府主要从“开源”——增加收益利润和“节流”——减少企业成本这两方面实施政策倾斜，扶持风能设备制造业从零开始逐渐成长，直至具备一定的自主开发能力和对外竞争力。“开源”主要是间接补贴中的价格政策，而“节流”则是通过直接补贴及间接补贴中的税收、信贷优惠等实现。

（2）企业价值链维度分析。进一步地由企业价值链维度分析基本政策工具的分布统计，如表 3.5 所示。总体来看，制造环节的政策补贴占据首位，其次是发电环节和消费环节，而研发环节和全过程环节的政策数量相当少，其中涉及研发环节的政策仅两条，反映出我国在风能核心技术研发方面的投入和重视程度尚有不足。制造环节的间接补贴政策显著多于直接补贴政策，其中间接补贴政策中税收优惠与现金奖励的政策分居前两位；发电与消费两个环节的间接补贴政策中，均是价格政策数量较多，其次是现金奖励政策。基于直接补贴与间接补贴政策的分析可知：①风能设备制造业的生产成本很大一部分来自初始投入的大量固定成本——设备、土地等固定与无形资产，由此国家在降低设备成本方面，着力于税收优惠政策；而下游的发电环节和消费环节则与市场的关联较大，政府多使用价格补贴政策。②价值链的各个环节均有现金奖励政策，表明政府这一类型的间接补贴政策在价值链环节的应用具有一定的广泛性。

表 3.5　基于企业价值链维度的风能设备制造业补贴的基本政策工具各环节频数分布统计表

补贴类型		研发	制造	发电	消费	全过程
直接补贴：财政补贴		14-3-3	14-3-4、16	16、17	20	9、13-6
间接补贴	税收优惠		5、7、18、19-2-7、19-4-34	5	6-4-5	13-6
	现金奖励	14-3-1	12-3、26-10	14-3-1、23	20、30-2-7-2	13-6
	价格政策		16	8、11、16、26、29-2、35	2-3、4、8、14、24、32	13-5
	信贷优惠		26-10			
创新型补贴		25-C3、31-1、33-5-2	18、33-5-2	15		21-5-2、34
非创新型补贴		19-1-4	1-4、3-2、19-2、19-3、22-5-2、31-2	19-1-4	2-3	9、10、28

除了直接补贴与间接补贴，政府的补贴政策还可分为创新型补贴与非创新型补贴，其中创新型补贴目标在于推进技术供给和技术扩散。如表 3.5 所示，创新型补贴政策中，研发环节数量居首，其次是制造环节和全过程环节。

总的来说，风能价值链的各环节，研发未能得到政府的重视；从补贴模式来看，现金奖励政策均有涉及，信贷政策数量明显偏少。

（二）太阳能设备制造业补贴的政策分析

与风能设备制造业的分析类似，对于太阳能设备制造业补贴的政策分析并不仅限于制造环节，从研发—制造—发电—消费价值链过程考虑基本政策工具更有助于把握政策的缺失或过溢。首先采用内容分析法对 44 个政策文本进行编码（表 3.6）。总体而言，中央对于太阳能产业政策发布的数量要高于风能，而 2012 年以后的太阳能政策，相当一部分针对产业链下游的光伏发电，意味着政府为破解产能过剩难题，很注重电力消费端的拉动。

表 3.6　太阳能设备制造业补贴的政策文本

编号	年份	政策名称
1	2005	《中华人民共和国可再生能源法》
2	2006	《国家中长期科学和技术发展规划纲要（2006—2020 年）》
3	2006	《能源局关于贯彻落实国家中长期科学和技术发展规划纲要的初步意见》
4	2008	《可再生能源发展“十一五”规划》
⋮	⋮	⋮
44	2017	《国家发展改革委关于 2018 年光伏发电项目价格政策的通知》

（1）基本政策工具分析。基本政策工具的维度分析如表 3.7 所示。尽管间接型基本政策工具数量总体多于直接型基本政策工具，前者为 54 条，占比为 63.53%；后者数量为 31 条，占比为 36.47%，但如果将间接性基本政策工具分项，不难发现单个类型的间接补贴基本政策工具数量要低于涉及财政直接拨款的政策数量，说明目前我国政府间接补贴政策仍有改进的空间。针对财政直接拨款，2011 年发布的《新兴能源产业发展规划》直接规定了对太阳能等新能源产业投放大量的政府资金以支持其发展。国家出台的文件《金太阳示范工程财政补助资金管理暂行办法》（2014 年），提出“并网光伏发电项目原则上按光伏发电系统及其配套输配电工程总投资的 50%给予补助，偏远无电地区的独立光伏发电系统按总投资的 70%给予补助”。

表 3.7　太阳能设备制造业补贴的基本政策工具分配比例

工具类型	工具名称	条文编号	小计	占比
直接型	财政补贴	1、11-1、14-2、15-1、25-3、29-7、31-5、37-5、37-6、39-7、41-4、4-4、8-4-2、10-2、13-2、28-5、39-8、41-5、5-4、16-3、17-1、18-3、27-4、32-6、34-5、34-6、35-4、7-4-19、8-2-2、12-4、29-8	31	36.47%
间接型	税收优惠	3-4-2、10-3、10-4、16-2、17-2、24-2、24-3、36-7、6-61	9	10.59%
	现金奖励	11-3、25-4、11-4、14-4、17-4、36-8、10-4、16-4、42-5	9	10. 59%
	价格政策	11-2、31-7、13-4、17-3、18-4、19-2、19-3、20-2、26-4、26-5、30-3、1-3、3-2-4-3、10-5、20-3、21-4、33-4、33-5、40-3、43-6、43-7、44-6、12-3、13-5、14-5、25-6、38-5、38-6	28	32.94%
	信贷优惠	11-5、22-3、12-5、23-2、28-6、17-6、23-4、23-1	8	9.41%
合计			85	100.00%

间接补贴的政策中，涉及税收优惠的政策占比为 10.59%，现金奖励政策占比也为 10.59%。而价格政策占比高达 32.94%，表明间接补贴中，政府期望通过价格机制降低企业生产成本，拉动设备制造或太阳能发电产品。例如，2009 年国家出台了《太阳能光电建筑应用财政补助资金管理暂行办法》规定城市光电建筑一体化应用，农村及偏远地区建筑光电利用等给予定额补助。2009 年补助标准原则上定为 20 元/瓦，以后年度补助标准将根据产业发展状况予以适当调整。《关于组织申报 2010 年太阳能光电建筑应用示范项目的通知》调整降低了建材型、构件型光电建筑一体化项目和与屋顶、墙面结合安装型光电建筑一体化项目补贴标准，分别为 17 元/瓦和 13 元/瓦。2012 年发布的《关于可再生能源电价补贴和配额交易方案 2010 年 10 月—2011 年 4 月的通知》及 2013 年发布的《财政部关于分布

式光伏发电实行按照电量补贴政策等有关问题的通知》和《国家发展改革委关于发挥价格杠杆作用促进光伏产业健康发展的通知》等政策都提出通过政府购买和配额制的方式促进太阳能和光伏产业的快速发展。再如,《国家发展改革委关于发挥价格杠杆作用促进光伏产业健康发展的通知》第二条规定"对分布式光伏发电实行按照全电量补贴的政策，电价补贴标准为每千瓦时 0.42 元（含税，下同），通过可再生能源发展基金予以支付，由电网企业转付；其中，分布式光伏发电系统自用有余上网的电量，由电网企业按照当地燃煤机组标杆上网电价收购"。

间接型基本政策工具中涉及税收优惠的政策虽然只有九条，但是却提高了企业的盈利空间，极大地激励了太阳能设备制造业。以 2013 年颁布的《关于光伏发电增值税政策的通知》为例，该通知规定"自 2013 年 10 月 1 日至 2015 年 12 月 31 日,对纳税人销售自产的利用太阳能生产的电力产品,实行增值税即征即退 50%的政策"。此外,《关于国家电网公司购买分布式光伏发电项目电力产品发票开具等有关问题的公告》指出国家电网公司所属企业从分布式光伏发电项目发电户处购买电力产品，可由国家电网公司所属企业按照增值税简易计税办法计算并代征增值税税款，同时开具普通发票。在关税方面,《国务院关于调整进口设备税收政策的通知》规定，对外资企业中外商投资项目在投资总额内进口的自用光伏发电成套设备或关键设备，免征关税和进口环节增值税；对符合《当前国家重点鼓励发展的产业产品和技术目录》的国内投资项目，在投资总额内进口的自用设备，除《国内投资项目不予免税的进口商品目录》所列商品外，免征关税和进口环节增值税。在企业所得税方面,《财政部 国家税务总局 国家发展改革委关于公布环境保护节能节水项目企业所得税优惠目录（试行）的通知》提出，企业从事符合条件的利用既有建筑太阳能光热、光电建筑一体化技术项目达到国家有关节能和环境标准的，可享受企业所得税优惠。

与风能设备制造业类似，太阳能设备制造业现金奖励与税收优惠基本政策工具数量相同，占比为 10.59%，表明两类设备制造业均比较重视现金奖励。虽然信贷优惠政策占比仍然最低，但是相对风能设备制造业，政府已经注意到金融市场的作用。

（2）企业价值链维度分析。进一步地由价值链维度分析基本政策工具的分布统计，如表 3.8 所示。显然，涉及太阳能与光伏的发电环节的基本政策工具所占比例位居首位，为 32.56%，其次是研发环节基本政策工具（22.09%），最少为制造环节基本政策工具，为 15.12%，消费环节的基本政策工具占到了 16.28%。另有政策 7-4、8-2、12-4、29-8、6-61 及 21-3 等均为目标规划基本政策工具，并未具体针对价值链的特定环节，这一类基本政策工具占比较少。

针对直接补贴，各环节基本政策工具数量的排序为研发环节 11 条、发电环节 9 条、制造环节 7 条、消费环节 0 条。间接补贴中研发环节的税收优惠政策为 3

条，现金奖励政策最少；制造环节的基本政策工具数量排序由多到少依次是信贷优惠、现金奖励、税收优惠、价格政策；发电环节价格政策 9 条，信贷优惠政策仅 2 条；消费环节同样的是价格政策数量远远超过其他 3 种基本政策工具，而信贷与税收优惠政策最少。由此可见，企业价值链维度的间接补贴政策中，信贷优惠政策除了在制造环节得到关注，其他环节应用偏少；发电和消费环节价格政策在降低成本、提高盈利空间和拉动产业链下游的过程中较之于其他间接补贴政策得到应用的程度更广。上述 4 个阶段中，研发与制造环节的基本政策工具数量总体上偏少，意味着亟待颁布针对上游技术创新能力提升的间接补贴政策。

表 3.8　基于企业价值链维度的太阳能设备制造业补贴的基本政策工具各环节频数分布统计表

补贴类型		研发	制造	发电	消费	全过程
直接补贴：财政补贴		4-4-1、11-1、14-2、15-1、25-3、29-7、31-5、37-5、37-6、39-7、41-4	4-3-4、8-4-2、10-2、13-2、28-5、39-8、41-5	5-4-6、16-3 17-1、18-3、27-4、32-6、34-5、34-6、35-4		4、2、12-4、29-8
间接补贴	税收优惠	3-4-2、10-3、10-4	16-2	17-2、24-2、24-3、36-7		6-61
	现金奖励		11-3、25-4	11-4、14-4、17-4、36-8	10-4、16-4、42-5	
	价格政策	11-2、31-7		13-4、17-3、18-4、19-2、19-3、20-2、26-4、26-5、30-3	1-3、3-2-4-3、10-5、20-3、21-4、33-4、33-5、40-3、43-6、43-7、44-6	12-3、13-5、14-5、25-6、38-5、38-6
	信贷优惠	11-5、22-3	12-5、23-2、28-6	17-6、23-4		23-1
创新型补贴		4-1、10-3、10-4、11-1、11-5、14-2、15-1、25-3、29-7、31-5、31-7、37-6、41-4	11-3、13-2、16-2、39-8、41-5	5-4-6、17-1、17-3、18-3、24-2、24-3、27-4、32-6、35-4、36-7		2-3-2-(4)、6-59、29-8
非创新型补贴		4-2、11-2、22-3、37-5、39-7	4-3-4、8-4-2、10-2、12-5、22-2、25-4、28-5、28-63	11-4、13-4、14-4、16-3、17-2、17-4、17-6、18-4、19-2、19-3、20-2、23-4、26-4、26-5、30-3、34-5、34-6、36-8	1-3、3-2-4-3、10-4、10-5、16-4、20-3、21-4、33-4、33-5、40-3、42-5、43-6、43-7、44-6、43-6、43-7	4-19、2-2、12-3、12-4、13-5、14-5、23-1、25-6、38-5、38-6

从创新型补贴与非创新型两种补贴模式来看，后者基本政策工具数量（57 条）显著高于前者（31 条），凸显政府需加大太阳能技术供给与技术扩散。结合企业价值链发现，创新型补贴基本政策工具数量在研发、发电、制造、消费 4 个环节依次减少，其中制造环节基本政策工具的不足反映了太阳能设备制造业在技术创新能力上有待进一步提升；非创新型补贴基本政策工具则有相当一部分集中于发

电和消费两个环节，这一点与创新型补贴政策显著不同。

综合风能设备制造业与太阳能设备制造业政策文本分析，得到几点结论：①由基本政策工具分析，风能设备制造业的直接补贴政策总量和现金补贴政策一样，但是少于或等于其他类型的间接补贴政策。太阳能设备制造业则差别明显，较之于单个类型的间接补贴基本政策工具，其财政直接拨款的政策数量优势明显。②税收优惠是降低风能设备制造业成本的主要基本政策工具，价格政策多用于发电和消费环节，这一点与太阳能设备制造业不同。③在风能价值链的各个环节中，研发未能得到政府的重视；虽然现金奖励政策也较少，但各环节均有涉及，表明该政策类型在风能设备制造业中应用广泛。太阳能设备制造业中研发与制造阶段的直接补贴政策显著多于间接补贴政策。④由创新型补贴与非创新型补贴政策分析，两类设备制造业均是后者数量高于前者。

第三节　典型国家新能源设备制造业补贴政策的比较

一、典型国家新能源设备制造业补贴政策的总体特征

本书将选择美国、巴西、英国、丹麦、印度、日本、德国七个国家作为研究比较的对象，这是因为：一方面，以上七国是世界能源生产与消费的大国，在全球经济体中占据举足轻重的地位；另一方面，从能源的生产消费结构来看，中国、印度均为富煤、贫油和少气，但部分新能源如风能和太阳能资源丰富的国家，能源生产消费结构类似。巴西虽然与中国、印度同属于金砖五国，不过人均收入却高于中国和印度。巴西的新能源发展，是其人均收入大幅提高的重要原因之一，尤其是巴西制定了系列的生物质能政策，这对于同样生物质资源禀赋较强的中国有着较强的启示意义。美国并不缺乏石油、天然气等一次性能源，然而该国对于新能源政策的制定极为关切，且能源政策的制定已成为世界能源发展的风向标，且成效明显。日本、丹麦、英国同是一次性能源较为匮乏的国家，但均重视太阳能等新能源的补贴政策制定，能源安全与环境污染问题得到有效缓解，值得中国借鉴。

从风能设备制造业方面来看，德国风电发展比较迅速，一方面，德国政府支持风电机制造商进行高新技术的研究与开发，用以降低风电投资成本；另一方面，在风电投资者正常投资收益得到确保的前提下，利用市场机制调动其开发风电的积极性。2016年，德国风能累计装机容量为50 019兆瓦，位居欧盟第一位；风电新增装机量占欧盟全部风电装机量比重高达44%（2017年《BP世界能源统计年鉴》)。英国极为重视可再生能源的发展，2016年英国的可再生能源消费量为0.175亿吨油当量，在欧洲国家中仅次于德国。在可再生能源产品中，英国的海上风能资源较为丰裕。经过近些年的长足发展，英国已是世界海上风电发展的前沿国家，其装机容量超过全球海上风电装机总量的50%，并在海上风电的制造、运输、安装等方面具有成熟的经验。英国海上风电业的快速发展，重要原因之一是英国补贴政策的大力扶持。丹麦是风电发展较早的国家之一，也是风电强国。在其制订的新能源规划中，计划到2030年风能开发利用占能源结构比重达30%，现阶段其风机生产约占全球 40%的市场份额。印度三面环海，风电产业的潜在资源约为45 000兆瓦。虽然印度早在20世纪80年代初就启动了风电项目，但90年代后，伴随印度的税费减免、信贷优惠政策的出台，风电产业才真正得到快速发展。2015 年印度风电产业总装机容量位居世界第四位，超越了西班牙，但低于中美2个风电大国。

从生物质能方面来说，巴西使用生物质能取代传统能源，一直走在世界的前列。巴西生物质能在能源消费结构中的比重超过40%，远远高于世界的平均水平（约13%）。2016年巴西的生物燃料产量高达0.185 52亿吨油当量，虽然比2015年的0.193 32亿吨油当量略有下降，但仍然位居世界第二位。英国政府在促进风能产业发展的同时也积极地推动生物质能的发展，虽然总体产量不高，但是增幅明显，2005～2015年生物燃料产量年增长率达到了22.4%。德国对生物质能的开发利用一直特别重视，在其政策支持下，生物燃料产量在2008～2016年期间一直稳居欧洲国家第一位，2016年达到0.031 98亿吨油当量。美国在利用生物质能方面处于世界领先地位。美国从20世纪70年代开始就已经采用生物燃料直接燃烧发电，2006 年以后生物燃料的产量呈现快速增长态势：2006 年产量为 0.106 70亿吨油当量，2007年增长到0.147 09亿吨油当量，2016年则增长至0.357 79亿吨油当量；2006～2016 年仅 2012 年略有下降。美国生物质能产业的快速发展离不开近年来该国相继出台的一系列政策法规。虽然在世界能源与消费生产主要国家中，丹麦以风电著称，但是该国自20世纪80年代起就开始注重生物质能的发展，大力推进农作物秸秆-地区供热锅炉（或家庭小型供热装置）、沼气-地区供热锅炉（或地区热电联厂）的生物质能转化利用。经过不懈努力，丹麦的分布式能源技术有了很大程度的提升。丹麦的集中供热技术中，沼气、秸秆等可再生能源所占比重约为45%，超过煤炭、天然气等一次性能源。

从太阳能方面来看，德国是全球最重要的光伏市场之一，自 1997 年起始，德国实施了“十万太阳能屋顶计划”，鼓励家庭安装自用型太阳能光伏发电系统，高价收购居民的太阳能电力并汇入总电网；或是对居民进行贷款贴息，鼓励居民购买太阳能发电设备。2000 年制定《可再生能源法》之后，太阳能光伏与风能成为德国最具潜力、最经济的可再生能源发电技术。在德国政府的支持下，太阳能得到较快的发展。依据德国弗劳恩霍夫太阳能系统研究所的统计数据，德国太阳能发电占电力总负荷需求的 50%。美国是可再生能源生产与消费大国，为推进太阳能的发展，自 20 世纪 90 年代起，制订“百万太阳能屋顶计划”并发布 13123 号行政命令等，推进太阳能的发展。经过 20 多年的发展，2016 年美国光伏装机历史上首次超越其他电源新增装机，占全年新增装机的 39%；在美国的新能源发电中，太阳能发电所占比重最高。日本曾出台“阳光计划”等多项政策，并广设太阳能面板以支持太阳能的发展。2014 年日本太阳能的装置量已经位居全球第二位，不过从 2014 年以后，日本试图改变太阳能发电比重过大的局面，加大引入地热与风能等可再生能源发电。印度具有良好的太阳能资源禀赋，年度日照时间有 250～300 天。印度的太阳能发展典型特征是规划先行：2008 年出台了“国家太阳能计划”，设立 2020 年、2030 年与 2050 年太阳能发电能力分别达到 20 000 兆瓦、100 000 兆瓦与 200 000 兆瓦的计划；与此同时，印度还规划了 2022 年之前的太阳能热容器装备和太阳能光伏设备要达到的装机容量，依据莫迪政府制订的 2014 年能源计划，2022 年印度太阳能发电装机容量要达到 100 000 兆瓦，占到可再生能源发电总量的 57.14%。印度政府极为关切农村的太阳能灯项目，由此大力发展太阳能电存储装备。不过 2016 年印度的太阳能装机容量仅为 5800 兆瓦，距离远景规划尚有很大的提升空间。

（一）巴西

巴西的生物质能生产与利用值得其他世界主要能源生产与消费国借鉴。巴西的政策包括两大类：一类是强制普及措施。巴西制定了相关的法律用于推广燃料乙醇的使用，要求在人口超过 1500 人的城镇的加油站都必须安装乙醇加油泵，并规定生物柴油和常规柴油在柴油中占有一定比例。另一类是补贴政策（图 3.2）。在产业链的中上游，巴西注重融资与信贷优惠政策。巴西国家经济社会发展银行设立专项信贷，为生物柴油企业提供 90%生物融资信贷。联邦政府也设立了 1 亿雷亚尔的信贷资金，提供给生物柴油原料种植户。在产业链的下游，为了拉动生物燃料及其相关产品的消费，巴西多采用差异化税率或者减税政策。例如，在乙醇汽油的消费方面，巴西的州税税率（12%）显著低于普通汽油（25%）；针对乙醇燃料汽车，巴西减免了工业产品税和增值税，规定购买灵活燃料汽车可以减税。

不仅是生物质能，巴西政府针对光伏与太阳能也提供了财政资助和税收优惠政策。

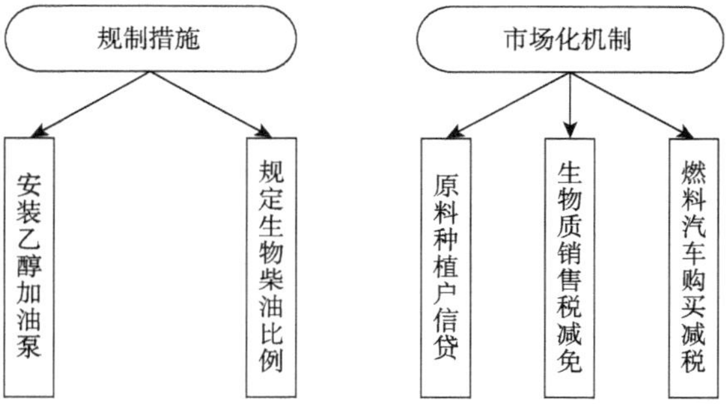

图 3.2　巴西的新能源补贴政策特征

（二）美国

从不同类别的新能源角度剖析美国的补贴政策。美国对于风能的补贴政策贯穿了整个产业链。联邦政府对小型机组免征 30%的装机税；为可再生能源设备提供低成本融资，贷款可以直接通过州某个机构办理；减免财产税和销售税用以缩短电机组的投资偿还期。下游的补贴，美国通过向用户、发电商购买多余电力，或者补偿多余电量来实现，提供补贴的是电力部门。

对于生物质能的发展，美国出台了系列相关法律政策并多元化补贴模式。通过《生物质研究法》设立了生物质研究开发计划和生物质研究开发部等重要部门，用于支持生物质能的发展；《美国农业法令》则是鼓励联邦政府通过采购、直接投入资金和对可再生能源项目给予贷款等方式支持生物质能企业的发展。美国采取了一系列的财税政策，包括：①增加研发支出，将项目经费留置于私人管理公司进行管理，吸收社会资金；②提供产出补贴，为可再生能源发电企业每年进行电能补助，每生产 1 千瓦补助 1.5 美分；③政府采购措施，制定法律规定联邦政府必须购买国产的高能效产品和“绿色”产品；④直接减税政策，提供针对生物质能发电的大幅度减税政策，鼓励能源行业采取节能措施；⑤抵免企业所得税，包括技术开发抵税和生产抵税。

在太阳能方面，美国通过税收抵免、生产补贴、信贷担保等多种方式，降低太阳能产品及相关服务的成本和价格，培育并扩大太阳能的市场需求。相关补贴政策体现在以下几个方面：①光伏发电投资税抵免政策。对商用和居民用光伏系统，提出享受 30%的税收抵免。②纳税人收入税收减免政策。部分州在纳税人申报收入时，在总收入的基础上扣除一定的数额，以弥补纳税人因使用可再生能源而带来的额外支出；或者给予纳税人一定比例个人所得税的抵缴或一定金额的津贴，用以补偿安装可再生能源设备的花费。③价格补贴政策。对于安装燃料电池与太阳能发电设备的商业建筑物，将给予 30%的购买价格补贴；对于符合节能标准的新建建筑物，按占地面积给予补助。④信贷担保政策。信贷担保政策被银行用于支持太阳能产业项目。

通过美国对三类新能源补贴政策的比较可知，税收优惠是联邦政府应用得最为广泛的政策，减税或者免税的对象涉及发电商、新能源设备制造商等；购买补贴与信贷政策居其次。较之于巴西，美国的补贴模式、补贴对象相对多元化。

（三）德国

德国对于新能源产业的补贴支持政策大体包括 3 种：①税收减免政策。例如，对于生物柴油生产的企业，全额免除税收；给予企业商用光伏系统增值税 17%的减免；从事光伏系统生产或设备制造的企业，按照投资额的一定比率给予税收抵免。②信贷优惠政策。德国开发银行是信贷优惠政策的主要实施者之一。该银行曾制订“太阳能发电”计划，对于私人投资者给予一定额度的信贷额度；在另一个“ERP 系统环境和节能项目”①中，信贷受惠的对象是中小型企业，贷款额度最高为投资总额的 50%。在“环境规划”项目中，给予商业投资者的贷款最高值为 1000 万欧元，贷款额度占投资总额比重达到 75%。此外，德国还对居民购买太阳能发电设备进行贷款贴息，在一定程度上促进了新能源设备制造业的消费。③电力收购的补贴政策。德国电力收购的补贴政策以 2016 年为拐点，历经了两个阶段。2016 年以前，德国规定电网运营商必须优先并以较高的指定价格收购利用可再生能源所发绿色电力，这种固定补贴的方式加重了德国政府的财政负担；因此，2014 年通过的《可再生能源法修正案》将电力收购与市场竞价机制相结合，即由新能源发电企业竞价，出价低者获得入网补贴。竞价机制的引入降低了企业的成本，有助于解决新能源企业的投资过热问题。不过，这种竞价政策对于家庭自用型太阳能光伏发电系统并不适用，对其依然采取的是固定补贴政策。

（四）英国

英国对新能源产业的补贴政策支持以海上风电和生物质能为突出代表。针对海上风电，英国政府极为重视研发补贴：设立专项资金，鼓励政府部门对可再生能源的开发、利用，进行研究和规划，并提供基金，鼓励产业界、大学开展发展低碳经济的战略研讨；海上风电场建设对技术的要求比陆地风电场可能更为严格，

---

① ERP 指企业资源计划（enterprise resource planning）。

也会影响海洋生态环境，英国政府为支持前者，曾提供1.18亿英镑的投资补贴。对海上风电的项目建设环节，除了投资补贴，还实施了以绿色投资银行为支撑的信贷优惠政策；当风电进入制造环节，英国政府推行了免税政策，免征气候变化税，大大减少了企业的生产成本。针对生物质能，英国的补贴政策着眼于全产业链。首先，给予创新技术的研发以资助，补贴金额达到了研发费用的70%。其次，利用矿物燃料的发电税反哺生物质能，提高后者的发电量；发电税的税率因地区和时期有所差异。最后，实施新能源电价补贴。新能源电力运营商在通过竞争获得合同的情况下，会获得奖励补贴，运营商在奖励补贴的基础上出售电力，显然最终电力销售的价格取决于竞争结果与技术水平。

（五）丹麦

丹麦对风电发展的补贴政策涉及研发环节、制造环节与发电环节3个产业链环节，如图3.3所示。在研发环节，为风电机技术研究及生物质能私营企业提供低息贷款。在制造环节，丹麦给予生物质能生产企业低于市场利率50%的投资补贴，年度补贴额度为400万欧元。对风机的直接补贴则强调了国产化和大容量化两个阶段，其中国产化出现在20世纪70年代末，丹麦政府规定对安装使用丹麦认证的风机，提供30%的补贴；大容量化是指以大容量风机替代小型风机，政府提供20%～40%的补贴。与此同时，针对风能项目的开发，丹麦还提供了长期融资和担保贷款优惠政策。在新能源发电环节、消费环节，采取的是高价收购电力和免税政策。前者是在合理制定新能源上网电价的基础上，要求电网企业全额收购电力；后者是风能发展处于幼稚期的产物，在这一环节，对风机发电获得的收入免征税收。

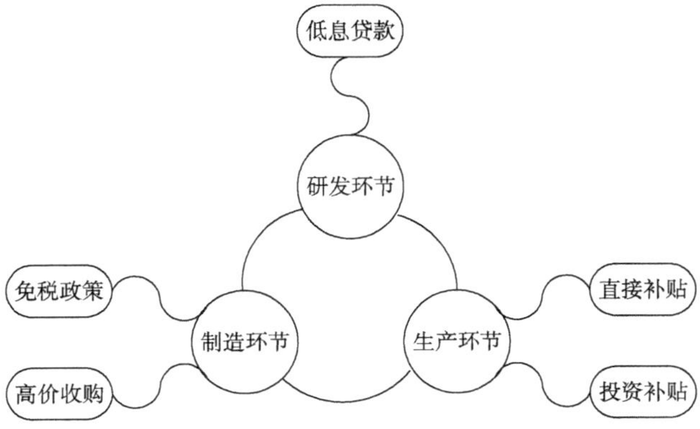

图3.3　丹麦的新能源补贴政策特征

（六）印度

印度对新能源产业的补贴政策涉及低息贷款、税费减免、发电量补贴、投资补贴，其中低息贷款主要提供给新能源投资公司，给相关项目融资；生物质能和风电产业是低息贷款的主要受益方。印度政府曾制订发电量的规划，即 2008～2012 年为实现增加 15 000 兆瓦的可再生能源发电量目标，印度拟投资 150 亿元。基于此印度拟依据发电量提供补贴。针对联网的新能源发电，如风电、太阳能发电及水电，印度也给予一定补贴额。印度对新能源产业的税费减免政策较有特色，因考虑到新能源设备制造过程中研发的重要性及设备产成品的出口，印度的补贴政策在这两个环节均有涉及。例如，免去 10 种风电设备专用部件的进口关税；减免风机制造 25%的特殊税收；减免风电销售的前 5 年税收。通过联合建立“风能工业园”的形式，实现风机安装维修、电力并网等费用的分摊。除此之外，生物质能的税收优惠政策类别较多，除了所得税抵免，还包括关税优惠、免交增值税等。对于投资补贴的重要对象之一的生物质能企业，依据相关规定，印度政府提供 10%～15%的生物质能装备投资补贴。

（七）日本

基于煤炭、石油等不可再生能源的匮乏，并受一次石油危机的影响，自 20 世纪 70 年代起，日本制定了“阳光计划”、《关于促进新能源利用等特别措施法》、《资源有效利用促进法》，还实施了《电力设施利用新能源的特别措施法》“新阳光计划”《新能源发展大纲》等，对新能源开发与利用的战略规划与措施不断调整并完善，相关补贴政策包括：①现金奖励政策。现金奖励型补贴资金用于新能源公司，支持其开发与利用新能源。②财政直接补贴政策。大规模开发废弃物发电、风电、太阳能发电等或者宣传新能源的机构，其事业费和推广费的 50%由政府予以补贴；符合新能源法认定标准的新能源推广项目，由政府补贴其事业费的 1/3；向新能源的研发、消费者或者应用主体提供财政补贴，如住宅光伏补贴政策、非住宅光伏补贴政策、光伏新技术实验区补贴政策等。③信贷优惠政策。信贷优惠政策的对象包括新能源企业和安装太阳能系统的用户。符合条件的新能源企业可以享受激励性政策银行等金融机构推出的衍生品；新能源企业的外向国际化项目，可以享受优惠信贷利率；给予使月太阳能系统的用户以低利率的中长期贷款。④税收优惠政策。对于新能源的发展，日本的课税体现了程度轻、非直接、过程倾斜三个特点，税收是间接性的，且看重的是过程中的优惠，而不是结果的优惠。⑤固定价格收购电力政策。中央设定统一的固定价格，由电力公司负责收购电力。

二、补贴政策的国际比较

进一步对七个国家的新能源设备制造业补贴政策比较（表 3.9），总结出六点结论。

表 3.9 典型国家补贴政策的比较

国家	政策关切的新能源品种	政策重点
巴西	生物质能	融资政策、信贷优惠政策、差异化税率或减税政策
美国	风能、太阳能、生物质能	信贷优惠政策、税收减免政策、发电补贴政策
德国	风能、太阳能、生物质能	信贷优惠政策、税收减免政策、电力收购政策
英国	风能（海上风电）、生物质能	信贷优惠政策、研发直接补贴政策、税收减免政策、化石燃料征税反哺政策、电力销售补贴政策
丹麦	风能（海上风电）、生物质能	信贷优惠政策、设备购买直接补贴政策、免税政策、电力收购政策
印度	风能、太阳能、生物质能	信贷优惠政策、设备进口关税的优惠政策、风电销售税收政策、所得税抵免政策、投资直接补贴政策
日本	太阳能	信贷优惠政策、现金奖励政策、给研发消费和应用主体提供的直接补贴政策、税收优惠政策

（1）补贴的新能源品种与力度很大程度上依赖于资源禀赋。英国、丹麦、美国、德国、印度的风能资源丰富，以上五个国家均出台了补贴政策大力支持风能产业。巴西盛产甘蔗，具备提炼乙醇的优势资源，巴西的新能源补贴政策中，相当一部分针对生物质能。日本的石油、煤炭、天然气储量少，不可再生能源对外依存度达到 80%，但是太阳能资源较为充裕，日本的新能源补贴政策相当一部分围绕太阳能而制定。

（2）研发补贴凸显了新能源设备制造环节的重要性。例如，美国针对生物质能发展，加大研发补贴；英国对新能源的创新技术给以高额研发资助；印度提供信贷优惠给新能源投资公司，并给生物质能提供装备投资补贴；日本的财政直接补贴提供的对象之一是研发者及符合新能源法认定标准的推广项目。研发补贴的主要目标不仅包括提高技术创新能力，也包括实现新能源设备制造的国产化和大容量化。

（3）信贷优惠政策、减免税政策应用较为广泛的两类间接补贴模式。七个典型国家均采用了信贷优惠政策，差别在于信贷的对象。日本信贷优惠对象是新能源企业、用户及海外投资项目，印度为新能源投资公司，丹麦的信贷对象是风电研发者，英国的信贷对象为新能源生产企业，德国将信贷对象分为中小型企业、私人投资者等几种类型，美国的信贷对象包括可再生能源设备和太阳能产业项目等，巴西信贷的对象是生物质能原料种植户。很明显，通过与上述国家的比较发现，我国在信贷优惠政策上有待进一步加强。减税涉及的范围较广，包括装机税（美国）、发电投资收入税收（美国）、新能源生产企业（德国、英国、丹麦、日本）、设备进口（印度）等。

（4）补贴用于新能源设备的引进来-走出去是少数典型国家的政策特征。例如，印度对 10 种风电、太阳能设备专用部件实施进口关税优惠政策；对生物质能实行关税优惠政策；加入国际金融机构以期获得信贷优惠；日本的新能源海外投资项目，享受信贷优惠利率。

（5）合理设计补贴额度和补贴对象的动态调整政策。大规模的补贴加剧了政府的财政负担，正如前所述，德国将补贴竞价机制引入电力收购，市场化机制有效地降低了政府的补贴额度，提高了补贴效率。考虑到发电成本，日本近几年将扭转重太阳能和核能、轻其他类型能源的现状，将补贴政策转向地热与风能。

（6）发电售电的补贴政策可以多元化。典型国家的实践表明，发电售电的补贴政策可以多元化，既可通过直接补贴的方式，如美国、丹麦和日本；也可以采取间接补贴的模式，如德国、英国、印度。其中德国与英国均是将发电售电的补贴与竞价机制结合，而印度则引入免税政策。

分类别探讨典型国家的新能源补贴政策，以期对中国新能源补贴政策的重新调整起到借鉴作用。通过风能政策的国际比较可知（表 3.10），典型国家较为看重风电设备的技术与维修等，由此制定直接补贴、税收减免、低息贷款、电力购买政策，个别国家如印度关注进口设备的关税和风机维修费用的分摊。由于中国在风电产业的一些领域关键技术仍然较为滞后，印度的做法对于我国风能设备制造业补贴政策的调整有一定启示性。

表 3.10　典型国家风能政策对比

国家	政策重点
美国	装机税减免政策；电机组投资的减免财产税和销售税政策；新能源设备低成本融资政策；电力购买政策
德国	研发补贴；风能设备系统折旧的税收减免；电价补贴由固定向竞争机制转变
英国	投资补贴政策：设立专项资金的技术研发投资和补贴政策；免征气候变化税政策；金融支持政策
丹麦	实行“风电机担保项目”；设备低息贷款政策；风机的直接补贴政策；融资与高价收购电力政策
印度	发电量补贴政策；进口关税减免政策；风电销售减免税收政策；风机维修费用的分摊政策

生物质能补贴政策略异于风能。虽然同风能类似，各典型国家比较注重投资补贴、信贷优惠与低税率政策，但有所区别的是，生物质能补贴政策较少涉及发

电环节（表 3.11）。这可能是由于生物质可以转化的产品不仅包括电力，也包括车用燃料、沼气等，其产品的多样化决定了下游的补贴目标可能是拉动新能源汽车、沼气等产品的消费等，不仅限于售电。

表 3.11　典型国家生物质能政策对比

国家	政策重点
美国	加大研发投入；提供产出补贴；政府采购措施；直接减税政策；抵免企业所得税
德国	抵免企业所得税
英国	提供产出补贴；销售补贴政策
丹麦	投资补贴计划；提供低息贷款；可再生能源配额制度
印度	提供低息贷款；投资补贴政策；税收优惠政策
巴西	融资与信贷政策；实行低税率政策；推广灵活燃料汽车

发达国家的太阳能补贴政策与风能、生物质能有着很大程度的类似性。不同于发达国家，印度对太阳能进口原材料和设备的引进尤为关切，且注重通过国际市场获得低利率融资（表 3.12）。给予中国的启示是为提升太阳能部件及部分设备的技术水平，减少大规模开发的成本，建立良好的国际合作机制或许是必要的。两个发展中国家巴西和印度，在发展新能源设备制造业的过程中，比中国更加强调市场化的信贷、税收等间接补贴政策。

表 3.12　典型国家太阳能政策对比

国家	政策重点
美国	太阳能光伏发电投资税抵免政策；家庭能源效率改善抵税政策；津贴补助政策
德国	FIT 政策，也称“再生能源电力强制收购电价政策”；税收减免政策；信贷优惠政策
日本	现金奖励政策；新能源的研发者、消费者或者应用主体提供的财政补贴政策；针对用户、新能源企业和国际化项目的信贷优惠政策；新能源开发的税收优惠政策；实行了太阳能剩余电力回收政策
印度	通过加入国际金融机构获得信贷优惠利率；投资固定资产的优惠政策；免除销售税政策；进口原材料和设备的信贷优惠与关税减免政策；太阳能项目开发的适应性补偿基金政策

注：FIT（feed-in-tariff）

将补贴模式按照两种不同的标准分为直接补贴与间接补贴、创新型补贴与非创新型补贴，对比典型国家政策，研究发现尽管多数国家的直接补贴模式侧重于研发阶段，或者电力收购，而在生产阶段则是间接补贴模式居多；相对于创新型补贴模式，涉及非创新型补贴政策的文本更多；在我国曾采用的现金奖励模式，以上典型国家极少采用（日本除外）。

第四节 补贴政策实施的效果评价

为促进可再生能源产业的发展，世界各国政府纷纷出台相应的优惠政策与补贴计划，但学术界关于政府对企业的研发补贴是否合理一直存在争议。大多数学者肯定了政府补贴对企业创新的正面作用，因为政府补贴能够减少企业的研发成本，降低企业的研发风险，从而支持企业的研发活动。Leyden 和 Link（1991）与 Wallsten（2000）、Clausen（2009）分别考察了美国、刚果、德国等国家政府补贴对企业研发投入的影响，计算结果均证实政府补贴能够促使企业增加研发投入，提高创新能力。Almus 和 Czarnitzki（2003）对比分析取得补贴与没有取得补贴的上市公司之间创新投入的差异，发现获得补贴的企业创新能力提升显著。Clausen（2009）发现政府对企业的研发补助能够有效刺激企业的研发投入，这一结论得到了 Montmartin（2013）、Dumont 等（2016）及 Louhivuori（2013）的分析结论支持。朱平芳和徐伟民（2003）以上海大中型工业企业为样本，计量检验表明政府的科技拨款与税收优惠都有利于提高企业的研发投入，而且两者相互补充。童光荣和高杰（2004）强调企业的研发支出不仅与当期补贴的关系显著，也受到上期政府补贴的影响，这一结论凸显了补贴对技术创新存在时滞性。刘德胜和张玉明（2010）、王一卉（2013）、顾群（2015）也得到类似结论。杨洋等（2015）对国有、民营企业政府补贴与技术创新的关系进行了比较研究，研究表明政府补贴对民营企业创新绩效的促进作用比前者更大。陈明明等（2016）以工业企业为例，发现政府补贴能有效激发企业的技术创新能力，提高企业创新供给，尤其是对技术含量高、创造性投入大的资本技术密集型企业而言。

部分学者认为，政府的研发补贴会扭曲企业的创新激励，降低企业的创新能力。正如 Lichtenberg（1987）、Busom（2000）、David 等（2000）所强调的：政府补贴的“挤出效应”促使企业减少了自身的研发投入。Impullitti（2010）则以美国上市公司为研究对象，发现政府补贴抑制了企业的创新绩效。虽然研究国别、企业类型不同，赵中华和鞠晓峰（2013）、吴剑峰和杨震宁（2014）的分析结果同样揭示政府补贴对于促进创新研发的激励作用有限。

区别于以上学者，武咸云等（2016）利用固定效应面板模型，研究发现政府补贴存在一个临界点，低于此点的补贴强度可以诱导企业研发投入，高于此点的补贴强度则会挤出企业研发投入。这一结果验证了政府补贴与企业研发投入之间并不是线性的关系。

典型国家的新能源设备制造业在补贴政策及规制、信息支持等支持下，产业得到较快的发展，而补贴政策最直接的影响可能是技术创新能力和装机容量，由此在补贴政策实施的效果上分为这两个部分评价。

一、对关键设备技术创新的影响

补贴政策实施后，风能设备制造业的技术创新能力得到很大程度的提升。以美国为例，现阶段美国新增机组的风轮直径、平均轮毂的高度较以往大幅增加，新增的风机单机容量高出 2010～2014 年平均值的 11%；在叶轮、叶片、变桨距系统、塔架和传动装置、风力涡轮机等关键设备上专利申请量高于其他部件。技术创新能力提升的另一个实例是巴西。经过巴西的政策支持，该国在生物质能设备制造方面取得长足进步，包括生物燃料颗粒锅炉、沼气装备、气化炉等，有效缓解了固体燃料燃烧释放的碱金属而带来的腐蚀问题。又如太阳能发电技术，日本在逆变器方面技术进步明显，转化率达到 96%，要高于中国；德国的（铜铟镓硒）薄膜太阳能电池技术处于世界发展前沿，转换效率达到了 22.6%。印度的太阳能光电照明技术、光电水泵系统、太阳能电存储装备系统也进步明显。总体来看，发达国家在黑硅技术、N 型技术等所需的关键设备上取得明显优势。

二、对新能源设备装机容量（或产量）的影响

补贴政策的实施，有效地提高了新能源设备装机容量（或新能源产量）。统计数据显示（表 3.13），典型国家中的德国、英国、丹麦三个欧洲国家，2015 年累计装机容量分别为 44 941 兆瓦、13 809 兆瓦、5064 兆瓦，2016 年上升至 50 018 兆瓦、14 543 兆瓦、5228 兆瓦；发展中大国印度，2015 年与 2016 年两个年份累计装机容量为 25 088 兆瓦与 28 700 兆瓦，2016 年装机容量有了很大程度的提升。

表 3.13 2015 年、2016 年典型国家风电装机容量对比（单位：兆瓦）

国家	2015 年累计	2016 年新增	2016 年累计
中国	145 362	23 328	168 690
印度	25 088	3 612	28 700
美国	73 991	8 193	82 184

续表

国家	2015年累计	2016年新增	2016年累计
德国	44 941	5 077	50 018
英国	13 809	734	14 543
丹麦	5 064	164	5 228

如表3.13所示，中国的风电无论是累计还是新增装机容量，都高于表格中其他国家。从风机装机容量增长率来看，中国同样最大，达到16.05%；其次是印度和德国。尽管美国的装机容量绝对值位居表格中第二位，但增长率要低于德国。

2005～2016年，一些世界主要能源生产消费国的生物燃料产量持续增加，其推动力之一是补贴政策。2017年《BP世界能源统计年鉴》揭示，2005～2016年美国的生物燃料产量增长率为15.2%，巴西、中国、印度、德国、英国分别为8.4%、14.6%、12.7%、7.2%、22.4%。英国的生物燃料产量增长率位居第一位，其次是美国和中国；但是绝对量来看，中国的生物燃料产量远远小于美国（0.357 79亿吨油当量）和巴西（0.185 52亿吨油当量）。

第五节　结　语

通过对我国新能源设备制造业的补贴政策缘起和演变分析，明确较之于生物质能，风能、太阳能两类设备制造业的发展除存在起步阶段、快速发展两个共同的阶段外，还存在规制阶段；补贴政策也由最初重视财政直接补贴一种模式而转向多种激励方式。在此基础上采用内容分析法，从基本政策工具、企业价值链两个维度进一步挖掘我国风能、太阳能设备制造业的补贴政策特点。将补贴模式分为直接补贴与间接补贴政策、创新型补贴与非创新型补贴政策，对比政策的差异性，并对补贴政策实施的效果初步给予评判。研究结果表明：①从基本政策工具角度来看，风能设备制造业的财政补贴政策所占比重与税收优惠、现金奖励政策相等，但少于价格政策，表明整体而言，风能设备制造业对间接性的补贴政策比直接性的补贴政策更为重视，而间接补贴政策中，政府对价格政策尤为关注。不同于前者，从单项政策来看，太阳能设备制造业财政补贴政策数量所占比重要远多于税收优惠政策、现金奖励政策，数量位居第二位的是价格政策。与风能设备制造业类似，信贷政策未能在太阳能设备制造业中得到广泛应用。②从企业价值链维度来看，风能设备制造业的补贴政策集中于制造与发电环节，它们的数量要高于消费环节的政策；针对研发与全过程环节的补贴政策数量偏少。说明风能设备制造业的基本政策工具偏向于生产制造和下游阶段，上游阶段的政策亟待完善。太阳能设备制造业补贴政策数量在价值链上的排序依次是发电、研发、消费、制造全过程，显然，太阳能设备制造业同样给予发电环节的补贴政策以充分重视。虽然两类新能源设备制造业非创新型补贴政策数量均高于创新型补贴政策，但相对而言，太阳能设备制造业的技术创新问题已得到政府关注，这可能与产能过剩有一定的关联。

通过比较典型国家新能源设备制造业的补贴政策，不难发现，发达国家制定的补贴政策比较多元化，政策也凸显出对风能设备制造业、太阳能设备制造业的技术创新支撑程度。较之于发达国家新能源设备制造业下游产品，我国虽然出台了部分产成品消费政策，但总体来看，消费端对整个产业的带动力不足。此外，典型国家信贷优惠、减免税政策两类间接补贴模式应用广泛；一些市场化的补贴机制用于新能源设备制造业的引进来-走出去；发电补贴政策不仅包括直接补贴，还包括价格补贴、市场竞价机制的引入等间接补贴方式。

第四章　新能源设备制造业补贴的适度规模测度

政府补贴是一把双刃剑：补贴资金少，则对新能源设备制造业的扶持作用有限，不能有效提升其竞争力；而补贴资金过量则可能在需求受限的情况下，导致产能过剩。我国近些年出台的《风力发电设备产业化专项资金管理暂行办法》（2008年）、《太阳能光电建筑应用财政补助资金管理暂行办法》（2009年）、《关于做好金太阳示范工程实施工作的通知》（2009年）、《关于完善光伏发电价格政策通知》（2013年）等，对生物质能设备制造业、风能设备制造业、太阳能设备制造业给予补贴，企业层面相当一部分新能源设备制造企业如有研半导体材料股份有限公司、力诺电力集团股份有限公司、洛阳轴研科技股份有限公司等获得了中央与地方两级政府的补贴。这些补贴的额度是否合理？对于新能源设备制造企业而言，合理的补贴规模是否存在行业之间的差异性？为解决以上问题，本书将采用门槛回归模型，内生地将样本分为多个区间，并估计各个区间内政府补贴与产能过剩之间的关系，进而确定最优补贴规模。

针对政府补贴的规模，Lin和Jiang（2011）对中国2007年的终端能源价格补贴进行价差估算，结果显示清洁能源获得的政府补贴规模过小。除了价差法，终端消费者的可再生能源配额方法、消费侧补贴法均可用于补贴规模测度，不过以上两种方法关注的并不是可再生能源消费品种，而是最终能源消费者所获得的补贴金额（Batlle，2011；Lesser，2013）。较之于传统的火力发电，中国风力发电技术竞争力较弱，基于此，Zhang等（2014）运用可再生能源发电整合规划模型估算风能和太阳能的潜在补贴额度。针对政府补贴效应，大量的研究围绕补贴与福利损失（Louhivuori V J，2012）的关系，研发补贴对成本（Koseoglu et al.，2013）、产业竞争力（孙鹏和聂普焱，2013）、企业科研投入（汪秋明等，2014）等的影响而展开。直接分析政府补贴产能效应的文献相对匮乏，有限的研究探讨了政府补贴对能源供给的影响，间接地论证政府补贴与产能过剩之间的关系。例如，

Macintosh 和 Wilkinson（2011）以澳大利亚的政府项目为例，指出补贴促使光伏产业增长超过六倍。与 Macintosh 和 Wilkinson 的研究观点相反，Briggs 和 Kleit（2013）针对电力市场的研究表明，政府补贴减少了能源供给。基于历史演变的视角，Shen 和 Luo（2015）剖析了中国可再生能源补贴政策，发现补贴对不同品种的能源供给影响存在差异性。补贴扩大了太阳能与风能发电的规模，对生物质发电及未开发的资源影响却不显著。以伊朗的分布式发电区域作为研究对象，Shahverdi 等（2014）的研究揭示，补贴的减少会对分布式发电运营与投资产生影响。显然，由当前的文献来看，政府补贴对于能源供给的影响是不确定的。

在学术层面，政府补贴与产能过剩的相关性研究已引起部分学者的关注。王立国等（2011）的研究表明，尽管中国风电设备、光伏产品暂时未出现行业性的产能过剩，但两大行业已经存在低端产能过度进入问题，因此，未来仍然面临行业性产能过剩的风险。需要指出的是，王立国针对两大行业的调研分析时间段为2005～2010 年，尚未考虑 2011 年以后的产能状况，其分析结论具有一定的局限性。史丹（2012）将新能源产能过剩的原因归结于国际市场萎缩、产业发展与市场培育不协调、生产力发展与制度建设不协调等，提出补贴是治理产能过剩的重要措施。显然，史丹的研究尚有两点值得商榷：①对产能过剩的判定基于光伏产业是否存在出口与价格下滑，以及风电行业是否存在弃风现象，并未采用客观的指标加以研判；②未能考虑政府在研发、生产阶段的补贴这一重要的产能过剩驱动因素。不同于史丹的研究，韩秀云（2012）和 Wang 等（2014）均认为政府的介入是产能过剩或者增长的影响因素。例如，韩秀云（2012）指出，除了国外需求与新能源价格，地方政府在政绩驱动下的过度投资对于产能过剩的影响也不可忽视。针对中国光伏产业的发展，Wang 等（2014）的研究表明，政府支持与行业利润空间、准入门槛等均推进了产能增长。虽然并没有以新能源产业作为特定的研究对象，杨振（2013）与陈剩勇和孙仕祺（2013）的分析结果显示：政府干预造成了中国式产能过剩，补贴是政府干预产业的一种重要形式，因而杨振等间接地论证了政府补贴对产能过剩的影响。在描述风力发电的装机容量和电力生产之间的不匹配现象基础上，Koseoglu 等（2013）对比分析了中国、美国、德国与西班牙产能利用率的动态变化及其驱动因素，指出电网连接的限制与缺乏整合的市场激励导致产能利用率的下降。

少数学者并未关注中国的新能源设备制造业产能过剩问题，其得到的因素相应地也与以上研究略有差异。Boccard（2009）分析了欧洲风电行业的产能因子，强调风速、风电产业行为、政府介入及融资模式等产能影响因素，同样赞成风速是产能驱动力的还有 Chang 等（2014）；Flora 等（2014）采用面板数据模型分析了 18 个欧洲国家 1998～2011 年风能闲置产能，认为提高技术效率、激励额外风能产能的政策措施对风能产能闲置会产生影响。

综上所述，当前针对新能源设备制造业产能过剩影响因素的研究侧重于定性分析，鲜有文献对政府补贴与产能过剩的关系展开实证研究。

第一节 研究设计

一、变量选择与模型设定

首先对研究样本进行遴选，将主营业务为太阳能与风能设备制造业上市公司纳入考察范围。为保证门槛效应估计的有效性，剔除了年度不全数据与非平衡面板的数据，最终的样本企业数量两个行业各为 21 家。另考虑到公司年报于 2009 年起出现补贴明细，本章也将研究的起始时间延至 2009 年，以期得到更为显性的研究成果。实证研究数据来源于国泰安数据库，采用 Stata 计量软件来实现。

在借鉴国内外相关文献的基础上，初步构建了如下的计量方程：

$$\mathrm{CU}_{it} = \alpha_0 + \alpha_1 \mathrm{Subsidy}_{it} + \alpha_2 \mathrm{Wage}_{it} + \alpha_3 \mathrm{Asset}_{it} + \alpha_4 \mathrm{Increase}_{it} + \alpha_5 \mathrm{Demand}_{it} + \varepsilon_{it} \tag{4.1}$$

（1）被解释变量。目前国内外的文献研究中缺乏产能过剩的直接测度指标。有限的文献如 Boccard（2009）指出，新能源的社会价值即是年度产出，年度产出通常表现为安装容量，由此来看，产能因素可以被视为测度产能过剩的指标之一。不过一个为多数学者接受的间接测度指标是产能利用率（capacity utilization）CU_{it}，指的是可用生产能力中被利用的比例（Morrison，1985），该指标在耿强等（2011）、钟春平和潘黎（2014）的研究中均有所体现。尽管 Morrison 并不是以新能源为研究对象，但对于产能利用率的定义仍然具有一定的普适性。该指标的优点在于对市场需求的反映较为灵敏。本节借鉴周劲和付保宗（2011）的研究，采用固定资产净值产出率来代替产能利用率进行测度。

（2）解释变量。政府补贴（Subsidy）为企业年报营业外收入中的政府补贴总额，用以反映政府补贴的强度；工资（Wage）用企业年报中应付职工薪酬一栏中的工资、奖金、津贴与补贴的金额，用以衡量企业劳动力水平。企业的工资水平越低，表明劳动力成本越低，企业可能雇用更多的劳动力用于生产，越有可能产生产能过剩；资产总计（Asset）用企业年报合并资产负债表中的期末余额一栏的金额来测算，用以衡量可再生能源上市公司对外投资的规模。投资规模越大，则产能越可能有过剩风险；所在地区的第二产业增长率（Increase），用企业所在城市当年的第二产业产值的增长幅度与上一年度的比值来测度。第二产业的增长率在一定程度上可以测度地区宏观经济的波动程度。鉴于产能过剩可能受区域宏观经济影响波动较大，采用这一指标测度是合适的。市场需求（Demand）以所在城市的 GDP 值测度，一般而言，GDP 总量越高，表明当地的市场需求越有潜力，对于过剩产能的消化能力越强。

二、描述性统计分析

太阳能设备制造企业与风能设备制造企业的政府补贴与产能利用率的描述性统计如图 4.1 和图 4.2 所示。从政府补贴来看，风能设备制造企业历年获得的补贴显著高于太阳能设备制造企业。2009 年风能设备制造企业补贴均值为 0.538 亿元，2010 年和 2011 年政府补贴大幅攀升，经历 2012 年下跌后又升至 1.02 亿元。与风能设备制造企业补贴走势相同，太阳能设备制造企业 2009 年政府补贴均值为 0.282 亿元，2011 年政府补贴升至 0.448 亿元；2012 年出现小幅下跌，之后大幅增至 0.577 亿元。较之于政府补贴，两类设备制造企业的产能利用率走势存在一定的差异。风能设备制造企业的产能利用率呈现下跌态势，由 2009 年的 3.30%下降至 2013 年的 2.20%；而太阳能设备制造企业的产能利用率则无明显特征：2009 年产能利用率为 4.62%，2011 年增至 5.20%，2012 年跌幅明显，之后略有回弹。

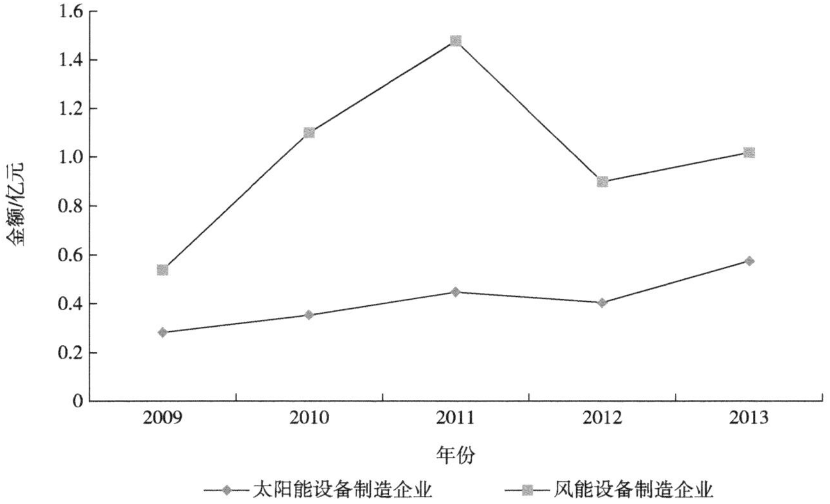

图 4.1　两类新能源设备制造企业的政府补贴金额

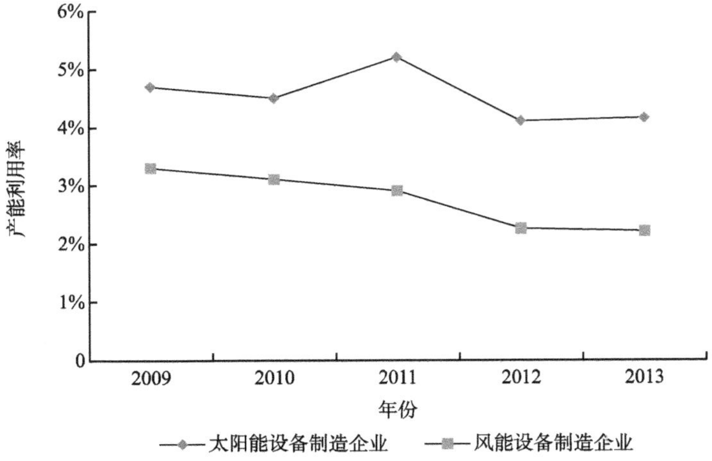

图 4.2　两类新能源设备制造企业的产能利用率

由图 4.1 和图 4.2，风能设备制造企业的补贴显著高于太阳能设备制造企业，而产能利用率低于后者。进一步地，对两个变量进行 t 检验，以验证是否需要比较分析政府补贴对两类企业产能过剩的影响。检验结果显示，政府补贴与产能利用率两个变量检验的 t 值分别为 3.3758 与 2.9107，p 值分别为 0.0248 与 0.0041，小于 5%的显著性水平，表明太阳能与风能设备制造企业政府补贴、产能利用率两个变量存在显著差异，有必要对政府补贴的门槛效应展开比较研究。

第二节　补贴对产能利用率的门槛效应

一、门槛回归模型的构建

考虑到政府补贴与产能利用率之间可能并不是简单的线性关系，存在政府补贴强度的最佳区间。因此，本节采用汉森发展的门槛回归模型，内生地将样本分为多个区间，并估计各个区间内财政补贴与企业研发投入之间的关系。建立如下计量方程：

$$\mathrm{CU}_{it} = \mu_i + \alpha_1 \mathrm{Subsidy}_{it} \cdot I(\mathrm{Subsidy} \leqslant \tau) + \alpha_2 \mathrm{Subsidy}_{it} \cdot I(\mathrm{Subsidy} > \tau) + \theta X_{it} + \varepsilon_{it} \tag{4.2}$$

式中，i 为企业；t 为年份，被解释变量CU为产能利用率；Subsidy为门槛变量；τ 为门槛值。门槛变量Subsidy的作用是将样本划分为不同的组（内生分组），然后以门槛变量为体制（regime）改变转折点，模型中不同体制就是通过门槛变量大于或小于某一门槛值来表示。$I(\cdot)$ 为指示函数，即对于 $\text{Subsidy} \leqslant \tau$，$\tau = 1$，$X$ 为控制变量的集合，包括工资（Wage）、资产总计（Asset）、所在地区的第二产业增长率（Increase）、市场需求（Demand），这些变量与计量方程（4.1）相同。式（4.2）的设定方式，假定门槛模型只存在一个门槛值，而事实上可能存在多个门槛，多门槛下的模型设定方式与单门槛情况类似。

将每个观测值减去组内平均值以消除个体效应，如 $\text{CU}_{it}^{*} = \text{CU}_{it} - \frac{1}{T}\sum_{i=1}^{T}\text{CU}_{it}$，进而得到如下计量方程［式（4.3）］：

$$\text{CU}_{it}^{*} = \mu_i + \alpha_1 \text{Subsidy}_{it}^{*} \cdot I(\text{Subsidy} \leqslant \tau) + \alpha_2 \text{Subsidy}_{it}^{*} \cdot I(\text{Subsidy} > \tau) + \theta X_{it}^{*} + \varepsilon_{it}^{*} \tag{4.3}$$

进一步将式（4.3）简化为矩阵格式：

$$\text{CU}^{*} = X^{*}(\tau) + \varepsilon^{*} \tag{4.4}$$

给定任意的 τ，系数的最小二乘估计量（$\hat{\alpha}$）为

$$\hat{\alpha} = \left[X^{*}(\tau)^{\text{T}} X^{*}(\tau)\right]^{-1} X^{*}(\tau)^{\text{T}} \cdot \text{CU}^{*} \tag{4.5}$$

相应地，回归方程的残差平方和为

$$\text{SSE}_1(\tau) = \hat{\varepsilon}^{*}(\tau)^{\text{T}} \hat{\varepsilon}^{*}(\tau) = \text{CU}^{*\text{T}} \cdot \left\{I - \text{CU}^{*}(\tau)^{\text{T}} \left[X^{*}(\tau)^{\text{T}} X^{*}(\tau)\right]^{-1} \left[X^{*}(\tau)^{\text{T}}\right]\right\} \cdot \text{CU}^{*} \tag{4.6}$$

门槛值的估计量为

$$\hat{\tau} = \text{argmin}\text{SSE}_1(\tau) \tag{4.7}$$

$$\hat{\sigma}^2(\hat{\tau}) = \frac{1}{n(T-1)} \hat{e}^{*\text{T}}(\hat{T}) \hat{e}^{*}(\hat{T}) = \frac{1}{n(T-1)} \text{SSE}_1(\tau) \tag{4.8}$$

至此，可以得到所有待估参数的估计量。门槛回归模型方法的合理性，必须依赖于两个检验：第一个是门槛效应的显著性检验，即检验以门槛值划分的两组样本其模型估计参数是否显著不同；第二个是检验门槛的估计值是否等于真实值。门槛效应存在性检验的零假设（H_0）为 $\alpha_1 = \alpha_2$；备择假设（H_1）为 $\alpha_1 \neq \alpha_2$。由此构建如下统计量：

$$F_1 = \frac{\text{SSE}_0 - \text{SSE}_1(\hat{\tau})}{\hat{\sigma}^2} \tag{4.9}$$

式中，SSE_0 为门槛效应存在性检验零假设条件下，门槛模型估计得到的残差平方和。

然而对式（4.9）进行统计检验有一个严重阻碍，就是在零假设下 $\hat{\tau}$ 无法识别，这将造成传统的检验统计量的大样本分布并非“卡方分布”，而是受到干扰参数影响的“非标准非相似分布”，使得分布的临界值无法通过模拟的方式得到。本节运用汉森发展的“自助抽样法”获得了 F 统计量的渐进分布，得到拒绝零假设的概率值。

检验门槛的估计值是否等于真实值的零假设（H_0）是：$\hat{\tau}=\tau_0$；构建的似然比统计量为

$$LR_1(\tau)=\frac{SSE_1(\tau)-SSE_1(\hat{\tau})}{\hat{\sigma}^2} \tag{4.10}$$

同理，LR 的统计量的分布也是非标准的，在满足一定假定条件的情况下，其渐进分布满足 $c(\alpha)=-2\ln\left(1-\sqrt{1-\alpha}\right)$ 的时候，就能够拒绝零假设，从而得到门槛的估计值的置信区间。

二、门槛检验

如前所述，在运用门槛回归模型之前，必须要对门槛效应的存在性进行显著性检验，以便识别方法的使用是否合理，并进一步确定门槛的个数及模型的具体形式。通过使用汉森发展的“自抽样”（Bootstrap）法，获得式（4.9）中的 F 统计量的渐进分布，并计算出接受原假设的概率值。

表 4.1 的结果表明，政府补贴对两个新能源设备制造企业产能利用率影响呈现复杂的非线性关系。当以太阳能设备制造企业作为样本时，第一门槛、第三门槛效果在 10%的水平上显著；当以风能设备制造企业作为样本时，第一门槛、第三门槛效果分别在 5%、10%的水平上显著，表明也可能存在双重门槛。以门槛变量 Subsidy 取值的 5%分位数作为搜索起点，使残差平方和（SSE）最小时，门槛变量的取值即为门槛值的估计值。接下来对门槛估计值进行真实性检验，结果显示，真实存在一个门槛值，因此选取单门槛回归模型。另从门槛的估计量的置信区间来看，太阳能设备制造企业为[14.59，19.05]，风能设备制造企业则为[13.92，19.98]，门槛估计有效。

表 4.2 的结果表明风能设备制造企业虽然也存在单一的门槛，但是当政府补贴低于 14.7770 时，政府补贴对产能利用率的影响系数为 0.0390，表明政府补贴的作用与太阳能设备制造企业相反，显著促进产能利用；当政府补贴超过门槛值时，影响系数由 0.0390 变为 0.1244，政府补贴对产能利用率的正向作用进一步显著上升。对比风能设备制造企业与太阳能设备制造企业的补贴影响系数发

现，太阳能设备制造企业影响系数的绝对值更大，表明降低产能利用率的作用更为显著。

表 4.1 门槛效应检验结果

门槛检验	太阳能设备制造企业	风能设备制造企业
第一门槛	16.8425* （0.0750） [14.59，19.05]	14.7770** （0.0390） [13.92，19.98]
第二门槛	17.0678 （0.1620） [14.59，19.05]	16.4297 （0.1510） [13.92，19.98]
第三门槛	18.0138* （0.0960） [14.59，19.05]	16.7300* （0.0910） [13.92，19.98]

注：( ) 内为门槛效应存在性检验的概率值；[ ]内为门槛值在 95%置信水平的置信区间

**、*分别表示在 5%、10%的水平上显著

表 4.2 门槛回归模型的估计结果

解释变量	太阳能设备制造企业	风能设备制造企业
门槛值前政府补贴	−0.1601** （−2.2381）	0.0390** （2.0740）
门槛值后政府补贴	−0.1750** （−2.2632）	0.1244*** （2.9929）
工资	−0.1990 （−0.4399）	0.1193* （1.7988）
资产总计	−0.0490 （−0.4399）	−0.3812*** （−2.6552）
第二产业增长率	−0.0287 （−0.4332）	−0.0204 （0.5284）
市场需求	0.3888 （1.3762）	−0.1170 （−0.6784）

注：( ) 内为修正异方差后的 t 统计量

***、**、*分别表示在 1%、5%、10%的水平上显著

剖析政府补贴门槛值附近的设备制造企业数量占各自行业总样本的比重，进而刻画补贴的分布特征。2009～2013 年太阳能设备制造企业政府补贴高于门槛值 16.8425 的设备制造企业比重总体呈现上升态势，由 2009 年的 33.33%升至 2012 年的 61.90%，但是 2013 年又有所下降（表 4.3）。考虑到太阳能设备制造企业获得的政府补贴总体是加剧产能过剩的，而越过门槛值时对产能利用率的负向影响进一步增强，由此可知，相当一部分太阳能设备制造企业所获得的补贴规模有待控制。

表 4.3 2009～2013 年落在各门槛区间的设备制造企业数量占行业样本总数的比重

年份	太阳能设备制造企业（政府补贴门槛值）		风能设备制造企业（政府补贴门槛值）	
	政府补贴<16.8425	政府补贴≥16.8425	政府补贴<14.7770	政府补贴≥14.7770
2009	66.67%	33.33%	14.29%	85.71%
2010	52.38%	47.62%	4.76%	95.24%
2011	42.86%	57.14%	9.52%	90.48%
2012	38.10%	61.90%	9.52%	90.48%
2013	52.38%	47.62%	9.52%	90.48%

风能设备制造企业略区别于太阳能设备制造企业。2009～2013 年前者的政府补贴低于门槛值 14.7770 的公司数量占总样本的比重不超过 15%，政府补贴高于门槛值的公司数量占总样本比重高于 85%。风能设备制造企业的政府补贴对产能利用率的影响是正向的，尤其是补贴高于门槛值时，影响系数更大，因此总体上看，风能企业的政府补贴效果与多数学者的观点相反，即政府补贴不但不是产能过剩的动因，相反可以在一定程度上遏制产能过剩风险。究其原因在于，风能设备制造企业的补贴结构不同于太阳能。结合企业获得补贴的实际，将补贴按照是否属于财政直接补贴分为直接补贴与间接补贴，其中，间接补贴主要指奖金、税收等市场化激励机制；按照补贴的目的则分为创新型补贴与非创新型补贴，前者包括研发、老项目改造、示范项目等旨在推进技术供给与扩散的补贴形式，后者则泛指其他模式。间接补贴与创新型补贴在总补贴中占的份额越高，则有利于市场化激励、提升企业的技术创新能力，进而推进企业产品销售、提高产能利用率。2009～2013 年风能设备制造企业获得的间接补贴在总补贴中所占比重年平均值为 30.72%，创新型补贴所占比重均值则为 18.05%；对比风能设备制造企业，太阳能设备制造企业所获得的补贴中税收与奖金等间接补贴，研发与示范项目等创新型补贴所占份额较少。2009 年间接性补贴所占比重为 16.37%，2010 年则跌至 8.79%，之后 2013 年间接补贴升至 18.11%；2009～2013 年，太阳能设备制造企业创新型补贴在总补贴中所占比重年平均仅为 4.75%。当前的补贴结构，加之年平均近 50%数量的太阳能设备制造企业获得补贴金额高于门槛值，且国内外消费市场并未有效驱动，太阳能设备制造企业产能过剩风险加大。

从其他控制变量来看，太阳能设备制造企业中四个控制变量与产能利用率的关系不显著，表明劳动力成本、企业对外投资规模、当地宏观经济波动、市场需求均不是驱动产能过剩的主要因素；针对风能设备制造企业，第二产业产值的增长率、区域 GDP 影响同样不显著，因而通过拉动当地市场需求、利用宏观经济波动来消化过剩的产能并不是有效的途径。工资水平与产能利用率之间为显著的正向关系，与预期相同。这说明企业劳动力成本的上升有助于遏制产能过剩；资产总计与产能利用率为负向关系，揭示企业对外投资规模越大，产能利用率越低，产能过剩风险越大。

第三节　实 例 分 析

一、实例背景

补贴对产能利用率的影响也可以通过两个案例加以验证。现阶段相当一部分上市公司从事多元化业务，为增加研究结论的可靠性，遴选了两家分别以风能和太阳能设备制造为主营业务的企业。A 企业为风能设备制造的龙头企业之一，主要产品是大容量异步风电控制系统与同容量电机配套的变流器，截至 2014 年，拥有 4000 名员工和 42 亿元的总资产。B 企业为太阳能设备制造企业，生产晶体硅、单晶硅、多晶硅、光伏电池片、太阳能电池组件，现有 5000 名员工和近 170 亿元的总资产。

二、政府补贴总量及产能利用率的特征

（一）政府补贴总量

上市企业年报显示，2009 年以后政府加大对新能源设备制造企业的政策性支持。表 4.4 显示，2009 年 A 企业获得的政府补贴金额为 0.397 57 亿元，2010 年下跌幅度明显，降至 0.185 63 亿元，之后持续攀升，2013 年、2014 年分别升至 0.480 44 亿元、0.667 84 亿元。B 企业获得的政府补贴金额在持续波动中依然呈现增加的总体趋势：2009 年的补贴金额为 0.502 00 亿元，2010 年下降至 0.300 68 亿元；历经 2011 年的小幅下降后，2012 年飙升至 1.134 44 亿元；2013 年又急剧下跌，2014 年则反弹的幅度很大。

表 4.4　2009～2014 年政府补贴金额（单位：亿元）

年份	A 企业（风能设备制造企业）	B 企业（太阳能设备制造企业）
2009	0.397 57	0.502 00
2010	0.185 63	0.300 68
2011	0.214 17	0.271 27
2012	0.245 13	1.134 44
2013	0.480 44	0.279 23
2014	0.667 84	0.856 93

（二）产能利用率

沿用本章的产能利用率测度方式。A 企业 2009 年产能利用率为 3.12%，之后逐年上升，2010 年升至 3.40%，2014 年上升至 4.23%，补贴金额与产能利用率基本保持正向的关系。理论上来看，补贴可能导致投资增加，企业产能过剩风险加大，但是实践层面，A 企业的实例却与计量检验的结果类似，即补贴并不是产能过剩的主要原因，相反却促使产能得到一定程度的释放。B 企业的产能利用率是逐步降低的，2009 年为 4.01%，2010 年降至 3.29%，2014 年跌到 2.14%。

通过对两个案例企业的比较，发现风能设备制造企业的补贴与产能利用率走势相同，即随着补贴的增加，产能利用率也上升；而太阳能设备制造企业的补贴与产能利用率走势存在明显差异，说明与实证结果类似，随着太阳能设备制造业补贴的增加，有产能过剩的风险。

第四节　结　　语

政府过度补贴可能是新能源设备制造业产能过剩的重要原因之一。探求补贴对于企业产能影响的门槛值，有助于把握补贴的适度规模。本章以太阳能、风能设备制造企业作为研究对象，采用门槛回归模型，对比研究政府补贴对产能过剩影响的门槛效应，实证结果表明：①政府补贴对产能利用率的影响呈现复杂的非线性关系、存在门槛效应及最佳的门槛值。太阳能与风能设备制造企业的政府补贴均存在 1 个门槛值。②对产能利用率影响的非线性关系与门槛效应具有行业的差异性。太阳能设备制造企业的门槛值高于风能设备制造企业，且前者获得的政府补贴门槛值低于 16.8425 时，对产能利用率的影响呈现显著负向效应；补贴高于该门槛值时，负向效应显著增强。风能设备制造企业获得的政府补贴门槛值在低于 14.7770 时可以增加产能利用率，越过门槛值时，产能利用率显著上升。这也说明，对于太阳能设备制造企业而言，即使补贴落入相对有效的补贴区间，也有产能过剩风险；而对于风能设备制造企业，政府补贴的作用与部分学者观点相反，这意味着政府补贴不是产能过剩的驱动因素。③太阳能设备制造企业获得的政府补贴门槛值位居相对有效区间的数量总体呈现下降态势，只是到 2013 年才有所回升，该现象值得警惕。

第五章　新能源设备制造业补贴的模式

第一节　新能源设备制造业补贴模式的概述

补贴的成效如何一直为政府与学术界所关注。不同的新能源设备制造业补贴模式可能对技术创新、生产成本的影响不同，进而影响企业的财务绩效，因而较之于整个补贴，研究补贴模式的作用可能更为重要。例如，原料供应价格补贴模式可以降低新能源设备制造企业生产成本，就业补贴所带来的就业扩大反而有可能导致企业运营成本上升。研发与项目改造等补贴模式对企业财务绩效的影响是不确定的：从正向效应来看，研发与项目改造等补贴模式带动的技术创新效应会提升企业竞争力，有利于企业财务绩效的提升；从负向效应来看，政府补贴虽可以增加其科学研究与试验发展（research and development，R&D）的投资量，但存在技术外溢，可能导致同行业其他企业的“搭便车”行为，减少后者的研发支出，间接影响了企业的创新能力，弱化了企业的盈利能力。因而补贴模式对新能源设备制造企业的财务绩效影响的综合效应是复杂的。

再者，原始制造区别于再制造，前者是指利用关键技术、原材料设计和开发新产品；后者则强调通过逆向供应链，将废旧产品回收后重新修复、改造，其益处在于可以促使资源的循环利用，并能减少环境污染，可以在一定程度上实现节能减排和提高公众的绿色消费意识。新能源设备制造业，除了原始制造，一些新能源设备制造组件，尤其是光伏设备组件（如晶体硅组件与薄膜电池）的回收再制造问题迫切需要解决。不同的补贴模式，可能会影响光伏组件的回收率，进而对再制造加工和再制造升级改造产生影响。基于以上原因及数据的可得性，本章首先对原始制造的补贴模式进行实证分析。选取新能源设备制造企业数量相对较多的风能与太阳能企业为样本，建立门槛回归模型分析两个变量之间的关系。其次对再制造的补贴模式进行了理论建模与政策仿真研究。

一、政府补贴模式选择

（1）现行补贴模式是否合理及发达国家经验。杜伟杰等（2011）首先将补贴模式分为四种：税收优惠、财政补贴、要素支持与优先购买，分析了美国新能源设备制造业补贴政策经验，由此提出发展我国新能源设备制造业的税收减免、政府采购等政策。以德国、丹麦等欧洲新能源强国为研究对象，谢旭轩等（2013）分析其政策机制，进而指出我国在电价补贴、可再生能源发展基金、其他资金支持等方面的补贴模式改革方向。

（2）补贴模式选择的效应如何。不同的补贴模式表明补贴工具的差异性，进而对宏观经济、产业或企业的生产成本、技术创新与消费者等影响也是迥异的。针对宏观经济效应，严静和张群洪（2014）的灰色预测模型结果表明，中国新能源价格补贴对宏观经济产生显著的正影响，这一观点也得到 Ouyang 和 Lin（2014）的研究结论支持，后者进一步指出，将补贴从化石能源转向新能源可能缩小收入差距。一些学者关注补贴模式的产业链终端效应。例如，Lesser（2013）认为美国联邦政府没有经济理由对风能发电进行直接补贴，因为该补贴模式加剧市场扭曲；Alberto 等（2012）与 Sanchez-Braze 和 Pablo-Romero（2014）均研究了补贴模式对太阳能的影响，不过两者的区别在于，前者关注资本补贴，而 Sanchez-Braze 和 Pablo-Romero 则强调的是物业税奖励。针对技术创新补贴，部分学者的研究发现，通过税收减免（Sinaiko，2013）、投资与开发的转移支付（Shen and Luo，2015）等模式进行补贴对新能源技术产生影响，进而可能间接影响企业的财务绩效，不过，正如 Shen 和 Luo（2015）所指出的，少数模式如投资与开发的转移支付可能反而会导致低水平的技术。从生产经营成本和产成品供给层面研究补贴模式的效应是当前文献研究的重点之一。Naveen 和 Yog（2012）针对印度新能源的研究揭示，该国太阳能发电的主要问题是高成本。为鼓励生产，印度政府提供了大量的补贴。Rosnes（2014）认为，将风电激励与市场信号割裂的补贴将大幅增加成本；非灵活电力系统应着力于最优补贴（即投资补贴）而不是生产补贴或者固定价格。依据 Keyuraphan 等（2012）的观点，为了鼓励新能源的发展，最常见的政策支持包括新能源上网电价和新能源组合标准。在泰国，将两种方式集成是激励新能源电力生产的可行途径。同样是研究补贴对新能源发电的影响，Zhang 等（2014）认为确定适度的补贴额度对于风能的发电量至关重要。

（3）不同模式的成本效益如何。成本效益分析是研究补贴模式选择的重要分析方法，相关文献一般是将电价补贴与资本补贴（Hsu，2012）、电价补贴与许可证市场制度或者上网电价与三种政策组合（上网电价、投资补贴与软贷款）进行比较（Fagiani et al.，2013），主要研究方法包括面板数据、仿真等，关注的是新能源产业链的下游（表5.1）。

表5.1 政府补贴模式的选择及成效

作者	年份	研究的补贴模式	观点
杜伟杰等	2011	税收优惠、财政补贴、要素支持、优先购买	补助个人购买的新能源产品；对传统能源企业增收税款来促进新能源企业的发展
谢旭轩等	2013	电价补贴、可再生能源发展基金、其他资金支持	介绍发达国家经验，指出我国未来改革的方向
严静和张群洪	2014	价格补贴	新能源价格补贴对宏观经济产生显著的正影响
Lesser	2013	直接补贴	直接补贴加剧市场扭曲
Sinaiko	2013	税收减免	补贴模式对新能源技术产生影响，进而影响财务绩效
Shen 和 Luo	2015	投资与开发的转移支付	补贴模式导致低水平的技术
Rosnes	2014	投资补贴	投资补贴可减少新能源成本
Hsu	2012	电价补贴与资本补贴	不同补贴模式的成效效益存在差异性
Fagiani 等	2013	上网电价、投资补贴与软贷款	不同补贴模式的成效效益存在差异性

二、政府补贴对就业的影响

在相当一部分文献里，政府补贴与就业的关系是复杂的，通常表现为以下四个方面。

（1）政府补贴对就业的正向影响。Kangasharju（2005）采用1995～2002年的31 000家企业的非均衡面板数据，以回归和匹配两种方法调整后的双重差分为基础研究了政府补贴对于就业的影响，计算结果显示，工资补贴激励了就业，达到了预期目标。Griffin（2010）定量研究了1975年以来的日本就业调整津贴对于钢铁行业劳动力调整、生产率和产出波动的影响。局部均衡模型表明就业调整补贴通过激励劳动力囤积而减少稳态的劳动生产率，补贴达到了减少就业波动的目的；而当雇佣成本高昂时，补贴的影响是显著的。另有一些学者相对于以上的研究更为细致，从补贴类型、公司类型等视角分析政府补贴对就业的影响。例如，Betcherman 等（2010）在对补贴计划分类的基础上，采用双重差分模型分析了政府补贴与就业之间的关系，研究发现两种补贴计划确实导致了在符合条件的省份登记就业的显著净增长；同样是对补贴进行分类，Koski 和 Pajarinen（2011）的研究探讨了就业增长与雇用至少 10 人公司的 3 种企业补贴之间的关系，发现所有的企业补贴类型与就业增长之间是正向关系，但补贴类型不同，对就业的影响滞后期可能也存在差异，就研发补贴而言，其对于就业的影响是补贴后的 1 年，而其他补贴则是 3 年。Koski 和 Pajarinen（2011）将公司分为 3 种类型，即高增长创业公司，超过 5 年的老牌公司及其他的公司。随机效应模型表明，高增长创业公司与其他公司之间的差异性比创业公司与超过 5 年的公司之间差异性要大；另一个结论是无论创业公司还是老牌公司，所有的补贴似乎都对当前就业增长产生了正向影响。

（2）政府补贴对就业的负向影响。较少有文献的实证结论认为政府补贴与就业之间为负向关系，极少数学者如 Harris（1991）运用产业需求函数、常数替代弹性（constant elasticity of substitution，CES）生产函数参数与仿真模型研究要素补贴对就业、资本和产出的影响，结果表明，由于制造业是劳动密集型的，且价格对产出的需求弹性非常低，补助资金所创造的就业效应负向效果明显；Connolly 和 Gottschalk（2009）构建了分析框架研究收益补贴，职业流动和工资增长之间的因果关系，实证分析结论与分析框架的预测相一致，即实验组比对照组有着更短的就业持续期，以及更快的工资增长率。

（3）政府补贴对就业的不显著影响。Guntram 和 Volker（2008）采取固定效应模型，选择上期就业、当期补贴比率、GDP 值及开放程度作为自变量，实证分析了经济合作与发展组织国家公共补贴对就业的影响，结论表明，存在动态指标的情况下，公共补贴对就业的影响较弱；与 Wolff 和 Reinthaler 的研究结论相类似，国内的学者申香华（2010）选择补贴、公司规模、国有股权比例、政府背景（虚拟变量）作为自变量，通过江苏省、河南省上市公司财政补贴的倾向性及其经济绩效的比较分析，指出接受补贴的公司在促进就业、缴纳税款、提供社会捐助、增加环保投入或支出等方面的贡献并不显著。此外，Bergström（2000）将补贴数/雇员人数、资本存量的增长等作为自变量，以公司附加值的增长作为因变量，分析补贴对于全要素生产率的影响，研究尚未发现明显证据支持补贴影响生产率。尽管 Bergström 并没有直接分析资金补贴与就业之间的关系，但是其自变量考虑了就业的因素，从而将补贴与就业间接联系起来。

（4）政府补贴对就业的影响以一定前提条件为基础。部分学者认为，政府补贴是否对就业产生影响取决于一定的前提条件。Wren 和 Waterson（1991）评价了英格兰产业财政支持的直接就业效果，结论显示补贴的就业成本效益援助计划与经济条件两者之间各不相同。显然，Wren 和 Waterson 的研究侧重点在于区域，并未涉及行业或企业；以广义矩估计作为研究方法，Girma 等（2008）针对爱尔兰制造业数据的分析表明，在没有赠款的条件下，政府补贴创造了额外就业。

三、政府补贴对企业绩效的影响

相当一部分文献关注于政府补贴对企业财务绩效的影响。大多数学者的研究表明，政府补贴无助于提高企业的财务绩效，甚至降低企业的财务绩效。Beason 和 Weinstein（1996）等学者通过对投资补贴效应的分析，发现政府补贴会降低企业增长速度，并可能致使规模报酬递减；以 1982～1996 年希腊食品和饮料制造业企业的分析为前提，Tzelepis 和 Skuras（2004）指出补贴负向影响了资产收益率（return on assets，ROA），即使市场失灵的情况下补贴是合理的，这并不能说明资源能够被有效地分配；Balsari 和 Ucdogruk（2008）及彭熠和胡剑锋（2009）分别以伊斯坦布尔 100 强企业及中国农业上市企业为研究对象，并将政府补贴做不同的分类，实证分析结果同样支持了 Beason 和 Weinstein 与 Tzelepis 和 Skuras 等的观点；唐清泉和罗党论（2007）针对中国上市企业的政府补贴动机与效果进行了实证分析，证明了政府补贴没有显著增强上市企业的经济效益。另有极少数学者的研究认为，政府补贴效果在短期与长期可能存在差异。例如，冷建飞和王凯（2007）基于 2002～2005 年的农业上市企业财务数据，分析了政府补贴与农业上市企业盈利的相关性，认为税收补贴与收入补贴虽然可以增加农业上市企业当期的利润，却会从长期降低农业上市企业的盈利能力。

第二节　新能源设备制造企业的补贴模式

一、模型与假设

（一）研究假设

依据企业的实践经验，企业接受来自政府的补贴大体包括直接财政投入、减税、融资优惠、奖金等，可进一步将其细分为直接补贴与间接补贴两种模式；另外，从政府给予的补贴所用的目的来看，可用于研发、项目改造、技术推广与应用、就业等，依据这一特征，可以将补贴模式分为科技补贴与非科技补贴，其中科技补贴与技术供给、技术扩散相关。

进一步地，补贴模式与企业财务绩效相关性的机理可能在于：直接补贴是通过财政资金直接拨付的方式，在当前市场化机制尚未完全建立的情形下，直接补贴可能对企业财务绩效的影响较之于间接补贴要显著。创新型补贴用于提升企业创新能力，考虑到只有技术供给与技术的应用水平得到一定提升，企业的盈利能力才会有本质上的提高，因此，企业获得的创新型补贴较之于非创新型补贴在理论上更可能使企业的盈利能力增强。基于这两点分析，提出如下假设。

H_1：在当前市场化机制不健全的情形下，直接补贴与企业财务绩效呈显著正相关。

H_2：创新型补贴对企业财务绩效呈显著负相关。

（二）样本选取与数据来源

在上海证券交易所与深圳证券交易所上市的主营业务为新能源设备制造的企业主要包括风能、太阳能、生物质能、水电等几类，其中，风能与太阳能上市企业数量相对较多，且其补贴问题也最为引人关注，因此将其选为研究样本。考虑到企业年报于 2009 年起出现补贴明细，将研究的时间期限设定为 2009～2014 年。剔除这一期间净利润为负的样本，风能与太阳能新能源设备制造企业的数量分别为 26 家与 21 家。实证研究数据来自国泰安数据库，采用 Stata 计量软件来实现。

（三）变量选择与模型设定

建立两种面板数据模型，第一个是将政府补贴分为直接补贴和间接补贴数据模型。其中被解释变量为企业财务绩效，其取值为企业净利润，在年报中记录在“合并利润表”；解释变量为政府直接补贴和政府间接补贴，会计报表中将直接补贴和间接补贴记录在“政府补贴”与“营业外收入”的科目中。将企业年龄、资本密集度、第一大股东所占比例作为控制变量：①企业年龄。一般而言，企业财务绩效会随着企业成立时间的增长而增加。成立时间久的企业可能更有盈利能力。作为战略新兴产业，新能源的亏损可能风险较大，此时企业成立初期往往面临技术不成熟、融资约束等问题，进而影响企业财务绩效。因此，企业年龄是影响其企业财务绩效的变量之一。②资本密集度。资本密集度对于企业财务绩效的影响是复杂的。新能源设备制造企业在发展的过程中，可能存在资本密集度过高的问题，从而导致企业资本流动性较差，进而降低企业盈利能力。③第一大股东所占比例。第一大股东所占比例在一定程度上反映了股权结构，不仅决定了控制权的分布状况，也决定了所有权与经营权之间的代理管理，其与企业财务绩效之间的关系是不确定的。一种观点是两者之间为正向关系，理由是第一大股东的治理动力随着持股的增大而增大，即大股东有监管管理者的动机和能力，可以减少管理者的机会主义倾向，从而提高企业的价值与盈利能力；相反的观点则认为第一大股东的持股数量高，则可能导致其利用控制权侵害中小股东或者企业整体的利益。基于以上分析，建立面板数据模型：

$$\ln(\text{Profit}_{it}) = \beta_0 + \beta_1 \ln(\text{Dsub}_{it}) + \beta_2 \ln(\text{NDsub}_{it}) + \lambda_1 \ln(\text{Age}_{it}) + \lambda_2 \ln(\text{Top}_{it}) + \lambda_3 \ln(\text{Cpl}_{it}) + \varepsilon_{it} \tag{5.1}$$

式中，Profit_{it}、Dsub_{it}、NDsub_{it}、Age_{it}、Top_{it} 与 Cpl_{it} 分别为企业财务绩效、政府直接补贴、政府间接补贴、企业年龄、第一大股东所占比例与资本密集度。企业财务绩效取值为企业净利润；政府直接补贴，取值为财政拨款；政府间接补贴，取值为税费减免、融资优惠、奖金等市场化补贴明细之和；企业年龄，用企业成立年限表示；资本密集度，用“固定资产/员工总人数”表示。在众多盈利性评价指标中，企业净利润是体现企业盈利能力的最重要的指标之一，然而部分企业的净利润是负值，不适宜取对数，将其为负的样本删除。

第二个模型为科技创新型补贴和非科技创新型补贴面板数据模型。考虑到政府科技创新型补贴影响企业的研发能力，进而影响企业的业务，从而对企业财务绩效产生影响。综合以上两种效应，建立面板数据模型：

$$\ln(\text{Profit}_{it}) = \beta_0 + \beta_1 \ln(\text{Isub}_{it}) + \beta_2 \ln(\text{NIsub}_{it}) + \lambda_1 \ln(\text{Age}_{it}) + \lambda_2 \ln(\text{Top}_{it}) + \lambda_3 \ln(\text{Cpl}_{it}) + \varepsilon_{it} \tag{5.2}$$

式中，Isub_{it} 和 NIsub_{it} 分别为政府科技创新型补贴和非政府科技创新型补贴。

二、实证分析结果与讨论

（一）描述性统计分析

由图 5.1 可知，2009～2014 年风能设备制造企业净利润均值总体要高于太阳能设备制造企业。2009～2011 年风能设备制造企业的净利润均值经历连续两年的下降，2012 年开始回升，从 2011 年的 7.596 42 亿元大幅攀升至 2012 年的 13.598 55 亿元，2014 年企业净利润增加到 20.155 44 亿元；太阳能设备制造企业的净利润均值在 2009～2012 年呈现波动态势，2009 年为 2.992 87 亿元，2010 年企业净利润均值则增加至 5.840 69 亿元，随后短暂的下跌态势后，于 2013 年开始反转回升，2013 年、2014 年的净利润平均值分别为 7.310 02 亿元、9.889 46 亿元。

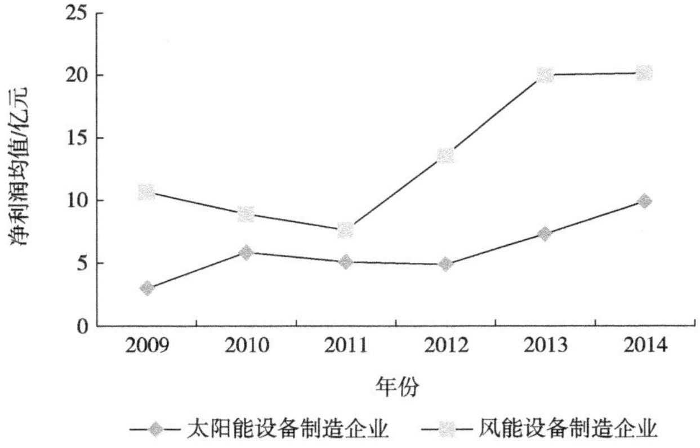

图 5.1　2009～2014 年两类新能源设备制造企业的净利润均值

图 5.2 和图 5.3 展示了两类企业补贴模式的变动特征。2009～2014 年风能与太阳能设备制造企业的直接补贴与非创新型补贴均显著高于间接补贴与创新型补贴，总体上创新型补贴在四类补贴模式中金额最低。整体而言，风能设备制造企业的补贴金额要高于太阳能设备制造企业。从细分行业来看，太阳能设备制造企业的直接补贴与非创新型补贴的波动趋势较为一致，较之于风能设备制造企业，这两类补贴模式与间接补贴、创新型补贴背离得较远。风能设备制造企业在 2009～2013 年四种补贴均经历了波动态势后，2014 年均反转上升，除了创新型补贴的升幅较小外，其他三种类型补贴均出现较大幅度增长。同样地，2009～2014 年太阳能设备制造企业四种补贴在经历波动后，除了创新型补贴于 2013 年后涨幅较小外，其余三种补贴均有较大的增幅。

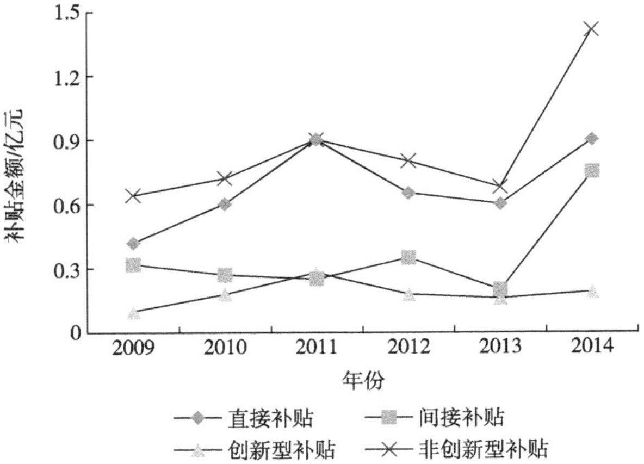

图 5.2　2009～2014 年补贴模式的特征分析（风能设备制造企业）

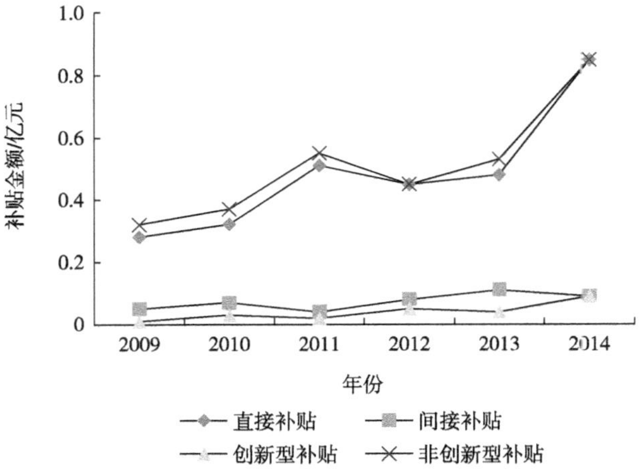

图 5.3　2009～2014 年补贴模式的特征分析（太阳能设备制造企业）

通过图 5.1～图 5.3 的分析，研究认为新能源设备制造企业 2013～2014 年财务绩效明显好转。而各种补贴中，间接补贴与创新型补贴金额在总补贴中所占份额相对较少，2009～2013 年两类新能源设备制造企业各种补贴模式呈现波动态势，但是 2013～2014 年，两类新能源设备制造企业各有三种补贴模式增幅较大。

（二）实证分析结果

在实证分析之前需要进行相关性检验。相关系数的绝对值中最大的为 0.3230，最小值为 0.0140，均小于 0.5，表明各解释变量与控制变量之间为弱相关。

1. 总样本的回归分析

首先分析总样本的估计结果。由 Hausman 值 0.0000 可知，式（5.1）和式（5.2）均选择固定效应模型。解释变量中直接补贴对企业财务绩效的影响不显著，而间接补贴模式与企业财务绩效呈现显著负向关系，显著性水平为 10%（表 5.2）。间接补贴每增加 1%，企业的净利润下降 0.0227%。通过分析参数估计值及显著性水平发现，对于新能源设备制造企业，中国政府的直接补贴未能明显提高其盈利能力；以税收、奖励为特征的间接补贴额度越大，反而可能削弱企业财务绩效，彰显出中国市场化的补贴机制亟待改善。与研究假设 H_2 不一致，无论是当期还是滞后二期的创新型补贴对新能源设备制造企业财务绩效的影响均不显著，而滞后二期的非创新型补贴则显著提升了企业的财务绩效，这表明非创新型补贴的作用具有一定的时间迟滞性。非创新型补贴每增加 1%，企业净利润上升 0.0973%。从控制变量来看，企业年龄、第一大股东所占比例与资本密集度均对企业财务绩效影响不显著。

表 5.2　总样本的估计结果

直接补贴与间接补贴模式			创新型补贴与非创新型补贴模式		
解释变量	固定效应	随机效应	解释变量	固定效应	随机效应
常量	17.3028*** （9.76）	17.1614*** （13.48）	常量	17.6254*** （7.75）	17.2036*** （11.25）
企业年龄	0.0784 （1.45）	0.0055 （0.27）	企业年龄	0.1088 （1.10）	−0.0006 （−0.02）
第一大股东所占比例	0.0586 （0.16）	−0.1266 （−0.47）	第一大股东所占比例	−0.1658 （−0.39）	−0.1724 （−0.56）
资本密集度	0.0701 （1.42）	0.1307** （2.72）	资本密集度	0.0360 （0.64）	0.0979* （1.89）
直接补贴	0.0298 （1.14）	0.0583** （2.28）	创新型补贴	−0.0263 （−1.42）	−0.0093 （−0.57）
间接补贴	−0.0227* （−1.69）	−0.0101 （−0.75）	非创新型补贴	0.0737* （2.13）	0.0973** （2.92）
Hausman 值	0.0000		Hausman 值	0.0000	

注：（　）里的数字为 t 统计量

***、**、*分别表示在 1%、5%、10%的水平上显著

2. 细分行业的回归分析

对比细分行业的估计结果。针对风能设备制造企业的直接补贴与间接补贴效应，Hausman 值为 0.5797，不能拒绝原假设，应选择随机效应模型。与总样本的回归分析结论不同，解释变量中直接补贴对公司财务绩效的影响在 10%的水平上显著，与假设 H_1 吻合。直接补贴每增加 1%，企业净利润上升 0.0460%；间接补贴则影响较弱。各控制变量中资本密集度对企业财务绩效作用程度较大，显著性水平达到 1%。针对创新型补贴与非创新型补贴模式，Hausman 值为 0.0000，拒绝原假设，采取固定效应模型，如表 5.3 所示，两种补贴对企业财务绩效的影响均不显著，旨在推进公司创新能力的研发、技术示范、老项目改造等补贴并没有取得预期的效果。风能设备制造企业的技术创新能力有待于进一步提升。

表 5.3　细分行业的估计结果（风能设备制造企业）

直接补贴与间接补贴模式			创新型补贴与非创新型补贴模式		
解释变量	固定效应	随机效应	解释变量	固定效应	随机效应
常量	10.9574*** （4.29）	9.7463*** （6.16）	常量	10.9475*** （4.27）	9.7827*** （6.21）
企业年龄	0.2435 （0.59）	0.2184 （0.69）	企业年龄	0.3303 （0.82）	0.3157 （1.03）
第一大股东所占比例	1.0016* （1.67）	0.5581 （1.51）	第一大股东所占比例	1.0129* （1.69）	0.5112 （1.39）
资本密集度	0.2774** （2.53）	0.4573*** （5.12）	资本密集度	0.2992** （2.71）	0.4811*** （5.34）

续表

直接补贴与间接补贴模式			创新型补贴与非创新型补贴模式		
解释变量	固定效应	随机效应	解释变量	固定效应	随机效应
直接补贴	0.0293 （1.22）	0.0460* （1.96）	创新型补贴	−0.0195 （−1.15）	−0.0069 （−0.40）
间接补贴	0.0111 （0.59）	0.0177 （0.94）	非创新型补贴	0.0205 （0.76）	0.0386 （1.47）
Hausman 值	0.5797		Hausman 值	0.0000	

注：（ ）里的数字为 t 统计量

***、**、*分别表示在 1%、5%、10%的水平上显著

太阳能设备制造企业的实证分析结果不同于风能设备制造企业。由表 5.4 的 Hausman 值可知，式（5.1）和式（5.2）均选择固定效应模型。太阳能设备制造企业获得的直接补贴并未同风能设备制造企业一样提高其财务绩效，两个变量之间呈现较弱的负相关关系，与假设 H_1 相反；间接补贴则显著削弱了企业的盈利能力，回归系数−0.0474 通过了 5%的显著性水平检验。企业年龄、第一大股东所占比例等控制变量均对企业财务绩效影响较弱。与假设 H_2 也相反，太阳能设备制造企业的创新型补贴反而降低了企业净利润。每增加 1%的创新型补贴，企业净利润降低 0.0484%，不过创新型补贴的负面作用滞后二期；当期与滞后一期的实证检验表明创新型补贴的影响并不显著。通过比较风能设备制造企业和太阳能设备制造企业的估计结果发现，后者因间接补贴与创新型补贴的回归系数均与假设相反，对其补贴政策改革的迫切性更强。

表 5.4　细分行业的估计结果（太阳能设备制造企业）

直接补贴与间接补贴模式			创新型补贴与非创新型补贴模式		
解释变量	固定效应	随机效应	解释变量	固定效应	随机效应
常量	19.763 39*** （7.01）	20.079 96*** （8.70）	常量	17.076 7*** （4.77）	17.192 6*** （6.19）
企业年龄	0.070 5 （1.07）	0.028 8 （0.91）	企业年龄	0.150 2 （1.39）	0.056 4 （1.58）
第一大股东所占比例	−0.235 5 （−0.49）	−0.494 2 （−1.24）	第一大股东所占比例	−0.270 2 （−0.55）	−0.537 3 （−1.36）
资本密集度	0.017 169 7 （0.29）	0.028 3 （0.48）	资本密集度	0.013 2 （0.22）	0.000 3 （0.01）
直接补贴	−0.040 0 （−0.63）	0.025 0 （0.41）	创新型补贴	−0.048 4** （−2.16）	−0.052 4** （−2.55）
间接补贴	−0.047 4** （−2.47）	−0.036 1* （−1.95）	非创新型补贴	0.036 2 （0.33）	0.199 6* （1.92）
Hausman 值	0.001 1		Hausman 值	0.003 6	

注：（ ）里的数字为 t 统计量

***、**、*分别表示在 1%、5%、10%的水平上显著

（三）稳健性检验

为验证实证分析结果的可靠性，对被解释变量企业财务绩效及控制变量资本密集度采用不同的测度方式重新检验。以净资产收益率替代企业净利润值，以上估计结果分析有着一致性；以总资产的存货比率替代资本密集度，研究结论同样具有一致性。因此，计量检验的结果具有稳健性。

第三节　新能源设备再制造企业的补贴模式

新能源设备再制造企业的补贴模式选择研究以光伏组件的回收处理为理论建模对象，这是因为：较之于风电设备、生物质能设备，我国光伏组件的回收制造问题更为突出。光伏组件中，电池板的寿命为 20～30 年，高温、大雪、沙尘暴等气候极端事件会加速电池板表面及内部的材料老化，降低电池板的功率输出；而电池板的随意丢弃会产生酸性物质，产生环境污染。中国是太阳能电池设备生产大国，2016 年太阳能电池设备的总容量约为 80 兆瓦。在此情况下，仅 20 余年后，中国将面临极为严重的设备老化问题。依据国际太阳能光伏网数据统计，预计到 2034 年，中国光伏组件的累计废弃量将达到 70 兆瓦，2050 年中国废弃的光伏组件将达到 0.7 亿吨。

西方发达国家或地区对于光伏设备制造产品的回收利用较为重视。早在 2011 年，欧盟的光伏回收计划实施过程中，回收率已近 70%；2012 年，欧盟将太阳能电池组件纳入欧盟报废电子电气设备目录；美国的一些公司如 First Solar，也对光伏设备回收制造进行实践。

政府规制与激励对回收率的影响。政府的规制主要包括法律制度、惩罚机制等，而激励机制则指奖励与补贴。李健等（2008）指出，惩罚制度、生产商责任制度的构建有助于提高废旧资源的回收率；马辉和郭汉丁（2012）的研究表明，政府需指定一系列法律法规，从制度上保证废弃资源的回收率；沈翠芝和汪天松（2013）则强调了政府监管与力度的缺失是目前回收率低下的重要原因。补贴与奖励方面，Aksen 等（2009）以二层规划模型为基础，建立政府补贴生产商的两个模型，模型推演显示，相同的回收率和收益率目标下，支持性比立法性政策需要政府提供更多的补贴；王文宾和达庆利（2011，2013）通过构建博弈模型发现奖惩机制下制造商提高了回收再制造废旧产品的回收率；Moh 和 Manaf（2014）通过评论马来西亚的固体废弃物回收指出，政府缺乏政策与推进计划是回收率低的因素之一。

影响回收率的其他因素大体包括成本结构（刘宝全等，2008）、回收基础设施与运营方式（Aarnio and Hämäläinen, 2008）、回收系统与分拣系统的集约化（Fricke et al.，2011）等。

一、模型与假设

新能源设备的回收再制造区别于一般家电等废旧物资回收，具体表现在：①回收商而非新能源设备再制造企业具有价格领导权，因回收商可以将产品售予除新能源设备再制造企业外的大量非法加工企业。基于此，回收商首先根据自己利益最大化选择回收价格；②从理论研究与政策实践来看，废旧家电的回收多是基于回收率建立补贴机制（Aksen et al.，2009；王文宾和达庆利，2010），而美国、日本等国的经验及中国的实践却表明，回收再制造政策激励依赖于回收率，其补贴模式主要包括税收优惠、原料供应补贴、产成品销售补贴及投资补贴，其中投资补贴在中国是较为常用的激励方式。如图 5.4 所示，将以上四种补贴模式纳入动态博弈模型，考虑由回收商和新能源设备再制造企业构成的逆向供应链，两个博弈方均为风险中性，且信息完全对称。回收商的回收率为 τ，收购价格为 w；回收商单位成本为 c。回收废旧光伏产品需要固定投资 I 为回收网络的建设投资等，借鉴 Savaskan 等（2004）对废旧家电回收的研究，设 $I=b\tau^2$，b 为回收难度系数，且回收产品全部用于生产光伏产品后，产成品率为 λ。设新能源设备再制造企业的产成品价格为 p，单位产成品的成本为 c_r。沿用 Feffer 和 Swaminathan（2006）的研究，资源化的产品需求函数设为 $q=\varphi-p$，其中 $\varphi>0$ 为基本市场规模。

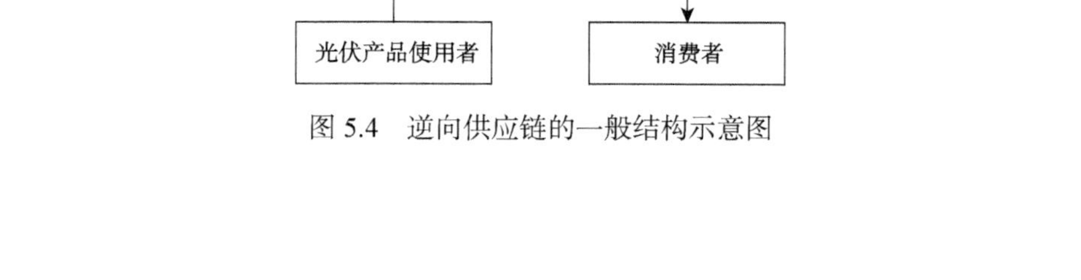

图 5.4 逆向供应链的一般结构示意图

二、新能源设备再制造企业的补贴模式决策模型

（一）无补贴激励政策情形下决策模型

该情形下新能源设备再制造企业最大化收益函数为

$$\pi_w = q(\varphi - q - w - c_r) \tag{5.3}$$

相应地，回收商收益函数为

$$\pi_r = \frac{q}{\lambda}(w - c) - b\tau^2 \tag{5.4}$$

$$\text{s.t. } 0 \leqslant \lambda \leqslant 1 \tag{5.5}$$

显然，$\frac{\partial^2 \pi_w}{\partial q^2} < 0$、$\frac{\partial^2 \pi_r}{\partial w^2} < 0$，即 π_w 与 π_r 分别是以 q 与 w 为变量的凸函数，有最大值。另由于回收商是 Stackelberg 领导者，采取逆向归纳法，首先令 π_w 对 q 值求偏导，得

$$q^* = \frac{\varphi - w - c_r}{2} \tag{5.6}$$

将式（5.6）代入式（5.4），令 π_r 对 w 求偏导，得

$$w^* = \frac{\varphi + c - c_r}{2} \tag{5.7}$$

将式（5.6）、式（5.7）分别代入式（5.3）、式（5.4），得到无补贴政策激励的情形下新能源设备再制造企业与回收商的利润函数：

$$\pi_w = \frac{1}{16}(\varphi - c - c_r)^2 \tag{5.8}$$

$$\pi_r = \frac{1}{8\lambda}(\varphi - c - c_r)^2 - b\tau^2 \tag{5.9}$$

（二）不同补贴模式下的决策模型

1. 税收优惠

设政府依据企业所得给予新能源设备再制造企业税收优惠，则

$$\pi_w^t = (1 + t)q(\varphi - q - w - c_r) \tag{5.10}$$

令 π_w^t 对 q 值求偏导，将解得的 q^t 值代入式（5.4），求得均衡时的 w^t。将 q^t、w^t 分别代入式（5.8）、式（5.9），得

$$\pi_w^t = \frac{(1+t)}{16}(\varphi - c - c_r)^2 \tag{5.11}$$

$$\pi_r^t = \frac{1}{8\lambda}(\varphi - c - c_r)^2 - b\tau^2 \tag{5.12}$$

较之于无补贴激励政策情形，补贴后新能源设备再制造企业利润上升，而回收商利润值不变。

2. 原料供应价格补贴

给予新能源设备再制造企业原料供应价格补贴后，该企业收购成本降低，其利润函数为

$$\pi_w^s = q\left[\varphi - q - (w - s) - c_r\right] \tag{5.13}$$

求得均衡 $q^s = \frac{\varphi - w - c_r + s}{2}$，将其代入式（5.4），解得 $w^s = \frac{\varphi + c - c_r + s}{2}$。于是均衡时：

$$\pi_w^s = \frac{1}{16}(\varphi - c - c_r + s)^2 \tag{5.14}$$

$$\pi_r^s = \frac{1}{8\lambda}(\varphi - c - c_r + s)^2 - b\tau^2 \tag{5.15}$$

显然，原料供应价格补贴后回收商收益要优于实施税收优惠政策情形，即

$$\pi_r^s = \frac{1}{8\lambda}(\varphi - c - c_r + s)^2 - b\tau^2 > \pi_r^t = \frac{1}{8\lambda}(\varphi - c - c_r)^2 - b\tau^2 \tag{5.16}$$

而针对新能源设备再制造企业，$\pi_w^s = \frac{1}{16}(\varphi - c - c_r + s)^2$ 是否大于 $\pi_w^t = \frac{(1+t)}{16}(\varphi - c - c_r)^2$ 取决于 s 、t 的取值。

3. 产成品销售补贴

政府给予新能源设备再制造企业产成品销售补贴后，可以在一定程度上弥补企业经营成本，其利润函数为

$$\pi_w^d = q(\varphi - q - w - c_r) - dq \tag{5.17}$$

解得均衡时：

$$q^d = \frac{\varphi - w - c_r + s}{2}$$

$$w^d = \frac{\varphi + c - c_r + s}{2}$$

代入式（5.3）、式（5.4），解得

$$\pi_w^d = \frac{1}{16}(\varphi - c - c_r + d)^2$$

$$\pi_r^d = \frac{1}{8\lambda}(\varphi - c - c_r + d)^2 - b\tau^2$$

与原料供应价格补贴结论相同，因此后面将原料供应价格补贴和产成品销售补贴一起分析。

4. 投资补贴

设新能源设备再制造企业的产出满足 Cobb-Douglas 生产函数 $Y = AK^{\alpha}L^{\beta}$ ，两边取对数，则投资量 $\ln K = \frac{1}{\alpha}(\ln Y - \ln A - \beta \ln L)$ ，设企业技术不变，劳动力为固定值，则令 $a = \ln A + \beta \ln L$ 、 $q = \ln Y$ ，因此，新能源设备再制造企业与回收商的利润分别为

$$\pi_w^e = q(\varphi - q - w - c_r) + e\left(\frac{q-a}{\alpha} - I_0\right) \tag{5.18}$$

$$\pi_r^e = \frac{q}{\lambda}(w - c) - b\tau^2 \tag{5.19}$$

由均衡时的 q^e 、 π^e 解得

$$\pi_w^e = \frac{1}{16}\left(\varphi - c - c_r + \frac{e}{\alpha}\right)^2 - e\left(\frac{a}{\alpha} + I_0\right) \tag{5.20}$$

$$\pi_r^e = \frac{1}{8\lambda}\left(\varphi - c - c_r + \frac{e}{\alpha}\right)^2 - b\tau^2 \tag{5.21}$$

由式（5.21），补贴后回收商利润上升，而补贴对新能源设备再制造企业利润的影响却是不确定的。

三、数值算例

通过算例比较不同补贴模式对于新能源设备再制造企业利润及回收商利润的影响。设某废弃食用油炼制生物燃料企业的有关参数为：τ =0.5，λ=0.3，φ=100，c=10，c_r=20，b=250。四种补贴模式的取值范围：税收优惠率值 t 为 0～1；原料供应价格补贴及产成品销售补贴值 s 为 0～5；投资补贴中 a 与 I_0 分别取值为 50 与 80；α 为 0.5。依据所建模型得到的利润最优解如图 5.5～图 5.7 所示。

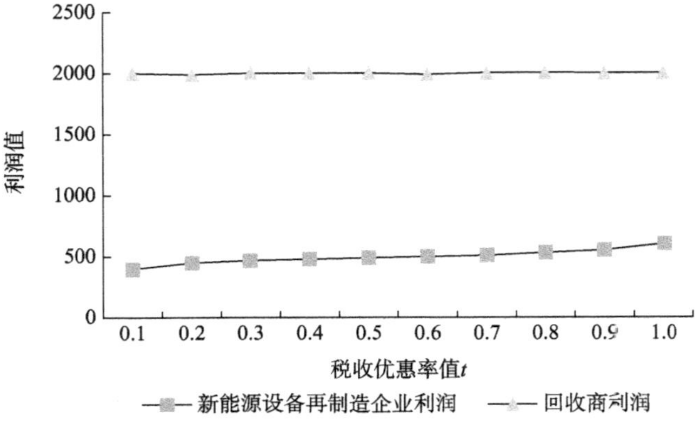

图 5.5　新能源设备再制造企业与回收商利润随税收优惠率变化情况

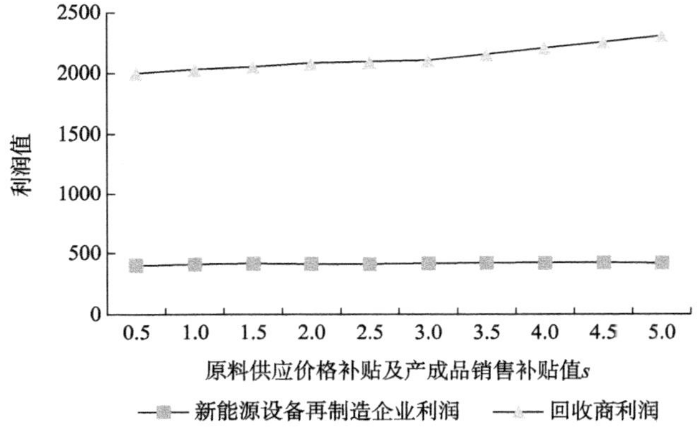

图 5.6　新能源设备再制造企业与回收商利润随原料供应价格补贴及产成品销售补贴变化情况

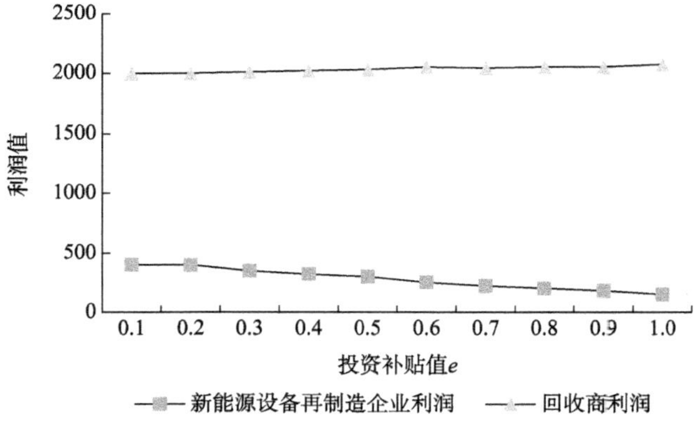

图 5.7　新能源设备再制造企业与回收商利润随投资补贴变化情况

从回收商利润的趋势来看，原料供应价格补贴及产成品销售补贴值的影响较大，由初期 $s=0.5$ 的 2008.44 上升至 $s=5$ 时的 2281.25；而实施投资补贴时，回收商利润由初期的 1990.84（$e=0.1$）上升至末期的 2097.50（$e=1.0$）；而实施税收优惠政策，对回收商利润无影响。进一步地，当原料供应价格补贴及产成品销售补贴值 s 大于 2 后，回收商利润已经超过实施投资补贴时的回收商利润最大值。

对比分析图 5.5～图 5.7，税收优惠率对再制造企业利润的影响最大，由初期 $t=0.1$ 时的 336.87 攀升至 $t=1.0$ 时的 612.50；原料供应价格补贴及产成品销售补贴值的影响居次，由 310.64（$s=0.5$）升至 351.56（$s=5$）。而进一步，只需实施较小的税收优惠率（$t=0.2$），新能源设备再制造企业利润值便越过实施原料供应价格补贴及产成品销售补贴时的最大值。

不同于以上三种补贴模式，随着投资补贴值的增加，新能源设备再制造企业利润却呈现下降态势。一种可行的解释是，政府给予再制造企业一次性的投资补贴，使得企业的规模扩大成为可能，而在原料供应严重不足的情况下，企业规模的扩张可能加剧经营风险，企业的利润降低；较之于投资补贴，价格补贴与产成品销售补贴虽然同样可以弥补企业经营的成本，但是却具有一定的持续性，更有利于企业应对原料供应风险。

第四节　结　　语

本章构建了面板数据模型，分析不同补贴模式与新能源设备制造企业的财务绩效关系。从样本总体来看，间接补贴与非创新型补贴均对新能源设备制造企业的财务绩效有显著影响，然而前者的相关系数为负值，表明税收、奖金等市场化的机制非但没有起到政府预期作用，反而会削弱公司的盈利能力；针对直接补贴与创新型补贴的检验结果与假设 H_1、H_2 不一致。从细分行业来看，风能设备制造企业的补贴作用要略好于太阳能设备制造企业。对风能设备制造企业的直接补贴取得了一定的成效，假设检验 H_1 得到支持；间接补贴、创新型补贴、非创新型补贴的作用均不明显。太阳能设备制造企业获得的间接补贴与创新型补贴都显著降低了公司盈利能力，表明对这一行业的补贴政策需要进一步商榷。

针对新能源设备产品回收再制造过程中存在的原料供应不足及产成品销售不畅两大难题，构建了基于新能源设备再制造企业与回收商的动态博弈模型，并在提炼废旧光伏产品回收特征的基础上，将补贴模式分为税收优惠、原料供应价格补贴、产成品销售补贴及投资补贴四类，比较不同补贴模式对各博弈方收益的影响。研究结果表明，原料供应价格补贴及产成品销售补贴的实施效果相同，均增加了新能源设备再制造企业及回收商的利润；税收优惠政策对新能源设备再制造企业利润影响显著，但是对回收商利润无显著影响；相反，投资补贴在提高回收商利润的同时，降低了新能源设备再制造企业的收益。

本章的研究可以从以下两个方面进行拓展：①新能源设备再制造企业与回收商信息不对称时，如何设定各博弈方的收益函数；②考虑存在消费者、非法生产厂商等多个博弈方情形时，由于每个博弈方是一具有自适应能力的代理商，以各自利润值为行为函数，通过设定不同的补贴模式，研究收益随税收优惠、原料供应价格补贴、投资补贴等因素的变动情况，以及为了实现各博弈方的策略调整行为。

第六章　政府补贴改革与政策设计

本书首先从新能源设备制造业补贴的表象因素及内在逻辑两个方面诠释了补贴政策改革的必要性，其中表象因素主要为产能过剩；内在逻辑为新能源设备制造业发展的技术特征。其次，在风能、太阳能、生物质能三类新能源设备制造业的基础上，描述了补贴政策的缘起、演变，进而采用内容分析法，从基本政策工具和企业价值链两个维度对重点遴选的两类新能源设备制造业补贴政策文本进行比较。针对发达国家的新能源设备制造业补贴政策，本书按两种不同标准将其归纳为直接补贴政策和间接补贴政策，创新型补贴和非创新型补贴政策，并分析其对技术创新、产成品消费及新能源产业发展前景的影响。在明晰新能源设备制造业技术发展缺陷及现行补贴政策特征之后，采用门槛回归模型确定补贴的最优规模；将企业净利润作为新能源设备制造企业财务绩效的测度指标，对比分析直接补贴与间接补贴、创新型补贴与非创新型补贴对企业财务绩效影响的差异性；构建动态博弈模型并加以算例，研究不同补贴模式对利益相关者的影响。最后分别遴选了两家风能与太阳能设备制造企业，对补贴的总量、结构特征、企业财务绩效进行了案例研究，并探求影响政府补贴效果的因素。具体结论如下。

第一节　研究结果总结

（1）从产能来看，补贴政策虽然在一定程度上提升了新能源设备制造业的竞争力，但是补贴过度可能扭曲对企业投资行为，导致产能过剩。

（2）从技术发展特征来看，专利申请数量与政策的推动有着极大的关联。海上风电关键技术从2006～2013年进入快速增长阶段，到2014年又有所下降。技术的区域分布具有明显的经济倾向性，即东部地区的专利申请数量明显高于中、西部地区，其中海上风电装备制造技术的区域分布排名前 10 位的省市中有 9 位在东部地区，西部地区仅 1 个省份，中部地区尚无省区市进入榜单。通过分析专利的类型发现，太阳能光伏设备产量在世界产量中占据较高比重，然而核心技术较为缺乏；海上风电装备制造技术的发明与实用新型专利占有绝对比重，关键技术的创新程度要好于光伏设备制造业。由技术结构，进一步发现，海上风电的电机、水利工程和船舶推进装置技术水平，以及太阳能光伏的多晶硅与非晶硅电池技术、电能转换装置等技术水平亟待提升。由专利的申请人可知，无论是海上风电还是光伏设备制造，均是企业与科研院所的申请数量居多，而自然人偏少。

（3）从国际经验来看，间接补贴的共性特征明显。由英国、丹麦、美国、德国、印度、日本、巴西等七个典型国家的新能源设备制造业的补贴政策比较分析可知，补贴的新能源品种与力度很大程度上依赖于资源禀赋。相当一部分国家制定了研发补贴政策，不过需要注意的是，研发补贴可以采取直接补贴的形式，也可以低息贷款的方式支持；补贴的目标并不仅限于技术供给，也可能涉及技术扩散的推广项目。间接补贴政策具有共性特征，即信贷优惠与税收减免得到了广泛应用，这一点值得我国借鉴。此外，少数国家部分补贴政策着眼于新能源设备制造业的外向与内向国际化，并合理设计了补贴额度和补贴对象的动态调整政策，对于我国产能过剩问题的解决有一定的启示意义。就发售电补贴政策而言，其形式可以多元化，将竞价机制引入发售电政策，有助于减少成本。

（4）从补贴的基本政策工具选择来看，我国信贷优惠政策偏少。通过政策分析不难看出，两类新能源设备制造业的共同点在于，间接补贴政策中的信贷优惠政策数量很少。进一步地对比两类新能源设备制造业的补贴的基本政策工具，风能设备制造业对间接补贴政策比直接补贴政策更为重视；太阳能设备制造业财政补贴政策数量所占比重要远多于税收、现金奖励政策。由企业价值链，两类新能源设备制造企业的补贴政策均关注下游，但相对于太阳能设备制造业，政府对风能设备制造业的补贴政策还侧重于制造环节，意味着如果单从补贴的基本政策工具支持来看，风能设备制造业的技术创新可能更有潜力。

（5）从补贴规模来看，政府补贴与产能利用率的关系为非线性。政府补贴对产能利用率的影响存在门槛效应及最佳的门槛值。太阳能与风能设备制造业的政府补贴均存在一个门槛值。政府补贴的规模在风能与太阳能设备制造业之间具有明显的差异性，对于风能设备制造业，政府补贴一旦越过门槛值，产能利用率会增加，说明补贴需要具有一定的强度；然而对于太阳能设备制造业则正好相反，补贴要适可而止，因为即使补贴落入相对有效的区间，也会造成产能过剩风险。

（6）从新能源设备制造业的补贴模式来看，间接补贴与非创新型补贴对企业财务绩效影响显著。针对总样本的分析表明，间接补贴与非创新型补贴均对新能源设备制造企业的财务绩效有显著影响，然而前者的回归系数为负值，表明税收、奖金等市场化的机制非但没有起到政府预期作用，反而削弱了公司的盈利能力；创新型补贴未能起到成效，这意味着用于新能源设备制造企业研发、技术示范等技术创新的资助未能显著提升公司的财务绩效。从分行业来看，对风能设备制造企业的直接补贴取得一定的成效，太阳能设备制造企业获得的间接补贴与创新型补贴都显著降低了公司盈利能力，表明对这一行业的补贴政策需要进一步商榷。

（7）从新能源设备再制造企业的补贴模式来看，投资补贴的效果最弱。实施原料供应价格补贴及产成品销售补贴后，新能源设备再制造企业与回收商利润均得到了提升；而税收优惠政策虽然较大幅度增加了新能源设备再制造企业利润，但是对回收商收益无显著影响；尽管投资补贴在中国一些区域较为普遍，理论模型却证明，该补贴模式在增加回收商利润的同时，却反向降低了新能源设备再制造企业的收益。

第二节 补贴政策改革与政策设计

综合以上研究结论，分别从补贴的技术重点、如何借鉴国外的经验、补贴规模、补贴模式选择、补贴资金监控等方面提出政策建议。

一、明确技术支持重点，加强区域、企企、行企合作

加大船舶推进、水利工程等技术研发，调整技术支持重点。风能设备的制造技术，尤其是风力发动机技术已得到了一定程度的提升，政府可考虑将对关键技术的政策支持重点调整到辅助性却对于项目实施至关重要的船舶推进装置、水利工程上。由于部分风能及太阳能核心技术不成熟、资金投入与风险“双高”，需加强企企、行企合作，可在一定程度上加强信息、资金支持，分散部分风险。

重视失效专利，提升关键技术的产业化能力。一方面，通过光盘、网络等方式获取失效专利，并建立专利特色数据库，从而实现失效专利文献资源的共享；另一方面，针对失效专利的两大成因，高校、科研机构与企业在自主研发过程中充分进行行业专利信息调研跟踪，防止侵权风险；政府在保护知识产权的同时，还应推进新能源设备制造业关键技术的产业化能力。为此，政府应当

创造有利于企业、院校和科研机构进行合作研究的政策法律环境，支持企业、大学及科研院所组建产学研联盟，围绕专利申请数量不足的先进领域进行联合研发并促进其转化。

二、借鉴发达国家经验，补贴着力于产业链的整合

发达国家的经验表明，从产业链的角度给予新能源设备制造业以支持能有效地推进该产业的发展，因此，可以考虑的是上游研发和技术扩散的补贴政策，包括对科研人员、推广示范项目的激励；下游发电售电政策的多元化；在不违反 WTO 规则的情况下，适当考虑运用推进产品或投资外向国际化的优惠政策。通过产业链的整合，以下游电力消费、新能源设备制造业的海外投资带动产业发展。

三、差异化补贴规模，抵御产能过剩风险

首先，借助于宏观经济波动、拉动市场需求以解决产能过剩难题很难奏效，实行补贴政策改革是应对产能过剩风险的可行措施。其次，当前太阳能设备制造企业所获得的政府补贴须慎重，应控制在一定的规模之内；对于风能设备制造企业，可以适度增加补贴，尤其是对少数补贴金额低于门槛值的企业需要增加补贴力度，进而发挥其对产能利用率的正向作用。最后，从补贴结构来看，政府应增加两类新能源设备制造企业总补贴中创新型补贴及间接补贴比重，而较之于风能设备制造企业，太阳能设备制造企业的补贴结构更是亟待优化。通过补贴结构的改变来提升新能源设备制造企业的技术创新能力与竞争力，有助于抵御产能过剩的风险。

四、优化补贴模式，提高新能源设备制造企业的技术创新能力

为优化补贴模式，需要在新能源设备原始制造方面着力于以下几个方面。

1. 完善市场化的补贴机制

依据新能源设备制造企业的规模、技术水平、企业财务绩效等标准细化税收、奖金等补贴机制。

2. 改革创新型补贴机制

创新型补贴可以继续细分为技术供给与技术扩散两种补贴模式，前者主要指为技术研发提供资助，而后者则侧重于技术的推广与示范。企业年报分析揭示，新能源设备制造企业的研发补贴占有相当一部分比例，用于技术扩散的补贴则相对不足，这在一定程度上削弱了科技成果的转化。因此政府在加强补贴发放审核、监管的同时，应增加技术扩散补贴在创新型补贴中的比例。

3. 补贴政策应考虑行业的差异性

以上政策改革的重点应是太阳能设备制造企业，注意该类企业创新型补贴负向影响的时滞性；对于风能设备制造企业，在完善间接补贴、创新型补贴机制的同时，可适度增加直接补贴金额。

4. 适度增加信贷优惠政策

在政府的众多补贴政策中，间接补贴政策中的信贷优惠政策数量很少，这侧面反映出我国新能源设备制造业产业资本不够活跃，外来动力不足，这也是相当一部分企业因资金问题发展受到限制甚至连进入行业的资格都没有的一大原因。所以，政府可以继续在信贷优惠方面出台更多补贴政策，不仅是国有银行等金融机构，还可以适当放开，引入民营资本，为新能源设备制造业注入更多的动力。

5. 在风能、太阳能设备回收再制造方面提出以下补贴模式改革政策目标

（1）优先制定原料供应补贴与产品销售补贴政策。考虑到原料供应不足是回收再制造的一大障碍，因而如何激励供应链，使得废旧光伏、风能设备产品等流向正规新能源设备再制造企业而不是非法加工企业是当前亟待解决的问题，基于此，补贴政策的设计应考虑两个方面：一是减少新能源设备再制造企业的亏损；二是提升回收商的收益，激励其将废旧产品售予正规新能源设备再制造企业。对比四种补贴模式可知，尽管税收优惠政策能够大幅度提高回收新能源设备再制造企业利润，却对回收商收益无影响，即这一补贴模式的影响对象是单一的；而原料供应价格补贴与产成品销售补贴则可较好地解决以上亟待解决的两大难题，以上两种模式的选择也在一定程度上验证了美国、日本、巴西等的新能源设备再制

造企业举足轻重的国家原料供应价格补贴和产成品销售补贴政策制定的合理性。

（2）谨慎实施投资补贴。本书的理论模型与仿真证明了随着投资额度的增加，回收商利润得到提升，而新能源设备再制造企业的利润逐步下降。理论模型也验证了这一政策值得商榷。至少从目前来看，对于新建的新能源设备再制造企业，给予的投资补贴应适可而止；而对于已经给予补贴的新能源设备再制造企业，应加强对企业生产运营的管理。

（3）税收优惠政策是推进新能源设备回收再制造的次优政策。税收优惠政策对新能源设备再制造企业的影响存在临界值，当超过临界值时，税收优惠政策对新能源设备再制造企业利润的提升幅度超过其他三种补贴模式。政策仿真证明，较小的税收优惠政策可以使新能源设备再制造企业利润有大幅攀升，因而，在以再制造企业利润为政策导向的情况下，该模式能够实现政府预期目标。

五、构建资金流向的反馈体系，提高补贴资金的使用效率

考虑到企业在获取补贴资金的过程中存在“寻租”或“掠夺之手”现象，资金在发放和使用过程中缺乏有效的监督及反馈机制，可能导致政府与企业之间在补贴资金的发放上不按规定执行，或者企业将资金挪为他用，造成国家资源的浪费。例如，近些年发生的几起太阳能热水器爆炸事件，其原因在于企业偷工减料，在降低成本的同时质量不过关，进而对人身造成伤害。

由此构建资金流向的反馈体系极为必要，通过有效地监控，政府可以第一时间了解资金的运行过程，以便在下次实施时及时改进。补贴资金使用效率的提高可以在一定程度上改善新能源设备制造企业的经营管理，减少产品的事故发生率和企业亏损程度。

参 考 文 献

陈明明，张国胜，孙秀. 2016. 国有企业、政府补贴与企业创新供给——基于上市工业企业的实证研究. 当代财经，(10)：34-44.

陈剩勇，孙仕祺. 2013. 产能过剩的中国特色、形成机制与治理对策——以1996年以来的钢铁业为例. 南京社会科学，(5)：7-14.

陈振明. 2004. 政府工具研究与政府管理方式改进——论作为公共管理学新分支的政府工具研究的兴起、主题和意义. 中国行政管理，(6)：43-48.

杜伟杰，陈钢，高宇. 2011. 发展新能源产业的补贴模式研究. 经济论坛，(11)：99-102.

耿强，江飞涛，傅坦. 2011. 政策性补贴、产能过剩与中国的经济波动——引入产能利用率RBC模型的实证检验. 中国工业经济，(5)：27-36.

顾群. 2015. 政府补贴与企业创新投入、创新模式的关系——来自科技型中小企业的经验证据. 财会月刊，(32)：74-76.

韩秀云. 2012. 对我国新能源产能过剩问题的分析及政策建议——以风能和太阳能行业为例. 管理世界，(8)：171-172，175.

黄萃，徐磊，钟笑天，等. 2014. 基于政策工具的政策-技术路线图（P-TRM）框架构建与实证分析——以中国风机制造业和光伏产业为例. 中国软科学，(5)：76-84.

冷建飞，王凯. 2007. 补贴对农业上市公司盈利的影响研究——基于面板数据模型的分析. 江西农业学报，(19)：134-137.

李健，赵乾，崔宏祥，等. 2008. 基于国情的废旧电池回收利用模式研究. 中国软科学，(9)：39-45.

刘宝全，季建华，张弦. 2008. 废旧产品再制造环境下的产品定价和再制造方式分配. 管理工程学报，(3)：74-78.

刘德胜，张玉明. 2010. 政府研发资助驱动SME研发及其效果研究. 软科学，24（7）：27-31.

马辉，郭汉丁. 2012. 废旧电器回收再循环体系的构建. 中国科技论坛，(5)：64-67.

宓翠，袁旭梅，孟卫东. 2010. 基于专利地图技术的我国风电产业专利竞争情报研究. 情报杂志，29（11）：39-43.

倪云林，辛华龙，刘勇. 2009. 我国海上风电的发展与技术现状分析. 能源工程，(4)：21-25.

彭熠，胡剑锋. 2009. 财税补贴优惠政策与农业上市公司经营绩效——实施方式分析与政策启示. 四川大学学报（哲学社会科学版），(3)：14，86-94.

申香华. 2010. 成长空间、盈亏状况与营利性组织财政补贴绩效——基于 2003—2006 年河南省和江苏省上市公司的比较研究. 财贸经济，(9)：64-69.
沈翠芝，汪天松. 2013. 政府激励对废旧家电回收处理的影响分析. 山西师范大学学报（自然科学版），27（3）：123-128.
史丹. 2012. 我国新能源产能“过剩”的原因与解决途径. 中国能源，34（9）：5-8，30.
孙鹏，聂普焱. 2013. 新能源产业规制：研发补贴与支持价格的相机抉择. 当代财经，(4)：94-105.
谭思明，张卓群，赵霞，等. 2011. 海上风电领域国际专利竞争态势分析. 现代情报，31（9）：22-27.
唐清泉，罗党论. 2007. 政府补贴动机及其效果的实证研究——来自中国上市公司的经验证据. 金融研究，(6)：149-163.
陶学荣. 2006. 公共政策学. 大连：东北财经大学出版社：66-67.
童光荣，高杰. 2004. 政府 R&D 支出的就业乘数效应研究. 中国软科学，(8)：109-113.
汪秋明，韩庆潇，杨晨. 2014. 战略性新兴产业中的政府补贴与企业行为——基于政府规制下的动态博弈分析视角. 财经研究，40（7）：43-53.
王立国，赵琳，高越青. 2011. 谨防风电设备、多晶硅行业性产能过剩的风险. 宏观经济研究，(5)：38-45，63.
王文宾，达庆利. 2010. 考虑政府引导的电子类产品逆向供应链奖惩机制设计. 中国管理科学，18（2）：62-67.
王文宾，达庆利. 2011. 奖惩机制下闭环供应链的决策与协调. 中国管理科学，19（1）：36-41.
王文宾，达庆利. 2013. 奖惩机制下具竞争制造商的废旧产品回收决策模型. 中国管理科学，21（5）：50-56.
王晓珍，彭志刚，高伟，等. 2016. 我国风电产业政策演进与效果评价. 科学学研究，34（12）：1817-1829.
王一卉. 2013. 政府补贴、研发投入与企业创新绩效——基于所有制、企业经验与地区差异的研究. 经济问题探索，(7)：138-143.
吴剑峰，杨震宁. 2014. 政府补贴、两权分离与企业技术创新. 科研管理，(12)：54-61.
武咸云，陈艳，杨卫华. 2016. 战略性新兴产业的政府补贴与企业 R&D 投入. 科研管理，(5)：19-23.
肖国华，熊树明，张娴. 2007. 专利地图设计制作及影响因素分析. 情报理论与实践，(3)：372-377.
谢旭轩，王仲颖，高虎. 2013. 先进国家可再生能源发展补贴政策动向及对我国的启示. 中国能源，(8)：15-19.
严静，张群洪. 2014. 中国可再生能源电价补贴及对宏观经济的影响. 统计与信息论坛，29（10）：46-51.
杨洋，魏江，罗来军. 2015. 谁在利用政府补贴进行创新?——所有制和要素市场扭曲的联合调节效应. 管理世界，(1)：75-86，98，188.
杨振. 2013. 激励扭曲视角下的产能过剩形成机制及其治理研究. 经济学家，10：48-54.
张成福，党秀云. 2001. 公共管理学. 北京：中国人民大学出版社：77-78.
张嵎喆，王俊沣. 2013. 光伏产业困局的成因与对策. 宏观经济管理，(4)：45-47.

赵中华，鞠晓峰. 2013. 技术溢出、政府补贴对军工企业技术创新活动的影响研究——基于我国上市军工企业的实证分析. 中国软科学，（10）：124-133.

钟春平，潘黎. 2014. “产能过剩”的误区——产能利用率及产能过剩的进展、争议及现实判断. 经济学动态，（3）：35-47.

周劲，付保宗. 2011. 产能过剩的内涵、评价体系及在我国工业领域的表现特征. 经济学动态，（10）：58-64.

朱平芳，徐伟民. 2003. 政府的科技激励政策对大中型工业企业 R&D 投入及其专利产出的影响——上海市的实证研究. 经济研究，（6）：45-53，93.

Aarnio T，Hämäläinen A. 2008. Challenges in packaging waste management in the fast food industry. Resources，Conservation and Recycling，52（4）：612-621.

Aksen D，Aras N，Karaarslan A G. 2009. Design and analysis of government subsidized collection systems for incentive-dependent returns. International Journal of Production Economics，119（2）：308-327.

Almus M，Czarnitzki D. 2003. The effects of public R&D subsidies on firms innovation activities：the case of eastern Germany. Journal of Business & Economic Statistics，21（2）：226-236.

Balsari C，Ucdogruk Y. 2008. The impact of investment and R&D subsidies on firm performance：evidence from Istanbul stock exchange. MIBES Transactions，2（1）：1-12.

Batlle C. 2011. A method for allocating renewable energy source subsidies among final energy consumers. Energy Policy，39：2586-2595.

Beason R，Weinstein D E. 1996. Growth，economies of scale，and targeting in Japan（1955-1990）. The Review of Economics and Statistics，78（2）：286-295.

Benson C L，Magee C L. 2014. On improvement rates for renewable energy technologies：solar PV，wind turbines，capacitors，and batteries. Renewable Energy，68：745-751.

Bergström F. 2000. Capital subsidies and the performance of firms. Small Business Economics，14（3）：183-193.

Betcherman G，Daysal N M，Pagés C. 2010. Do employment subsidies work? Evidence from regionally targeted subsidies in Turkey. Labour Economics，17（4）：710-722.

Boccard N. 2009. Capacity factor of wind power realized values vs. estimates. Energy Policy，37（7）：2679-2688.

Briggs R J J，Kleit A. 2013. Resource adequacy reliability and the impacts of capacity subsidies in competitive electricity markets. Energy Economics，40：297-305.

Busom I. 2000. An empirical evaluation of the effects of R&D subsidies. Economics of Innovation and New Technology，9（2）：111-148.

Chang T P，Liu F J，Ko H H，et al. 2014. Comparative analysis on power curve models of wind turbine generator in estimating capacity factor. Energy，73：88-95.

Clausen T H. 2009. Do subsidies have positive impacts on R&D and innovation activities at the firm level?. Structural Change and Economic Dynamics，20（4）：239-253.

Connolly H，Gottschalk P. 2009. Do earnings subsidies affect job choice? The impact of SSP subsidies on job turnover and wage growth. The Canadian Journal of Economics，42（4）：

1276-1304.
Daim T, Iskin I, Li X, et al. 2012. Patent analysis of wind energy technology using the patent alert system. World Patent Information, 34（1）: 37-47.
David P A, Hall B H, Toole A. 2000. Is public R&D a complement or substitute for private R&D? A review of the econometric evidenc. Research Policy,（4/5）: 497-529.
Dubaric E, Giannoccaro D, Bengtsson R, et al. 2011. Patent data as indicators of wind power technology development. World Patent Information, 33（2）: 144-149.
Dumont M, Spithoven A, Teirlinck P. 2016. Public support for R&D and the educational mix of R&D employees. CESifo Economic Studies, 62（3）: 426-452.
Fagiani R, Barquín J, Hakvoort R. 2013. Risk-based assessment of the cost-efficiency and the effectivity of renewable energy support schemes: certificate markets versus feed-in tariffs. Energy Policy, 55: 648-661.
Ferrer G, Swaminathan J M. 2006. Managing new and remanufactured products. Management Science, 52（1）: 15-26.
Flora R, Marques A C, Fuinhas J A. 2014. Wind power idle capacity in a panel of European countries. Energy, 66: 823-830.
Fricke K, Bahr T, Bidlingmaier W, et al. 2011. Energy efficiency of substance and energy recovery of selected waste fractions. Waste Management, 31（4）: 644-648.
Girma S, Görg H, Strobl E, et al. 2008. Creating jobs through public subsidies: an empirical analysis. Labour Economics, 15（6）: 1179-1199.
Grafström J, Lindman Å. 2017. Invention, innovation and diffusion in the European wind power sector. Technological Forecasting and Social Change, 114: 179-191.
Griffin N N. 2010. Labor adjustment, productivity and output volatility: an evaluation of Japan's employment adjustment subsidy. Journal of the Japanese and International Economies, 24（1）: 28-49.
Harris R I D. 1991. The employment creation effects of factor subsidies: some estimates for Northern Ireland manufacturing industry. Journal of Regional Science. 31（1）: 49-64.
Hsu C W. 2012. Using a system dynamics model to assess the effects of capital subsidies and feed-in tariffs on solar PV installations. Applied Energy, 100: 205-217.
Huenteler J, Ossenbrink J, Schmidt T S, et al. 2016. How a product's design hierarchy shapes the evolution of technological knowledge-evidence from patent-citation networks in wind power. Resource Policy, 45（6）: 1195-1217.
Impullitti G. 2010. International compertition and U.S. R&D subsidies: a quantitative welfare analysis. International Economic Review,（4）: 1127-1158.
Johanna R. 2012. Subsidies for renewable energies in the presence of learning effects and market power. Resource and Energy Economics, 34（2）: 236-254.
Jonathan A L. 2013. Wind generation patterns and the economics of wind subsidies. The Electricity Journal, 26（1）: 8-16.
Kangasharju A. 2005. Do wages subsidies increase employment in subsidised firms?. Vatt-Keskuste-

lualoitteite Vatt Discussion Papers.

Kapoor R，Karvonen M，Ranaei S，et al. 2015. Patent portfolios of European wind industry：new insights using citation categories. World Patent Information，41：4-10.

Keyuraphan S, Thanarak P, Ketjoy N, et al. 2012. Rakwichian. Subsidy schemes of renewable energy policy for electricity generation in Thailand. Procedia Engineering，32：440-448.

Koseoglu N M，Bergh J C J M V D，Lacerda J S. 2013. Allocating subsidies to R&D or to market applications of renewable energy? Balance and geographical relevance. Energy for Sustainable Development，17（5）：536-545.

Koski H，Pajarinen M. 2011. Do business subsidies facilitate employment growth?. ETLA Discussion Paper.

Lesser J A. 2013. Wind generation patterns and the economics of wind subsidies. The Electricity Journal，26 （1）：8-16.

Leyden D P，Link A N. 1991. Why are governmental R&D and private R&D coplements?. Applied Economics，23（10）：1673-1681.

Lichtenberg F R. 1987. The effect of government funding on private industrial and development：a reassessment. The Journal of Industrial Economics，36（1）：97-104.

Lin B Q，Jiang Z J. 2011. Estimates of energy subsidies in China and impact of energy subsidy reform. Energy Economics，33（2）：273-283.

Lindman Å，Söderholm P. 2016. Wind energy and green economy in Europe：measuring policy-induced innovation using patent data. Applied Energy，179：1351-1359.

Louhivuori V J. 2015. Do public R&D subsidies foster innovation? evidence from finnish patent data. Master's Thesis of University of Helsinki.

Macintosh A，Wilkinson D. 2011. Searching for public benefits in solar subsidies：a case study on the Australian government's residential photovoltaic rebate program. Energy Policy，39（6）：3199-3209.

Marco A D，Cagliano A C，Nervo M L，et al. 2012. Using system dynamics to assess the impact of RFID technology on retail operations. International Journal of Production Economics，135（1）：333-344.

Moh Y C，Manaf L A. 2014. Overview of household solid waste recycling policy status and challenges in Malaysia. Resources，Conservation and Recyclings，82：50-61.

Montmartin B. 2013. Centralized R&D subsidy policy in an NEGG model：a welfare analysis. Recherches économiques de Louvain，79（1）：5-34.

Morrison C J. 1985. Primal and dual capacity utilization：an application to productivity measurement in the US automobile industry. Journal of Business and Economics Statistics，3：312-324.

Naveen K S，Yog R S. 2012. Reduction in subsidy for solar power as distributed electricity generation in Indian future competitive power market. Journal of Renewable & Sustainable Energy，4（5）：053120.

Noailly J，Ryfisch D. 2015. Multinational firms and the internationalization of green R&D：a review of the evidence and policy implications. Energy Policy，83：218-228.

Ouyang X L, Lin B Q. 2014. Impacts of increasing renewable energy subsidies and phasing out fossil fuel subsidies in China. Renewable and Sustainable Energy Reviews, 37: 933-942.

Reichenbach J, Requate T. 2012. Subsidies for renewable energies in the presence of learning effects and market power. Resource and Energy Economics, 34 (2): 236-254.

Rosnes O. 2014. Subsidies for renewable energy in inflexible power markets. Journal of Regulatory Economics, 46 (3): 318-343.

Sánchez-Braze A, Pablo-Romero M P. 2014. Evaluation of property tax bonus to promote solar thermal systems in Andalusia (Spain). Energy Policy, 67: 832-843.

Savaskan R C, Bhattacharya S, Wassenhove L N V. 2004. Close-loop supply chain models with product remanufacturing. Management Science, 50 (2): 239-252.

Shahverdi M, Moghaddas-Tafreshi S M, Mazzola M S, et al. 2014. Impacts of reforming energy subsidies on small scale generator business in Iran. Renewable Energy, 71: 679-689.

Shen J F, Luo C. 2015. Overall review of renewable energy subsidy policies in China contradictions of intentions and effects. Renewable and Sustainable Energy Reviews, 41: 1478-1488.

Shleifer A, Vishny R W. 1994. Politicians and firms. Quarterly Journal of Economics, 109 (4): 995-1025.

Sinaiko D. 2013. Renewable energy—Financing US renewable energy projects in a post-subsidy world. Natural Gas & Electricity, 29 (10): 7-10.

Tsai Y C, Huang Y F, Yang J T. 2016. Strategies for the development of offshore wind technology for far-east countries-a point of view from patent analysis. Renewable and Sustainable Energy Reviews, 60: 182-194.

Tzelepis D, Skuras D. 2004. The effects of regional capital subsidies on firm performance: an empirical study. Journal of Small Business and Enterprise Development, 11 (1): 121-129.

Urban F, Zhou Y, Nordensvard J, et al. 2015. Firm-level technology transfer and technology cooperation for wind energy between Europe, China and India: from North-South to South-North cooperation?. Energy for Sustainable Development, 28: 29-40.

Wallsten S J. 2000. The effects of government-industry R&D programs on private R&D: the case of the small business innovation research program. The RAND Journal of Economics, 31 (1): 82-100.

Wang Y H, Luo G L, Guo Y W. 2014. Why is there overcapacity in China's PV industry in its early growthstage?. Renewable Energy, 72: 188-194.

Wolff G B, Reinthaler V. 2008. The effectiveness of subsidies revisited: accounting for wage and employment effects in business R&D. Research Policy, 37 (8): 1403-1412.

Wren C, Waterson M. 1991. The direct employment effects of financial assistance to industry. Oxford Economic Papers, 43: 116-138.

Zhang D, Xiong W M, Tang C, et al. 2014. Determining the appropriate amount of subsidies for wind power: the integrated renewable power planning (IRPP) model and its application in China. Sustainable Energy Technologies and Assessments, 6: 141-148.

附　　录

附表一　部分海上风电制造业专利清单

序号	标题	摘要	公开号	公开日	申请号	申请日	申请人
1	海上使用的风轮机	一种和海上风轮机的使用有关的方法和装置，包括通过轴（未示出）和发电机（3）相连的风轮机（2），其被转动地安装在塔（4）上，还包括呈浮体（6）的形式的位于下面的基础，所述的塔（4）被安装在其上。浮体（6）被设计要被这样锚固，使得通过用呈锚固绳、铰链或系绳（7）的形式的锚固方式能够在垂直平面内自由地运动，借以使得，作为波浪对浮体的作用结果，风轮机（2）的运动将作为对运动的阻尼机构，因而从波浪提取能量。通过调节平台的重心与/或用于把浮体连附到海床上的系绳（7）中的张力，调节风轮机的谐振周期	CN1856643A	2006-11-01	CN200480027411.4	2004-08-20	诺尔斯海德公司
2	一种在风力涡轮机装置内衰减塔架振动的方法	一种与用于衰减塔架振动的风力涡轮机装置有关的方法，特别地，一浮动的风力涡轮机装置包括：浮动单元；设置在浮动单元之上的塔架；设置在塔架之上的发电机，所述塔架相对于风向能够转动并安装有风力涡轮机；以及连接至海床上的锚或基座的锚索装置。该塔架的本征振动 ω_{eig} 通过如下方式衰减，即，除了所述控制器在风力涡轮机的恒定功率或者 RPM 范围内的控制之外，还被以塔架速度 $\Delta\dot{Z}$ 为基础将一增量 $\Delta\beta$ 增加至风力涡轮机叶片的叶片角度，	CN102943743A	2013-02-27	CN201210333685.2	2006-10-30	海文德股份公司

续表

序号	标题	摘要	公开号	公开日	申请号	申请日	申请人
2	一种在风力涡轮机装置内衰减塔架振动的方法	以此使得该本征振动被抵消。具有频率 ω_{eig} 的 β 内的振动可得当地依靠具有在塔架速度 $\Delta\dot{Z}$ 和叶片角度 $\Delta\beta$ 之间的传递函数 H_{stab}（s）的稳定器被衰减，从而得到环路传递函数 $H_{\beta-\Delta\dot{Z}\_dot}$（$j\omega_{eig}$）· H_{stab}（$j\omega_{eig}$）=−b，其意味着：其中“b”为取决于该涡轮机叶片力矩和推力特性的变量	CN102943743A	2013-02-27	CN201210333685.2	2006-10-30	海文德股份公司
3	一种在风力涡轮机装置内衰减塔架震动的方法	一种与用于衰减塔架振动的风力涡轮机装置有关的方法，特别地，一浮动的风力涡轮机装置包括：浮动单元；设置在浮动单元之上的塔架；设置在塔架之上的发电机，所述塔架相对于风向能够转动并安装有风力涡轮机；以及连接至海床上的锚或基座的锚索装置。该塔架的本征振动 ω_{eig} 通过如下方式衰减，即，除了所述控制器在风力涡轮机的恒定功率或者 RPM 范围内的控制之外，还被以塔架速度 ΔZ 为基础将一增量 $\Delta\beta$ 增加至风力涡轮机叶片的叶片角度，以此使得该本征振动被抵消。具有频率 ω_{eig} 的 β 内的振动可得当地依靠具有在塔架速度 ΔZ 和叶片角度 $\Delta\beta$ 之间的传递函数 H_{stab}（s）的稳定器被衰减，从而得到环路传递函数 $H_{\beta\text{-}\Delta Z\_dot}$（$j\omega_{eig}$）· H_{stab}（$j\omega_{eig}$）=−b，其意味着：（1）其中“b”为取决于该涡轮机叶片力矩和推力特性的变量	CN101300422A	2008-11-05	CN200680040818.X	2006-10-30	国家石油海德鲁股份公司
4	在海上运输和安装至少一风力或水力发电机的结构体和在海上运输和安装至少一风力或水力发电机的方法	本发明涉及在海上运输和安装至少一风力或水力发电机的结构体（10）。结构体（10）包括：配有侧向分支（11a）的 U 形浮动壳体（11），每个侧向分支支承通过浮动壳体（11）可竖直移动的至少一支柱（20）；和至少一支撑风力或水力发电机的组件，该组件包括两个相对的梭式件（30），每个梭式件和一支柱（20）结合，每个梭式件支承两对臂（60、70），分别为上臂对和下臂对，所述臂对可通过围绕水平轴的转动在收回位置与转靠于风力或水力发电机的桅杆（2）的工作位置之间移动	CN102105348A	2011-06-22	CN200980128874.2	2009-06-19	泰克尼普法国公司
5	风场	本发明涉及一种包括至少两个风力涡轮机的风场，尤其是海滨风场。本发明的目的是形成一个风场，其中各个风力系统（12）之间的运输可以以对天气依赖很少且更安全的方式进行。由此本发明的风场在风场的至少两个风力系统（12）之间设置有至少一个绳索连接（10），并且吊篮（14）设置在所述绳索连接（10）上	CN1469825A	2004-01-21	CN01817530.9	2001-09-08	阿洛伊斯·沃本

续表

序号	标题	摘要	公开号	公开日	申请号	申请日	申请人
6	用于抵达位于地面上方的结构的设备	一种设备，其用于通过相对于位于地面或海面上方的结构降低和/或升高所述设备来抵达所述结构，所述位于地面或海面上方的结构特别是风轮机的转子叶片。所述设备包括：框架结构、用于相对于所述结构支撑所述设备的装置，以及用于相对于所述结构降低和/或升高所述设备的装置。所述框架结构的至少一部分包括导轨部分，所述导轨部分适于相对于所述导轨部分沿所述导轨部分引导可移动物体。所述用于相对于所述结构支撑所述设备的装置构造成用于相对于所述结构定位所述设备，并且所述用于相对于所述结构支撑所述设备的装置构造成便于所述设备大致沿所述结构的纵向移动	CN101375008A	2009-02-25	CN200780003680.0	2007-01-29	PP 能源有限责任公司
7	着陆台	本发明涉及一种用于海上风力发电站的着陆台，带有用于船舶（30）的系泊部位（28），直升机（26）的着陆坪（25），以及一从系泊部位和着陆坪引向设施的公共桥（32）	CN1377319A	2002-10-30	CN00813645.9	2000-07-15	阿洛伊斯·沃本
8	具有预装系泊系统的可拆除的海上风轮机	本发明涉及一种浮动式发电装置，包括安装在浮式开放型结构上的至少两个风轮机，所述浮式开放型结构被利用系泊系统固定至海床，每个风轮机在操作模式下设有叶片和转子部分，其被安装在塔架顶部并且经由电缆连接至所述浮式开放型结构上的中央控制电力电子单元，所述中央控制电力电子单元被连接至水下高压输出电缆，用于输出由所述至少两个风车发的电，其特征在于，所述浮式开放型结构可被连接至所述系泊系统或可从其上拆卸，并且在从所述系泊系统上拆下时，所述浮式开放型结构的重心位于其浮心处或下方	CN102282361A	2011-12-14	CN200980154863.1	2009-12-18	辛格尔浮筒系船公司
9	海上风力发电机组安装施工方法	一种海上风力发电机组吊装平台结构设计和施工方法，由专用驳船将海上风力发电机组和自升式风力发电机组吊装平台运输到已安装完成的海上风塔塔体旁，将使吊装平台（1）步进式提升到风塔塔体顶部将吊装平台（1）与风塔塔体（14）锁紧，提升，吊装托盘（10）和风力发电机组（12）开提升到风塔塔体（14）顶部，移动到塔体（14）顶部正上方与风塔塔体顶部连接中心重合进行连接固定，吊装叶片（13）提升到风塔塔体（14）顶部，将叶片（13）安装到发电机组上。步进式下降吊装平台回收到专用驳船上完成吊装施工	CN101196177A	2008-06-11	CN200610129933.6	2006-12-08	天津市海恩海洋工程技术服务有限公司

续表

序号	标题	摘要	公开号	公开日	申请号	申请日	申请人
10	风力发电场	本发明涉及一种风力发电场，尤其涉及一种近海风力发电场，其包括至少两台风力涡轮机。为了提供一个风力发电场，使其内部各单独风力涡轮机之间运输可以更安全并更少地依赖天气实现，在风力发电场中至少两台风力涡轮机（12）之间设置至少一缆索连接装置（10），且所述缆索连接装置（10）上设有一个悬舱（14）	CN1633558A	2005-06-29	CN03804020.4	2003-02-12	艾劳埃斯·乌本
11	特大型垂直轴风力发电装置	本发明公开了一种特大型垂直轴风力发电装置，包括固定在地面上的塔架以及稳固塔架的横梁，在上下横梁中心通过轴承垂直设置动力旋转轴，旋转轴的底端通过大盘齿轮连接发电机离合器，要点是在旋转轴设置多层一体的风轮机构及弧形框架，在每个弧形框架内安装无阻力活动风叶，在活动风叶与弧形框架接触处设有叶片挡块及叶片开启控制机构，发电机离合器连接发电量控制调节装置。本发明发电量大，阻力小，发电总量可达3000kW以上，而且自身重量比较轻，运行安全稳定，维护简单方便，使用寿命长，可以在河滩、海岸、山顶等区域安装使用	CN101737270A	2010-06-16	CN201010106452.X	2010-02-05	济南高新开发区中泰环保技术开发中心
12	海上组合发电系统	本发明涉及一种用于发电的组合海上系统，包括：带有用于从风中汲取能量且将其转换为电力的发电机的海上风车，连接于该风车且用于将产生的电力输送至海上或陆地消费者的电力输出电缆，以及用于从波浪中汲取能量的至少一个海上波浪动力单元。该海上波浪动力单元的特征在于：所述波浪动力单元产生的电力与通过风车单元产生的电力通过相同的电力输出电缆被传送	CN101981312A	2011-02-23	CN200980111615.9	2009-02-26	辛格尔浮筒系船公司
13	根据空气密度对风力涡轮机作功率调节	本发明公开了一种风能设备，其带有一个用于管理运行该风能设备的控制装置，本发明还公开了一种控制一台带有管理运行用控制装置的风能设备的方法。为了从风中获取尽可能多的能量，该控制装置考虑了该风能设备安装位置处的海拔高度和/或该风能设备的高度。此外，本发明方法测量空气密度，并将由该所测空气密度值导出的、表征空气密度的信号传送给控制装置，供该控制装置在管理运行时予以考虑	CN1494635A	2004-05-05	CN02805603.5	2002-02-21	阿洛伊斯·沃本

续表

序号	标题	摘要	公开号	公开日	申请号	申请日	申请人
14	海上风力发电装置的建设方法及建设装置	一种能够在深水海域安全和顺利地建设浮动式海上风力发电装置（10）的建设装置（50）。利用起重船（S）建设海上风力发电装置（10）的建设装置（50）包括导向部件（51）、和至少一对具有把持部并沿着导向部件（51）滑动的臂部（60）。导向部件（51）安装在相对于起重船（S）的上下方向的作业位置且下端部侧配置在海中。所述把持部可拆装轴向上被分割为多个的塔部（20）	CN101778757A	2010-07-14	CN200880001209.2	2008-08-28	三菱重工业株式会社
15	一种海上风力发电机组防盐雾系统	本发明涉及一种海上风力发电机组防盐雾系统，其特征在于：它包括一轴流风机、一支撑架、一盐雾过滤层、一除湿过滤层、一上托架和一下托架；轴流风机的风筒的底端固定连接在发电机机舱的侧壁上；支撑架底端紧固在轴流风机的风筒的顶端；上托架和下托架均固定连接在支撑架的顶端，盐雾过滤层、除湿过滤层分别在上托架、下托架的支撑下覆盖在支撑架的顶部。还包括两接触式密封圈，分别安装在发电机机舱与轮毂的连接处和风力发电机组机舱与塔筒的连接处。本发明可广泛应用于海上风力发电机组的防盐雾操作中	CN101769236A	2010-07-07	CN201010111832.2	2010-02-05	国电联合动力技术有限公司
16	发电站的装置	本发明涉及一种在波浪中通过使用浮子装置来产生有用能量的发电站的装置。该浮子装置的运动用于产生能量的发电机的进一步生产、用于其能量的传递方式的进一步应用以及，其特征在于包括通过浮子支撑构造的设计在海上浮动的钻塔。浮子支撑构造具有多个设计在水中的浮子以便可以在海中受到波浪运动的影响。所述多个浮子在浮子之间带有间隔地围绕钻塔周边布置为环的形状，各浮子互相独立且和它们各自的发电机通过传动系统建立联系，且钻塔经由缆索锚固到海床：本发明也涉及一种浮子构造	CN102725515A	2012-10-10	CN201080013029.3	2010-12-17	纳德.哈萨马瑞
17	用于预测风力涡轮机的功率曲线的方法	本发明提供一种计算用于风力涡轮机的高海拔功率曲线的方法，这种方法包括以下步骤：确定用于所述风力涡轮机的预定叶片螺距角的 c_p-λ 曲线；以 c_p-λ 曲线为基础计算无功率极限的第一功率曲线；以及从所述第一功率曲线计算有功率极限的高海拔功率曲线，从而利用现场空气密度	CN101196164A	2008-06-11	CN200710194198.1	2007-12-03	通用电气公司

续表

序号	标题	摘要	公开号	公开日	申请号	申请日	申请人
18	用于防止具有腐蚀作用的盐粒渗入海上风力设备的装置	本发明涉及一种用于防止具有腐蚀作用的盐粒渗入海上风力设备的发电机和传动室的装置，它包括气压发生装置和过滤装置，该气压发生装置产生加压空气，并安装在发电机和传动室的至少一个基本封闭的部分中；该过滤装置沿气流方向安装在发电机和传动室的上游，用于使水分和盐粒与要借由所述气压发生装置引入到该室中的空气相分离	CN1326535A	2001-12-12	CN99813540.2	1999-12-10	爱罗丁工程有限公司
19	用于储存势能的设备	描述了一种用于使用一个深的水体中的水来储存势能的设备。此设备包括一个缸体（1），一个可滑动地与缸体相连接的活塞（2），一个用于储存海水的立柱（3），海水通过一进口（4）进入，该进口（4）与缸体/活塞相连通，和一个将缸体和立柱相互连通起来的连接管（5）。此设备还包括用于相对于缸体往复移动活塞的驱动装置，其中驱动装置是一个可驱动地与活塞相连的曲轴（6）和至少一个安装在曲轴上的用于平衡在立柱中储存的水所产生的压力的飞轮（7）	CN1434900A	2003-08-06	CN01809354.X	2001-05-14	兰尼·扎卡里亚·多尔；约翰·道格拉斯·洛克；扎卡里亚·卡里尔·多尔
20	潮汐能海水淡化处理、发电系统及能源综合利用系统	本发明涉及一种潮汐能海水淡化处理、发电系统及能源综合利用系统，海水淡化处理系统中海水蒸发塔配置有真空泵，真空泵与潮汐能动力装置相连接，真空泵与海水蒸发塔通过管道相接，真空泵的输出端与蒸汽冷凝塔通过管道相接，蒸汽冷凝塔与淡水接收处通过管道相接；若引入蒸汽到蒸汽冷凝塔的管道先与蒸汽压力罐相接，以使蒸汽压力罐接收储存蒸汽，汽轮机和蒸汽压力罐通过管道相接，汽轮机的动力输出轴连接发电机组，汽轮机再与蒸汽冷凝塔通过管道相接，如此海水淡化处理系统同时为发电系统，在海水淡化处理系统的海上平台上安装太阳能加热器以及风力发电机，构成能源综合利用系统，从而实现了潮汐能的产业化应用	CN102020329A	2011-04-20	CN201010162024.9	2010-04-28	陈大千
21	风轮机的机舱冷却系统	提供了一种风轮机的机舱冷却系统。所公开的风轮机的机舱冷却系统包括：冷却块，排列成分别围绕安装在机舱内的一个或多个加热装置；通路管线，连接到冷却块以使冷却剂流动；初级换热器，其连接到通路管线并排列在机舱的外侧表面上；以及次级换热器，其能够吸收机舱内产生的热量并排放热量。初级换热器和次级换热器的机舱与外部密封。因此，当在沿海环境操作风轮机的机舱时，因为机舱完全隔绝外部盐分，所以本发明能够防止由于腐蚀引起的涡轮机设施的性能下降	CN102171450A	2011-08-31	CN200980139169.2	2009-09-01	斗山重工业株式会社

续表

序号	标题	摘要	公开号	公开日	申请号	申请日	申请人
22	能量提取方法和设备	本发明提供了使用包括船体（10）的共同浮动平台从风和波浪运动提取能量的方法和设备，该船体（10）停泊于近海位置且其支承用于从风提取能量的风力涡轮机（27）和定位于船体（10）的至少一侧用于从相对于船体（10）的波浪运动提取能量的波浪能量提取装置（12）。该方法和设备还可使用水涌流能量提取装置。该船体（10）还可支承淡化设施（45），该淡化设施（45）使用从风、波浪和水涌流能量提取装置所产生的能量	CN101611226A	2009-12-23	CN200780037324.0	2007-08-14	西多夫有限公司
23	海上发电设备的取决于塔架固有频率的管理	本发明涉及一种操作风力叶轮设备的方法，该设备具有一调节转动体速度的装置。所述方法包括以下步骤：确定各叶轮机和/或叶轮机构件的临界频率，确定在临界频率附近整个叶轮机和/或单个叶轮机构件受激振的转动体的速度范围，使风力叶轮机设备仅在该临界速度范围以下和以上工作，并迅速通过该临界速度范围	CN1422363A	2003-06-04	CN01807711.0	2001-03-28	爱罗丁工程有限公司
24	水流海浪潮汐动能和风能太阳能发电的综合系统	本发明公开了一种水流海浪潮汐动能和风能太阳能发电的综合系统，包括风能发电机组、太阳能发电机组和水流动能发电机组，所述风能发电机组主要由风轮、传动系统、发电机、控制保护系统和塔架组成，所述太阳能发电机组主要由太阳能电池组、太阳能控制器和逆变器组成，所述水流动能发电机组采用悬浮式水流动能发电机或分层分列式水流动能发电机组，上述风能发电机组、太阳能发电机组和水流动能发电机组产生的交流电一起输送和上网。该发电系统有风能时风力发电，有光能时光能发电，有水流动能时水流动能发电，既可互补，又可共同做功，可循环发电，本发明结构简单，成本较低，有利于推广和环境保护	CN101649813A	2010-02-17	CN200910092849.5	2009-09-09	张建洲
25	风电机组设备运输安装船及其应用	本发明涉及一种风电机组设备运输安装船，包括：船体部分，其上设有至少一个开口部，开口部被构造成用于容纳风电机组设备并适于在风电机组设备带有基础部分时使其在运输及安装过程中通过所带基础部分浮置于水面上；吊机部分，其装设于开口部周围用以将风电机组设备吊装放置于开口部内并在运输及安装过程中为其提供扶稳力。它可用于将待安装风电机组设备从码头运输至指定位置并进行安装，或对指定位置的已安装风电机组设备进行迁徙或拆除以将其运输至目的地。本发明能充分利用风电机组基础部分的自浮能力，全方位、有效地解决风电机组设备整体运输和安装问题，从而实现在陆基上进行整体建造及调试、在例如海洋等水体上进行运输和安装的一体化作业	CN102161375A	2011-08-24	CN201110037577.6	2011-01-31	江苏道达海上风电工程科技有限公司

续表

序号	标题	摘要	公开号	公开日	申请号	申请日	申请人
26	海洋风车	本发明提供一种海洋风车，其利用塔架内的循环空气以密闭式进行水冷。本发明的海洋风车具有：由塔架及其基座构成的塔架构造体；支撑在塔架的顶部的叶轮；通过叶轮的旋转而发电的发电机；以及电力变换装置，其对发电机的输出电力进行变换，在塔架内及基座内形成空腔，由塔架内的空腔及基座内的空腔构成的塔架构造体的内部空间，由分隔壁划分为上室和下室，电力变换装置设置在上室中，分隔壁形成第 1 通气孔和第 2 通气孔，具有使空气进行下述循环的空气循环通路及送风装置（例如为排气风扇），即，空气从电力变换装置通过第 1 通气孔至下室，然后从下室通过第 2 通气孔至电力变换装置。将吸气口配置在排气孔的下方，或者在吸气口和排气口之间设置分隔部件	CN102094763A	2011-06-15	CN201010588659.5	2010-12-10	富士重工业株式会社
27	用于水下工作的带冷却循环回路的电气构件	本发明涉及一种具有绕组导线的电气构件、尤其变压器，其包括带有热交换单元的冷却循环回路。按照本发明热交换单元的冷却元件可被第一种液体、尤其海水绕流，并因而对于在电气构件运行期间产生的热量可以实现热交换。按照本发明的电气构件尤其针对海上应用，其中，电气构件设在平台的不同平面上并因而只需要小的空间位置	CN101128892A	2008-02-20	CN200580048635.8	2005-12-22	西门子公司
28	风、光及海潮流清洁能源海水淡化装置	本发明涉及风、光及海潮流清洁能源海水淡化装置，包括依次连接的发电装置、蓄电池组和海水淡化装置，发电装置包括风力发电机组、太阳能电池板和海潮流发电装置；海水淡化装置包括提取泵、前置过滤器、保安过滤器、高压泵、反渗透膜组件、水质检测表和淡水箱。海潮流发电装置包括摇摆采能器、浮球连杆、传动齿轮箱、直流发电机和锚链；摇摆采能器通过浮球连杆与传动齿轮箱连接，传动齿轮箱和直流发电机连接并通过锚链连接固定于海底。相对于现有技术，本发明利用风、光和海潮流互补发电为海水淡化装置提供电能，使海水淡化装置的使用不再受市电供给的限制，可以方便在海岛、海上平台、渔排等场所使用，具有广阔的发展前景和使用空间	CN101875516A	2010-11-03	CN201010198014.0	2010-06-10	吴志文

续表

序号	标题	摘要	公开号	公开日	申请号	申请日	申请人
29	海面浪风光无人操纵可自动沉浮的固定综合发电船队	海面浪风光无人操纵可自动沉浮的固定综合发电船队是由30艘（可增减）小型平底海面浪风光无人操纵可自动沉浮的固定综合发电船通过结实的缆绳前后左右相互连接而成的并用结实的缆绳固定在海底水泥柱上的一个网状梯形船队。每艘发电船上都装有海浪冲击发电机组、风力发电机组、光电池组和船体自动沉浮装置，以及蓄电池等，它们可以充分利用海面上取之不尽、用之不竭的浪能、风能和光能，将其转化为电能、蓄存于蓄电池中或输往陆地电网，并可自动躲避特大风浪的袭击。在船队周围水下安装的巨大粗渔网可以捕鱼、养鱼。在船间缆绳下可种植海带或养殖珍珠蚌壳等海生动植物。它是一套能充分利用海洋资源的海面综合发电装置	CN102060087A	2011-05-18	CN200910140117.9	2009-07-01	姜仁滨
30	空气内能的应用及装置	本发明提供了一种空气内能的应用及装置。一种将空气内能转换成有用的动能的方法，该方法基于流过大致渐缩管嘴的空气，由于管嘴截面减小，所以该渐缩管嘴使空气加速，从而增大空气的动能。动能的增量等于空气内能（即温度）的减少量。在所述管嘴内设置有涡轮，以将气流的动能转换成机械能，所述机械能被转化成电能或传递到齿轮箱中以提供驱动力矩。使用该方法的装置可利用自然风作为气流源或利用人工气流装置。结合有人工产生气流的装置可用作用于陆地、海洋交通工具和飞行器的发动机。由于管嘴内的气温降低，所以会出现水分凝结并且可积存液态水以进一步使用	CN104047814A	2014-09-17	CN201410180759.2	2005-11-16	伊斯拉埃尔·赫什伯格
31	海上风力发电机叶片用涂料及其应用	本发明涉及海上风力发电机叶片用涂料及其应用。具体地，本发明涉及1、一种涂料组合物，其包括物理上相互隔离的第一组合物和第二组合物，其中：所述第一组合物包括：羟基改性丙烯酸树脂、溶剂、和任选的助剂；所述第二组合物包括：HDI和IPDI三聚体。本发明还涉及由所述第一组合物或第二组合物构成的组合物，包括它们的涂料产品，以及由所述涂料组合物涂层所获得的风力发电机叶片。使用本发明涂料组合物获得的叶片具有优良特性	CN102153943A	2011-08-17	CN201110038473.7	2011-02-16	保定优利嘉能涂层科技有限公司

续表

序号	标题	摘要	公开号	公开日	申请号	申请日	申请人
32	一种用于海上能源收集的平台	本发明涉及一种用于海上能源收集的平台，包括太阳能收集装置、风能发电装置以及潮汐发电装置，还包括用于将上述收集装置或发电装置输出的电能汇集并输出的电能汇集装置，所述各装置安装在设置在海面的平台上，所述平台包括部分沉入海面的支架、设置在所述支架上的台面以及设置在所述台面的、用于安装所述太阳能收集装置和风能发电装置的支架。实施本发明的用于海上能源收集的平台，具有以下有益效果：由于将多种能源收集或发电装置设置在一个平台上，且该平台设置在海面上，因此，在有效收集能量的同时，还使得这些转换装置不会占用陆地资源，因此能够有效、安全地收集海面上存在的多种能源	CN101699747A	2010-04-28	CN200910110395.X	2009-10-29	胡锦
33	风力发电用耐低温、抗开裂橡套软电缆	本发明涉及一种风力发电用耐低温、抗开裂橡套软电缆，其特征是橡胶绝缘及护套中增塑剂为耐寒型增塑剂，还加有 2～5 份松焦油和/或汽缸油，3～8 份偶联剂；绞合软导体束丝节距 8～14 倍；若为多芯电缆，绝缘线芯成缆节距 8～10 倍。较现有技术提高了橡胶绝缘及护套，在低温下柔韧性和抗开裂性能，低温下机械性能，及电缆耐扭性能，能够满足风能电缆耐扭要求。本发明电缆，在−40℃低温冲击试验及弯曲试验中不开裂，可以保持在极低温度下的柔软性，满足电缆在低温或海洋气候环境中使用，可以适合使用在环境温差大、盐雾、湿热、霉菌等环境条件。此外，环保辅料的使用，电缆绝缘和护套环境友好，使之能够满足欧盟 ROHS 和 PAHS 多环芳烃环保要求	CN101221836A	2008-07-16	CN200710192206.9	2007-12-21	江苏中煤电缆集团有限公司
34	海上风电厂照明	本发明提供一种操作具有至少一个风力发电设备（OWEA1、OWEA2、OWEA3、OWEA4）和照明装置的海上风电厂的方法，该照明装置工作在普通模式下，其中通过接收装置（100）接收危险信号，并且将所接收的危险信号提供至将照明装置从普通模式切换至紧急照明模式的控制装置（200）	CN103189642A	2013-07-03	CN201180045948.3	2011-09-12	德国瑞能公司
35	风力发电设备的转动摇摆抑制装置和浮体式海上风力发电设备	提供风力发电设备的转动摇摆抑制装置和浮体式海上风力发电设备，能够抑制成为对风力发电设备的发电效率和设备的耐久性造成不良影响的原因的陀螺效应所引起的机舱的转动摇摆。浮体式海上风力发电设备（10）具备：借助风进行旋转的风轮（11）；收纳风轮（11）的旋转轴（12）的机舱（13）；和具有塔架（15），该塔架	CN103314212A	2013-09-18	CN201180064151.8	2011-11-04	独立行政法人海上技术安全研究所

续表

序号	标题	摘要	公开号	公开日	申请号	申请日	申请人
35	风力发电设备的转动摇摆抑制装置和浮体式海上风力发电设备	（15）将机舱（13）支承为能够相对于海面（P）转动自如而发挥风向标效应且具有转动座轴承（14），在浮体式海上风力发电设备（10）中，在塔架（15）设置有用于对机舱（13）的转动摇摆（T）进行抑制的摇摆抑制单元（16），因此能够抑制浮体（31）受到海面（P）的波浪而产生的在产生的摇摆（Ω）引起的陀螺效应所导致的机舱（13）的转动摇摆（T）	CN103314212A	2013-09-18	CN201180064151.8	2011-11-04	独立行政法人海上技术安全研究所
36	海上风力发电装置及海上风力发电场	本发明的目的在于提供一种能够获得关于风车本身的状况、周边的气象状况等正确的信息的海上风力发电装置。本发明的海上风力发电装置通过安装有风车翼的转子头的旋转而驱动发电机构进行发电，其具备对风力发电装置本身及其周边状况进行监视的监视装置（10）	CN102089519A	2011-06-08	CN200880130331.X	2008-10-09	三菱重工业株式会社
37	水上风力发电机的安装设备及其施工方法	一种水上风力发电技术领域的水上风力发电机的安装设备及其施工方法，包括：吊装船、运输驳船、起吊机、吊环、可伸缩浮筒及充气装置、支撑腿及升降装置，其中：吊装船下方固定设有四个支撑腿，吊装船四周固定设置若干可伸缩浮筒，吊装船的上方甲板正中竖直固定设置起吊机，吊装船的上方甲板的起吊机两侧分别对称固定设有 2～10 个吊环，吊环与起吊机的背杆通过钢索连接。运输驳船周围安装有可伸缩浮筒，并配有充气装置。本发明可以在水深 0.3～5 米的范围内进行海上风力发电塔桩基及风机的安装工作，可大幅提高海上风力发电塔安装效率，降低海上风电场建设成本	CN101565091A	2009-10-28	CN200910051632.X	2009-05-21	上海利策科技有限公司
38	潮间带风力发电机立柱不用吊车的安装机构及其操作方法	本发明属于风力发电机的安装设备，涉及一种潮间带风力发电机立柱不用吊车的安装机构及其操作方法；其特征在于：与潮间带位置相对应的岸边海面上置放机动驳船，机动驳船上船艏侧和两弦侧甲板上排列装设数量至少为一套的风力发电机的立柱安装机构，所述的每套立柱安装机构主要由绞缆机拖带装置、固定承台、活动承台、调载用水罐、立柱抱固装置、调载用水罐抱固装置、驳船承重桅、液压缸驱动机构、对位装置和减震结构组成，本发明不仅设计合理，构思新颖独特，结构紧凑，简单实用，既不用起重吊安装，又不需要配备多艘各种类型的船舶，既易于定位安装，又提高装配精度，而且集安装和运输于一体，具有安装速度快，投资少和使用十分方便等优点	CN101793106A	2010-08-04	CN200910248989.7	2009-12-29	郝钲声

续表

序号	标题	摘要	公开号	公开日	申请号	申请日	申请人
39	流体发电设备的传动系	本发明涉及一种流体发电设备、尤其风力发电设备或海流发电设备的传动系，包括带有至少一个转子叶片的转子轮毂（1）和具有多个行星级（6、7、8）的传动机构（4），该传动机构将与转子轮毂（1）连接的转子轴（3）的旋转运动变换传递到随后的发电机（5）的驱动件上。在此，所述转子轮毂（1）、所述传动机构（4）和所述发电机（5）彼此同轴地布置。现在为了以紧凑的方式和方法将转子轴（3）的旋转运动适当变换传递到所述发电机（5）的驱动件上，将所述传动机构（4）构造为具有三个行星级（6、7、8）的、功率分支的传动机构	CN103917778A	2014-07-09	CN201280033365.3	2012-06-18	罗伯特·博世有限公司
40	海上风力发电机组分体安装施工方法及其设备	本发明公开了一种海上风力发电机组分体安装施工方法，主要包括塔机安装、风机安装、塔柱收回三个阶段，海上风力发电机组分体安装设备，所述设备为塔机，塔机包括底架、拉杆、伸缩塔柱和上部结构组成，伸缩塔柱底端安装在底架上，顶端铰接于上部结构上，拉杆连接上部结构与底架，上部结构包括臂架、人字架、抱紧装置和防后倾装置，抱紧装置固定在伸缩塔柱上，防后倾装置一端与人字架和拉杆连接，另一端铰接于臂架上。本发明的海上风力发电机组分体安装施工方法及其设备，采用下回转方式，配合抱紧装置，使得设备受力合理，减小了自重，降低了成本，塔柱伸缩机构、插销机构、动力销的配合使用，方便了塔机的整体安装，提高了安装效率	CN101985917A	2011-03-16	CN201010506445.9	2010-10-08	中交第一航务工程局有限公司；中交一航局第三工程有限公司
41	一种海上发电系统	本发明涉及一种利用再生能源的发电系统，尤其涉及一种综合的海上发电系统。为了解决海洋能发电设备形式单一，综合利用率低的问题，本发明提供一种综合的海上发电系统，包括能量采集装置、发电机组、工作平台和桩柱；其中，所述能量采集装置包括风力采集装置、波浪采集装置和水流采集装置；所述发电机组包括液压系统和发电机。本发明综合利用率高，发电效率高，对环境无污染；能量利用效率高、损耗少；发电系统稳定性更好，而且降低成本；可有效避免关键部件常年浸泡在水里，发生腐蚀或渗漏引起设备故障，同时也便于维护	CN102322403A	2012-01-18	CN201110296288.8	2011-09-29	青岛经济技术开发区泰合海浪能研究中心
42	“黑箱子”海上风电厂	“黑箱子”海上风电厂，是同时利用海浪能·风能·太阳能发电的海上风电厂。“黑箱子”是一个多功能发电厂。内部有一个水涡轮机，从两个方向流入的浪潮推动水涡轮机沿着一个方向直立旋转。	CN102477950A	2012-05-30	CN201010563501.2	2010-11-29	杨旭

续表

序号	标题	摘要	公开号	公开日	申请号	申请日	申请人
42	“黑箱子”海上风电厂	“黑箱子”上的风力涡轮机在风能作用下也沿着一个方向直立旋转。风能和海浪能通过这个垂直的旋转轴使得发电机工作运转，发电机与旋转轴之间的连接是通过一个可以滑动的装置。“黑箱子”是一个海上漂浮发电厂。将锚固定在海底。“黑箱子”随着风、波浪和潮汐流的运动而动，但自身不转动。特殊的机械设计和双锚固定方式使得“黑箱子”的自身旋转受到局限。“黑箱子”发的电通过电缆传输到岸上。浮动“黑箱子”上安装的太阳能电池板，将海上最强太阳光射线转换成电能。太阳能电池板发的电被转换成同发电机发的电一样的电能，共同被输送到电缆，传到岸上	CN102477950A	2012-05-30	CN201010563501.2	2010-11-29	杨旭
43	一种基于海面波浪层和深海稳定区海洋波浪能差动能量提取的波浪能发电系统	本发明公开了一种基于海面波浪区和深海稳定区海洋波浪能差动能量提取的波浪能发电单元，包括海面浮动平台、发电机组、传动机构与水轮机，所述的发电机组固定于海面浮动平台上，浮动平台漂浮于海面上，发电机组的转动输入端通过传动机构与水轮机相连接，所述的水轮机置于深海稳定区，还公开了由上述发电单元组成的发电系统及上述单元和发电系统中采用的水轮机，该发电系统抗台风能力强，绿色环保；该水轮机结构简单，成本低，稳定性好，非常适合大规模生产和应用	CN102261302A	2011-11-30	CN201110078071.X	2011-03-21	郑贵林
44	用于风力涡轮发电机的便携式终端	一种用于风力涡轮发电机的便携式终端，风力涡轮发电机的维护，尤其是吊舱内部的维护工作可以被简化，同时考虑维护操作员的安全性。所述便携式终端包括：被设置成立在陆上或近海上的塔；支撑在所述塔上的吊舱，所述吊舱被控制沿偏航方向旋转；以及连接至所述吊舱的多个可旋转叶片，所述多个可旋转叶片被控制移动它们的斜度，由此所述便携式终端能够连接至分别设置在所述吊舱和所述塔的下部上的连接端，以便执行所述风力涡轮发电机的各种控制，所述便携式终端还包括：操作按钮，所述操作按钮产生用于各种控制装置的操作信号，所述各种控制装置被包含在所述风力涡轮发电机的控制电路中；显示部，所述显示部用于显示所述操作按钮的操作状态；和控制部，所述控制部用于执行所述操作按钮的显示控制，其中，所述操作按钮的控制部使得模式选择按钮出现，该模式选择按钮选择性地启用所述风力涡轮发电机的维护模式或操作	CN102753819A	2012-10-24	CN201080000711.9	2010-02-18	三菱重工业株式会社

续表

序号	标题	摘要	公开号	公开日	申请号	申请日	申请人
44	用于风力涡轮发电机的便携式终端	模式，并且当从所述选择按钮选择所述维护模式时，对应于所述显示部上显示的对应的维护操作屏幕，使得分别地控制以下中的至少一种的操作按钮出现：包含在所述风力涡轮发电机中的叶片斜度控制、偏航制动控制以及设置在控制所述叶片斜度控制和所述偏航制动控制的油路上的辅件电机	CN102753819A	2012-10-24	CN201080000711.9	2010-02-18	三菱重工业株式会社
45	浮水风电站	本发明是一种浮水风电站，包括A组、B组喇叭筒形的聚风筒和各组的定位兼拦风的挡壁D和C；各风筒的小端装备着风电机组E和E′。风力机的功率是与风速的三次方成正比，所以用风筒提高风速非常重要。上述装置都装固在筒体组合大箍上，F组筒体的中心线偏下是水面W，G组筒体完全在水面下；上下两组用多根竖管M、横管H和张拉线N联结，各结构管件都呈流线型截面。风电站可拴系在小岛、礁石或海底锚方式浮水自动迎风定向发电，可为领先占领海洋开采海底热液多金属硫化物、富钴结壳、多金属结核提供最佳电源	CN101230846A	2008-07-30	CN200710066981.X	2007-01-28	黄金伦
46	垂直立柱浮式风电平台及其构筑方法	一种浮式风力发电技术领域的垂直立柱浮式风电平台及其构筑方法，该垂直立柱浮式风电平台，包括：多根深吃水立柱、与深吃水立柱的底端相连的一个压载舱、一个与深吃水立柱上部连接的多孔甲板、与多孔甲板固定连接的风力发电机组以及若干与平台及海床相连的锚缆。本发明仅靠立柱重力和浮力实现垂直安装，不需要大型起重浮吊；大大降低深海立柱式平台整体建造和安装成本，为深海立柱式浮体风电平台的大规模商业化提供了可行性	CN102152841A	2011-08-17	CN201110050398.6	2011-03-02	王晋
47	一种利用海洋温差发电的方法及装置	本发明提供了一种利用海洋温差发电的方法及装置，用海洋表层的热海水加热低沸点工质，使之蒸发，送入汽轮机推动汽轮发电机组做功发电，汽轮机排出的工质乏气用海洋深层的冷海水冷凝为液态，再用热海水加热，送入汽轮机，使之蒸发，推动汽轮机发电机组做功发电，如此循环，持续发电；还利用洋面风力发电，并用该电力驱动热泵装置，由热泵装置的媒质将工质的温度进一步提高，增大工质体积膨胀率；由热泵装置的媒质将冷海水的温度进一步降低，再用该低温海水去冷凝工质乏气，增强对工质乏气的冷凝效果。本发明提高了海洋温差发电闭式循环发电的效率，实现了海洋温差能和风能的综合利用，具有重要的实用价值，是绿色环保能源，易于大规模使用和推广	CN102213199A	2011-10-12	CN201110147353.0	2011-06-02	东方电气集团东方汽轮机有限公司

续表

序号	标题	摘要	公开号	公开日	申请号	申请日	申请人
48	一种运输安装船、一种用船运输安装风电机组的方法	本发明涉及一种运输安装船、一种用船运输安装风电机组的方法。该运输安装船包括：船体、塔架、导轨、移动横梁、平衡梁、上部吊架、起重设备，其中，船体具有纵向中轴线和U形口；塔架的底部固定于船体上纵向中轴线的两侧，且均平行于纵向中轴线；移动横梁，位于U形口的上方，并可沿固定在塔架上的导轨移动，与起重设备和上部吊架分别相连；平衡梁，位于移动横梁的上表面，用于将风电机组的塔筒与自身锁定在一起；上部吊架用于，与风电机组的底部相连，以托住风电机组；起重设备，两侧分别固定于塔架上，用于带动移动横梁沿导轨上下移动。利用本发明的技术方案，能提高风电机组的海上安装效率，且受海况影响小	CN102616340A	2012-08-01	CN201110033444.1	2011-01-30	华锐风电科技（江苏）有限公司
49	近海可再生能源综合发电系统	本发明涉及一种近海可再生能源综合发电系统，属于可再生能源发电技术领域。该综合发电系统包括单桩结构（1）和三种发电装置及电气连接电路，三种发电装置包括风力发电装置、波浪能发电装置、潮流能发电装置，它们分别通过三个直驱永磁发电机（3-1、3-2、3-3）和三个整流器（16-1、16-2、16-3）并联至综合发电系统内部直流母线（19），通过海底电缆（20）连接至岸上的逆变器（21），最后经升压变压器（22）并入电网。本发明将近海风能发电、波浪能发电、潮流能发电融合成一有机结合体，通过电气连接系统，实现了各种发电装置之间的相互兼容以及与电网的可靠连接	CN102182635A	2011-09-14	CN201110116157.7	2011-05-06	河海大学
50	一种帆桨结合式风光能源复合型发电装置及其用途	本发明涉及一种帆桨结合式风光能源复合型发电装置及其用途。风能利用采用大型直立形风帆结构，提高了风能动力能量，可以带动大功率发电设备。并将直立风帆和桨式平盘的风能结构相结合，在提高风能动量同时提高了风能利用效率。另一特点，在直立风帆上和平盘桨叶上均附加有太阳能电池结构，光电池的大面积铺设利用提高了光电发电能量和光电转换效率。用途包括工业农业商业及民用的空置场地发电、陆上水上及山上固定设施设备用发电、海上移动或固定设施船舶及海上油井各类平台和风场的发电等	CN101109367A	2008-01-23	CN200710058815.5	2007-08-16	马元威

续表

序号	标题	摘要	公开号	公开日	申请号	申请日	申请人
51	支撑海上风机和海洋能发电机的预应力混凝土浮式平台	本发明公开一种支撑海上风电和海洋能发电机的混凝土半潜式的浮式平台及其施工安装方法。该浮式平台包括至少三个空心圆柱体混凝土浮筒，通过横向框架结构连接各浮筒以形成平面为三角形或四边形或多边形结构。该浮式平台采用预应力混凝土和/或预应力轻质混凝土和/或预应力纤维混凝土制成。每个平台安装一个水平轴风机和/或至少一个垂直轴风机及可选择安装太阳能和/或波浪能发电机。预应力轻质混凝土浮式平台与钢浮式平台相比，造价大幅降低，结构重心低，结构稳定性更高。平台施工类似成熟的分段预制拼装预应力混凝土桥节段施工法，施工可行。本发明应用于水深 25 米至 100 米或更深的海上风电和海洋绿色能源，潜在经济效益巨大	CN103010415A	2013-04-03	CN201210030258.7	2012-02-10	黄灿光；陈立强
52	海上及潮间带风力发电机组的机舱除湿除盐微正压系统	本发明涉及风力发电设备，公开了一种用于海上及潮间带风力发电机组的机舱除湿除盐微正压系统。该系统是在机舱内指定进风口位置安装除湿和过滤装置，对机舱除指定进风口外的其他缝隙部位采取相对密封或独立于机舱环境的风通道的措施，形成一个相对密封的空间。对从指定进风口进入机舱内的空气进行除湿和一定直径颗粒的过滤，通过湿度、盐雾和流量的控制，使除湿和除盐后相对干燥和纯净的空气充满整个机舱，形成一个微正压，从而保证机舱内零部件在类似陆上空气的环境下工作，最大限度的减少海上潮湿和盐雾对其的腐蚀。整个防腐系统只需对局部结构进行改进，成本较低，而且实施简单，可靠性高，设备本身技术要求不高，整个系统易维护	CN102213188A	2011-10-12	CN201010137486.5	2010-04-01	上海电气风电设备有限公司
53	海面浪风光能综合发电船队	海面浪风光无人操纵可自动沉浮的固定综合发电船队是由 30 艘（可增减）小型平底海面浪风光无人操纵可自动沉浮的固定综合发电船（1）通过结实的缆绳（2）前后左右相互连接而成的并用结实的缆绳固定在海底水泥柱（3）上的一个网状梯形船队。每艘发电船上都装有海浪冲击发电机组（4）、风力发电机组（5）、光电池组（6）和船体自动沉浮装置，以及蓄电池（7）等，它们可以充分利用海面上取之不尽、用之不竭的浪能、风能和光能，将其转化为电能、蓄存于蓄电池（7）中或输往陆地电网，并可自动躲避特大风浪的袭击。在船队周围水下安装的巨大渔网可以捕鱼、养鱼。在船间缆绳下可养殖海生动植物。它是一套能充分利用海洋资源的海面综合发电装置	CN102202962A	2011-09-28	CN201080002295.6	2010-06-03	姜仁滨

续表

序号	标题	摘要	公开号	公开日	申请号	申请日	申请人
54	海上综合能源发电系统	本发明公开了能源开发与利用技术领域中的一种海上综合能源发电系统。包括波浪能转换装置、风能转换装置、海流能转换装置、功率传动箱和直驱发电机；波浪能转换装置、风能转换装置和海流能转换装置分别与功率传动箱相连；功率传动箱与直驱发电机相连；波浪能转换装置用于将波浪能转换为机械能并输出到功率传动箱；风能转换装置用于将风能转换为机械能并输出到功率传动箱；海流能转换装置用于将海流能转换为机械能并输出到功率传动箱；功率传动箱用于接收波浪能转换装置、风能转换装置和海流能转换装置输出的机械能，并将接收的机械能叠加后，驱动直驱发电机发电。本发明解决了现有的海上能源发电系统存在的稳定性差和结构复杂的问题	CN102359431A	2012-02-22	CN201110257652.X	2011-09-01	华北电力大学
55	预防强风的风力发电装置及其方法	本发明公开了一种预防强风的风力发电装置及其方法，旨在拓宽风力发电装置的使用区域。其技术要点是：风叶由风叶框架、框架内网格状加强筋，以及网格状排列的单向阀结构组成，单向阀的阀座由风叶网格状的加强筋组成，阀片由具弯曲弹性特性的薄片材料组成，阀片的一边与阀座粘贴或紧密连接。风力发电装置预防强风的要点是采用控制风叶表面材料或风叶的中间层材料的结构强度的方式，当大风、飓风的风力超过其设计抗击的强度，风叶表面材料或中间层材料首先遭到破坏，保护了风叶和风力发电装置。本发明的风力发电装置具有强风保护作用，可适用于强风、飓风多发区域的风力发电装置，还可适合用于潮流、波浪的海洋动力环境的水力发电装置	CN1603614A	2005-04-06	CN200410084217.1	2004-11-16	俞嘉华
56	一种利用水波浪能和风能互补发电的发电方法及装置	本发明公开了一种利用水波浪能和风能互补发电的发电方法和装置，该方法包括设置一利用海水水波浪发电的发电机组，发电机组的动能输入叶轮下部浸没在海水中，动能输入叶轮上部露出海水平面，动能输入叶轮利用海水浮力随海水平面的升降而升降；在动能输入叶轮上方设一具有内凹曲面的挡风墙，挡风墙的下端设一导风板，导风板将挡风墙接收到的风引向动能输入叶轮上部的叶片工作面，以推动动能输入叶轮朝水波浪推动而转动的方向转动。优选该方法还包括设置与上述发电机组并网发电的风力发电机。该装置包括前述发电方法中的发电机组和风力发电机。本发明的有益效果是，海洋自然资源利用充分、发电量大、发电成本低，且结构简单、故障率低	CN102278265A	2011-12-14	CN201110198032.3	2011-07-15	李晓明

续表

序号	标题	摘要	公开号	公开日	申请号	申请日	申请人
57	一种海上风电功率/频率控制方法	本发明提出了一种海上风电功率/频率控制方法，将海上风电场与抽水蓄能电站相结合形成互补运行系统，控制系统根据风电场功率预测曲线、当地日负荷曲线、系统参数等对风电场和抽水蓄能电站各时刻出力进行调控，满足当地负荷需求。同时，风电场将制氢设备作为变换负载，电子负荷调节器根据各时刻风电场多余电能对制氢设备进行不同程度的投切。最终达到风电功率/频率控制的目的	CN101975141A	2011-02-16	CN201010512902.5	2010-10-20	中电普瑞科技有限公司；中国电力科学研究院
58	一种风电互补驱动海水淡化高压泵的装置	本发明涉及海水淡化领域，具体是一种风电互补驱动海水淡化高压泵的装置，包括风力机、传动轴、齿轮换向器、加速齿轮箱、风能驱动的高压水泵及电动水泵，其特点是：所述风力机的输出轴与所述传动轴的上端固定连接，所述传动轴的下端与齿轮换向器的输入轴固定连接，所述齿轮换向器的输出轴通过联轴器与加速齿轮箱的输入轴连接，加速齿轮箱的输出轴通过联轴器和风能驱动高压泵的主轴连接。本方案以风能驱动高压泵为主要动力，当风力不足或无风时，可适当启用电动水泵以保证设施工作。本发明用于反渗透海水淡化，减少了电能消耗，具有投资省、效率高，运行及维护费用低等优势	CN102126548A	2011-07-20	CN201110033126.5	2011-01-31	吴速
59	波浪能发电系统	本发明提供一种波浪能发电系统，属于发电技术领域，其结构包括一主轴，主轴的两端设置在海底固定桩或深海大型漂浮设备的安装座上，主轴上设置有数个单向做功组件，每个单向做功组件通过连杆与浮漂相连接，变速箱的动力输入轴与主轴相连接，变速箱的动力输出轴通过离合器与一台或一台以上的发电机相连接，发电机则通过并网变流器接电网。波浪推动浮漂上下浮动，通过连杆使单向做功组件驱动主轴单方向旋转，主轴旋转将动力传递给变速箱，再传到发电机进行发电，发出的电通过并网变流器输送至电网。本发明的波浪能发电系统与现有技术相比，具有结构简单、投资小、发电成本低、维护成本低、制造技术娴熟等特点，可形成规模发电站，能适应各种气候环境及深浅海，抗台风能力强，且能综合利用太阳能设备及风力发电设备	CN101922403A	2010-12-22	CN201010259620.9	2010-08-23	杨志锋

续表

序号	标题	摘要	公开号	公开日	申请号	申请日	申请人
60	水电资源共生的生态利用系统	本发明涉及一种水电资源共生的生态利用系统,包括能源收集设备以及发电装置,能源收集设备输出端设置有能源转换储存设施,其包括空气压缩装置和储能装置,能源转换储存设施上设有气动冷凝器。使用时,利用能源收集设备将海浪能和风能的自然能源收集后,再经驱动空气压缩装置将其转换成压缩气体能储存于储能装置内部,以供发电装置将其转化成高质量的电力能源。同时,压缩气体能源在传输过程中经过气动冷凝器时,气动冷凝器将其气体中水分凝结起到气水分离,从而达到完成提取淡水的功能。基于上述,将自然资源转化成电力、水力资源,不需要再利用非再生资源,从而达到避免污染周围的环境。与现有单一获取能源的方式相比,本发明可达到降低生产成本	CN101403363A	2009-04-08	CN200810067068.6	2008-05-04	杨松林
61	一种风电机组的运输安装船及风电机组的船运和安装方法	本发明涉及一种风电机组的运输安装船及风电机组的船运和安装方法。该运输安装船包括:有纵向中轴线的船体;固定于纵向中轴线两侧的船体上,底部平行于纵向中轴线的两支架;位于两个支架中部内侧的等高处,可支撑平衡梁的两平台;位于两平台以上,与起重设备和上部吊架分别相连,可锁定风电机组塔筒的平衡梁;与风电机组底部相连,以托住风电机组的上部吊架;分别固定于两个支架的顶平面上,且均平行于纵向中轴线的两个导轨;带动平衡梁上下移动,沿两个导轨移动以带动平衡梁沿平行于纵向中轴线的方向移动的起重设备;固定于两个支架内侧的船体上,与风电机组建立连接的船上基础。本发明能提高风电机组的海上安装效率,且受海况影响小	CN102616339A	2012-08-01	CN201110033443.7	2011-01-30	华锐风电科技(江苏)有限公司
62	聚风风轮装置及一种风力发电设备	一种聚风风轮装置,为一个喇叭状聚风筒或设多个喇叭状聚风筒交错在一起,构成或又隔出多个进风口大出风口小的风道,使进风口的风产生一定风力进入聚风腔,更加增强出风口的风力。聚风筒的出风口前设风轮,可设多个出风口及对应设多个风轮;风轮设固定式风斗或活动式风斗,或固定式风斗和活动式风斗兼设。一种风力发电设备,采用本发明所述的聚风风轮装置与变速装置、发电机、蓄电装置等组合而成。可建成大型、中型或小型的,便携式的可解决无电处(如海岛上)临时用电问题。本风力发电设备可使丰富的弱风资源得以利用,大量采用本发电设备发电,将来有望替代水电、火电所发电量,节约大量不可再生能源	CN102235302A	2011-11-09	CN201010155299.X	2010-04-26	黄郑隽

续表

序号	标题	摘要	公开号	公开日	申请号	申请日	申请人
63	风能波浪能联合发电系统	一种海洋能源利用技术领域的风能波浪能联合发电系统，包括：浮式基础、风力发电机组和若干波浪能发电装置，其中：波浪能发电装置设置在浮式基础周围的圆周方向上，波浪能发电装置与浮式基础固连，风力发电机组安装在浮式基础上，风力发电机组和波浪能发电装置分别与同一输电线路相连传输电能，浮式基础固定在海上。本发明避免了重复建设，达到了减少建设成本的目的；增大了浮式基础的水线面面积，有助于提高整套系统的稳性；提高了波浪利用率；节省了空间，且加强了装置的保护	CN101915202A	2010-12-15	CN201010226695.7	2010-07-15	上海交通大学
64	一种风力发电设备专用电缆的制造方法	本发明涉及一种风力发电设备专用电缆的制造方法，其制造步骤如下：选料—拉丝—导体束绞—隔离层绕包—绝缘层挤出—绝缘层辐射交联—绝缘线芯绞合成缆、空隙填充并绕包隔离层—外护套挤出—外护套辐射交联—成品检验—成品电缆包装入库，采用本方法制造出来的电缆，耐低温性能、耐扭转性能、耐臭氧侵蚀性能、耐日光老化性能、耐油性能、耐海水性能和机械物理性能都优于乙丙橡胶绝缘、氯化聚乙烯护套风能电缆的性能	CN101494105A	2009-07-29	CN200910116336.3	2009-03-13	安徽华能电缆集团有限公司
65	漠表海、多功能长城与沙尘暴防治	本发明提出一种修筑漠表海和多功能长城来根除沙尘暴灾害的技术方法。现行的植物或工程治沙方法都无法有效防治沙尘暴灾害。本发明通过修筑最大可达到或超过整个沙漠或砾漠地理范围的海洋状蓄水体，用海底覆膜及其上的海水压住流动沙砾石沉积物，通过成群连片地修筑多功能长城，不仅可以有效地阻挡和埋压沙尘物质，还创造出范围广阔、可供人类进行生产生活活动的长城间地。本发明用漠表海的淡化水解决水源问题，用建筑物风洞型风力发电机等解决能源问题，用沙漠公路网和抗地震型房屋提供优质安全的通行和居住条件，使人类去荒漠化、根治沙尘暴的渴望变成为现实。本发明使荒漠变成风能太阳能发电等产业的创业基地，变成工程搬迁移民及地质灾害高发区移民的安置基地	CN102322155A	2012-01-18	CN201110175339.1	2011-06-28	马瑞志

续表

序号	标题	摘要	公开号	公开日	申请号	申请日	申请人
66	海上风机安装平台及其风机整体安装旋转抱举机构	本发明公开了一种风机整体安装旋转抱举机构，包括门式安装架（2）、旋转动力部件（7）、立柱（51）和用于支撑塔筒（31）的吊篮（8），门式安装架（2）的两支腿（21）之间设置有抱紧机构（1），抱紧机构（1）与门式安装架（2）之间设置有提升机构（4），立柱（51）安装于抱紧机构（1）的下方，吊篮（8）通过伸缩吊绳（6）吊装于抱紧机构（1）的下方，旋转动力部件（7）的两端分别与立柱（51）和吊篮（8）连接。本发明所提供的机构能够方便地实现风机整体的升降及旋转，从而实现塔筒连接法兰的螺栓孔和风机基础连接法兰的螺栓孔的对中。本发明还公开了一种海上风机安装平台	CN102464273A	2012-05-23	CN201010538370.2	2010-11-09	三一电气有限责任公司
67	空气内能的应用及装置	本发明提供了一种空气内能的应用及装置。一种将空气内能转换成有用的动能的方法，该方法基于流过大致渐缩管嘴的空气，由于管嘴截面减小，所以该渐缩管嘴使空气加速，从而增大空气的动能。动能的增量等于空气内能（即温度）的减少量。在所述管嘴内设置有涡轮，以将气流的动能转换成机械能，所述机械能被转化成电能或传递到齿轮箱中以提供驱动力矩。使用该方法的装置可利用自然风作为气流源或利用人工气流装置。结合有人工产生气流的装置的装置可用作用于陆地、海洋交通工具和飞行器的发动机。由于管嘴内的气温降低，所以会出现水分凝结并且可积存液态水以进一步使用	CN101218430A	2008-07-09	CN200580043924.9	2005-11-16	伊斯拉埃尔·赫什伯格
68	用于深海的系泊浮式风能波浪能联合发电平台	一种风能发电技术领域的用于深海的系泊浮式风能波浪能联合发电平台，包括：风机、支撑平台和系泊系统，风机与支撑平台固定连接，支撑平台漂浮于水面并与系泊系统的一端固定相连，系泊系统的另一端固定设置于海底。本发明通过平台上下运动挤压浮体内的水通过驱动叶轮带动发电机作业，从而实现风能波浪能联合发电。本发明能量转换步骤少，结构简单，易于实现，维护方便，可广泛应用于深水海域	CN102146890A	2011-08-10	CN201110056670.1	2011-03-10	上海交通大学
69	海上风机整体式设置系统	一种海洋工程技术领域的海上风机整体式设置系统，包括：安装船、龙门架、精确定位系统、起降系统和紧固装置，龙门架位于安装船的艏艉并与精确定位系统相连接，精确定位系统设置于龙门架横梁上并与起降系统相连接，起降系统和紧固装置分别设置于精确定位系统的定位梁上。本发明使风机可以在陆上吊装完毕之后，由风电	CN102107720A	2011-06-29	CN201110008474.7	2011-01-14	上海交通大学

续表

序号	标题	摘要	公开号	公开日	申请号	申请日	申请人
69	海上风机整体式设置系统	安装船整体运输到海上风电场并完成设置。海上设置过程中无需使用大型吊装设备及除拖船外的其他船舶。本发明将精确定位系统和起降系统设置在龙门塔架上，同时配备用于运输状态的紧固装置，设置状态时桩腿打入海底，这三点确保了风机整体运输设置过程中的稳定性和可靠性	CN102107720A	2011-06-29	CN201110008474.7	2011-01-14	上海交通大学
70	一种太阳能海水淡化及浓海水资源提取装置和方法	本发明公开了一种太阳能海水淡化及浓海水资源提取装置和方法，通过太阳能综合电站做功，将浅层的海水提取至保温海水储池进行预处理和保温，海水在自然重力的作用下，流经太阳能集热器加热，通过太阳能空气集热器风机和超声波雾化设备，使海水蒸发雾化形成饱和热蒸汽，同海底深层抽出的冷海水在多级冷凝淡化室换热，饱和热蒸汽冷凝成淡水，浓缩的海水进入多级海水化学离子筛资源提取器中获取海水资源提取物。通过上述方式，本发明能够获取需要的淡水和海水资源提取物，整个过程不需要消耗常规能源，在阳光的照射下即可进行独立运行，绿色环保，可循环使用	CN103011473A	2013-04-03	CN201110285216.3	2011-09-23	常州市兴旺绿色能源有限公司
71	利用太阳能风能晒盐和发电的方法	本发明涉及一种利用太阳能风能晒盐和发电的方法，其特别之处是在将制盐设施和盐库置于太阳能风力发电站内，利用发电站内温度高、气流速度快的特点，加速水分蒸发和回收水蒸气成蒸馏水。其方法是：在卤水池中设置多只含有纤维布的圆球，太阳辐射进薄膜大棚内，大棚内的空气、含有水分的圆球上的黑色纤维布、卤水池中的海水吸收太阳热，生成水蒸气和热空气上升，其中的一部分水蒸气上升至大棚遇冷，凝结成蒸馏水，其余的水蒸气和热空气流向风筒，再沿风筒上升，带动风筒中的多只风力发电机发电；在无阳光的时间段内，盐库中的盐、卤水池中的海水和圆球释放热量，继续蒸发水分、产生蒸馏水和发电	CN102320627A	2012-01-18	CN201110164027.0	2011-06-17	冯静
72	海上站、海上站的基底以及用于建立海上站的方法	海上站（1），特别是海上风力发电站，具有可漂浮的和能够通过空腔的注水而下沉的基底（2）以及上层结构（6），所述站的功能单元（7，8）被安置在所述上层结构（6）上。所述基地（2）包括底板（3）、安置在所述底板（3）上的管座（4），以及环形地围绕所述管座（4）构造的、可注水的浮体（5），所述管座（4）在所述基底（2）的下沉的状态下突出水面（12）并且所述上层结构（6）能	CN102144091A	2011-08-03	CN200980135802.0	2009-08-27	马克斯·博格建筑两合公司

续表

序号	标题	摘要	公开号	公开日	申请号	申请日	申请人
72	海上站、海上站的基底以及用于建立海上站的方法	够装配在所述管座（4）上。在用于建立所述海上站（1）、特别是所述海上风力发电站的方法中，在港区中预先制造可漂浮的所述基底（2），在其完成之后，所述基底（2）被牵引至安装地点并且下沉，接着在安装地点通过所述站的所述上层结构（6）以及所述功能单元（7，8）来完成所述站（1）。在所述港区中，用混凝土浇筑所述基底（2）的所述底板（3），优选地由混凝土成品组件（15）构成的所述上层结构（6）的所述管座（4）被装配在所述底板（3）上，并且在装配完所述管座（4）之后，将环形地围绕所述管座（4）构造的、可注水的所述浮体（5）装配在所述底板（3）和/或所述管座（4）上	CN102144091A	2011-08-03	CN200980135802.0	2009-08-27	马克斯·博格建筑两合公司
73	利用太阳能风能晒盐和发电的装置	本发明涉及一种利用太阳能风能晒盐和发电的装置，其特别之处是将制盐设施和盐库置于太阳能风力发电站内，利用发电站内温度高、气流速度快的特点，加速水分蒸发和回收水蒸气成蒸馏水。其方法是：在卤水池中设置多只含有纤维布的圆球，太阳辐射进薄膜大棚内，大棚内的空气、含有水分的圆球上的黑色纤维布、卤水池中的海水吸收太阳热，生成水蒸气和热空气上升，其中的一部分水蒸气上升至大棚遇冷，凝结成蒸馏水，其余的水蒸气和热空气流向风筒，再沿风筒上升，带动风筒中的多只风力发电机发电；在无阳光的时间段内，盐库中的盐、卤水池中的海水和圆球释放热量，继续蒸发水分、产生蒸馏水和发电	CN102464344A	2012-05-23	CN201110164029.X	2011-06-17	冯静
74	利用自然能向电动船舶供能的系统和方法	本发明提供了一种利用自然能向电动船舶供能的系统和方法。本发明实施例通过风-光混合电站将太阳能和风能变换为电能，供码头加能场站及为电动船舶蓄电池集装箱舱充电使用，同时本系统还与市电电网相连，当白天天气晴好、风力较大时，风–光混合电站的发电电量充足，可将多余电量并入市电电网供其他负载使用，当夜晚或白天为阴雨天气、风力较弱时，可将市电电网的交流电变换为直流电，供码头加能场站及为电动船舶蓄电池集装箱舱充电使用，二者互为补充，因此实现了稳定可靠的利用自然能向电动船舶供能，降低了对石油、煤炭等不可再生能源的依赖和船舶噪声污染，缓解了能源危机，保护了大气及海洋环境	CN101478268A	2009-07-08	CN200910076864.0	2009-01-23	吴速

续表

序号	标题	摘要	公开号	公开日	申请号	申请日	申请人
75	基于改进粒子群的海岛风柴蓄发电功率优化设计方法	本发明公布了一种基于改进粒子群的海岛风柴蓄发电功率优化设计方法，所述方法包括：采集孤岛风资源数据，以小时的平均风速为单位；同时采集对应风速的负荷数据，以小时的平均负荷为单位；确定海岛风-柴-蓄负荷发电系统；对风力机的风速-功率曲线线性化；改进粒子群优化 PSO 算法；采用单位度电度电成本计算模型；采用失电率 LLP 为系统停电时间与评估期时间的比率；结果输出，得到度电成本最低时风力发电机、柴油机的台数和蓄电池的容量，以及单位度电成本预测。本发明把改进粒子群算法应用到对孤岛采用风柴蓄联合供电，按照能量的优化调度方法，在满足用电要求情况下，用电成本最低，优点是优化方法简单、效率高，获得的优化结果准确	CN102182634A	2011-09-14	CN201110094224.X	2011-04-15	河海大学
76	导风塔式风力发电机	导风塔式风力发电机是在一台风力发电机上采用多台轮毂电机组成的风力发电机组，充分利用垂直空间，与其他垂直轴发电机相比，提高了发电能力，减少占用水平空间；另外，采用了导风护罩，不仅增加了抗风强度，还增强了对风叶的正向风力，同时减少了反向风力，提高了风力利用率，增强了微风发电效率。导风塔式风力发电机占用空间小，噪声低，微风启动和低成本的特点，便于在城市内分散安装，就地供电。也适合在风口、海边建立大功率风力发电场	CN101358582A	2009-02-04	CN200810147318.7	2008-08-07	沈豪杰
77	漂浮支撑装置和风力发电机组	本发明提供一种漂浮支撑装置和风力发电机组，包括主浮箱、辅助浮箱和多条锚链；所述辅助浮箱均匀固定布设在所述主浮箱的外围；所述锚链的一端与所述主浮箱和辅助浮箱连接，另一端用于与海床连接；所述主浮箱的上端部具有用于与风力发电机组的塔筒连接的连接部。本发明提供的漂浮支撑装置和风力发电机组，主浮箱和辅助浮箱能够对风力发电机组提供支撑，通过对主浮箱和辅助浮箱材料和尺寸的选择，以及辅助浮箱的设置数量等的调整，可以漂浮在水深大于 60 米、甚至达到 1000 米的深水海域，应用海域很大，更便于海上风能的开发和应用	CN103133249A	2013-06-05	CN201110397336.2	2011-12-02	华锐风电科技（集团）股份有限公司

续表

序号	标题	摘要	公开号	公开日	申请号	申请日	申请人
78	具有周向稳定柱的单柱式海上风力发电装置	一种海洋能源利用技术领域的具有周向稳定柱的单柱式海上风力发电装置，包括：风力发电机组、单柱式基础、周向稳定柱、支撑结构、系泊系统和固定压载系统，风力发电机组固定设置于单柱式基础上，周向稳定柱固定设置于单柱式基础周围，支撑结构的两端分别与周向稳定柱和单柱式基础相连，单柱式基础的中部和底部分别与系泊系统和固定压载系统相连，系泊系统与海底连接。本发明通过设置周向稳定柱，以较小的水线面面积获得了较大的水线面惯性矩，同时借助单柱式基础压低重心，从而既满足了稳性要求又获得了良好的水动力性能，为风力发电机组提供一个稳定、经济、灵活的浮式基础，尤其适用于外海深水区域	CN102146873A	2011-08-10	CN201110080002.2	2011-03-31	上海交通大学
79	风力发电机海上运输安装的施工方法及其专用运输安装船	本发明涉及一种风力发电机海上运输安装的施工方法及其专用运输安装船，该施工方法采用的专用运输安装船包括船体，船体的艏部设置有安装系统和船体艏部搭靠装置，安装系统包括安装平台、设置在安装平台上的封固支架，以及顶升及微调位装置，封固支架用于在运输和安装过程中固定风力发电机，顶升及微调位装置用于对风力发电机进行定位安装。本发明采用运输安装船进行安装，集海上风力发电机整体运输和安装兼用，可以直接进行海上风力发电机的整体运输和安装，不受风浪影响，不需要利用专门运输船将风力发电机运输到安装现场，且不需要采用海上平台或专用起重船上的大型起重机械进行安装，建造和使用成本低	CN102278291A	2011-12-14	CN201110165594.8	2011-06-20	中交一航局第二工程有限公司
80	混合波力发电装置	本发明公开了一种混合波力发电装置，其特征在于包括上浮体和下浮体两部分；上浮体是中空的，并在一侧设有开口，所述上浮体的中空部分设有浮子用于随波浪垂荡；下浮体内部设有导电线圈、液压缸、液压马达、发电机和蓄电池；液压缸通过液压管路同液压马达相连接，液压马达的出轴通过联轴器与发电机输入轴相连接；上浮体中的浮子通过连杆连接到液压缸中的活塞上，在液压缸上部设有环绕连杆并相对液压缸位置固定的若干匝导电线圈，与导电线圈对应位置的连杆上固定磁体，导电线圈的输出端和所述发电机的电流输出电极通过整流单元后连接到蓄电池上。该装置能够提高系统的波能转换效率，发电相对稳定，受海洋生物影响较小，且成本低廉适于广泛推广	CN102003330A	2011-04-06	CN201010581636.1	2010-12-09	大连海事大学

续表

序号	标题	摘要	公开号	公开日	申请号	申请日	申请人
81	海上风力发电机组整体安装施工方法及其设备	本发明公开了一种海上风力发电机组整体安装施工方法及其设备，施工方法包括风机装载、风机拖航和风机安装三个阶段，海上风力发电机组整体安装设备，由驳船和驳船上面的固定装置组成，所述固定装置主体为桁架、桁架顶部设置有平衡夹具，桁架中部设置有液压缸悬挂系统，所述驳船前端开有U型槽，U型槽中部设置有主梁，主梁两端固定在驳船上，主梁中间设有尺寸与风机底部塔筒直径相同的开孔。本发明的海上风力发电机组整体安装施工方法，不需要大型专用浮吊及专用设备，工艺简单，成本低且能够保证海上风力发电机组的安装要求及规定；海上风力发电机组整体安装设备，结构简单，操作方便	CN102011714A	2011-04-13	CN201010506443.X	2010-10-08	中交第一航务工程局有限公司；中交一航局第三工程有限公司
82	智能变径自启动垂直轴风力发电装置	本发明公开了一种智能变径自启动垂直轴风力发电装置，采用垂直轴风力机中的直线翼型结构；通过伺服电机和齿轮齿条的组合结构实现了风轮回转半径大小的控制与调整，风速低于切入速度时风力发电装置自启动运行与自动切换功能；以及实现了风轮回转半径大小的智能控制以及风力发电装置的自启动与安全运行监控任务。本发明从改变垂直轴风力机风轮回转半径的角度，不仅提出了一种在风速不断变化的情况下，提高垂直轴风轮效率以及风力发电机输出功率的有效方法，而且给出了一种当风速低于切入速度时风力发电装置自行启动，当风速超过额定风速时风力发电装置能自我保护的有效途径，特别适合于在船舶、海洋工程平台、岛屿等风速大、风速和风向变化快的风力发电应用场合，具有结构紧凑、安装方便、风轮回转半径控制精度高和系统稳定性强的优点	CN102352818A	2012-02-15	CN201110356950.4	2011-11-11	南通纺织职业技术学院
83	多用旋转设备和包括该多用旋转设备的发电系统	本发明涉及一种多用旋转设备和包括该多用旋转设备的发电系统，并且更特别地，涉及一种被配置成有效地引导均匀或非均匀且起伏变化显著的载荷，以最大化旋转效率，并从而生成高效的清洁能源，而不损害全球环境的多用旋转设备，和包括该多用旋转设备的发电系统，其中所述载荷从在地面、溪流、海洋等中生成的各种流体的流动能中获得。本发明涉及一种多用旋转设备，包括：转子，该转子在圆周方向上包括多个叶片；以及载荷导向体，该载荷导向体流	CN103459832A	2013-12-18	CN201280017001.6	2012-03-16	裴明淳

续表

序号	标题	摘要	公开号	公开日	申请号	申请日	申请人
83	多用旋转设备和包括该多用旋转设备的发电系统	入转子内部的流体的流动进行引导，其中，所述载荷导向体包括上支撑部件和下支撑部件，所述上支撑部件和下支撑部件被布置成在该载荷导向体的上侧和下侧彼此相对、且相互连接，以使转子被可旋转地安装；载荷导向板，该载荷导向板对应于叶片，并且在经线方向上被可旋转地安装在所述上支撑部件和所述下支撑部件之间；以及止动销，该止动销在面向所述上支撑部件和所述下支撑部件的内表面上形成，用于控制所述载荷导向板的旋转角度	CN103459832A	2013-12-18	CN201280017001.6	2012-03-16	裴明淳
84	一种利用冷能的海岛供能系统	本发明涉及一种利用冷能的海岛供能系统，包括：LNG 发电系统单元、可再生能源发电和储能单元、低温多效蒸馏海水淡化系统，是一种基于 LNG 发电机以及风能、太阳能、波浪能等不稳定的可再生能源发电和储能系统组成的联合海岛供能系统，系统余热作为海水淡化单元的热源。在储能过程中，贮存 LNG 经蓄冷气化转化为高压天然气 NG，进入 NG 储罐和管网系统储存备用；其次，将空气压缩间冷经过蓄冷回收冷能并节流后液化储存。在用电过程中，高压天然气 NG 吸热升温后进入涡轮膨胀机做功，后进入小型燃气轮机燃烧室与压缩空气燃烧带动燃机涡轮做功；液态空气经过蓄冷和逐步吸热升温进入涡轮膨胀机做功。本供能系统可同时实现岛上电能和淡水供给，并将不稳定的可再生能源转化为稳定可控的发电输出，实现了系统效率提升和用电成本降低，与传统海岛供能系统相比具有巨大优势	CN103993920A	2014-08-20	CN201410226305.4	2014-05-27	鄂尔多斯大规模储能技术研究所；中国科学院工程热物理研究所
85	风力发电飞机	风力发电飞机是将风力发电机-电力发动机可逆机组 9（见附图），安装在特异飞行器上，成为可飞行的风力发电装置，飞机主体是三角形翼身合一的飞翼，装 12 台内嵌电动涵道风扇发动机 4，产生升力。6 台前伸电动涵道风扇发动机 3，竖直状态产生升力，水平状态产生拉力。次飞翼 7 是可逆机组 9 的支持平台。风力发电机产生的电能储于蓄电池中，电力发动机使飞机以 200kM/h 航速往返于风电场和换电站之间。蓄电池储能和逆变器装置能解决风能间歇性的上网难题。远海或深海的发电优势超过目前任何风电装置。在风电场上用风力发电飞机进行立体风力发电，能成倍增加风电场发电量。西风带上风力发电飞机发电量大价低。西风电力飞机的运费低于海轮	CN102582819A	2012-07-18	CN201010244282.1	2010-08-03	王庆源；王茜

续表

序号	标题	摘要	公开号	公开日	申请号	申请日	申请人
86	一种海上风电机组的偏航系统及其运行方法	一种海上风电机组的偏航系统及其运行方法，包括风向传感器，偏航控制器，偏航变频器，偏航减速电机，偏航回转支撑，偏航制动器，其特征在于：采用分散式的偏航变频器结构，由一个偏航控制器控制多个偏航变频器，再由每个偏航变频器驱动一到多个偏航减速电机来实现偏航运动；偏航控制器通过风速风向仪得到控制信号。本发明采用分散式的偏航变频器结构，由一个偏航控制器控制多个偏航变频器，再由每个偏航变频器驱动一到多个偏航减速电机来实现偏航运动，可以在一部分风电机组出现故障时，只需要关停出现故障部分的偏航变频器，则仍可以让风电机组在偏航故障模式下根据控制继续发电，提高可利用率	CN102359434A	2012-02-22	CN201110280675.2	2011-09-21	南车株洲电力机车研究所有限公司
87	漂浮式海洋风能与波浪能混合发电平台	本发明的目的在于提供漂浮式海洋风能与波浪能混合发电平台，包括立轴风力发电机、摆动式波浪发电装置、浮体，立轴风力发电机和摆动式波浪发电装置分别安装在浮体上；所述的摆动式波浪发电装置包括浮子、摆动杆、波浪发电机，浮子连接摆动杆，摆动杆通过波浪运动换向装置连接波浪发电机，波浪发电机通过电力变换装置连接储能装置。本发明扩展了混合发电平台的适用范围，提高了发电平台的稳定性和安全性能，降低了建设成本和维修费用，主动失速控制和变相位控制提高了发电效率，是一种可靠的海上发电平台	CN102900623A	2013-01-30	CN201210414500.0	2012-10-26	哈尔滨工程大学
88	一种防翻倾悬浮式风电机组	本发明一种防翻倾悬浮式风电机组，涉及风力发电技术，包括风轮、塔架、浮子、斜拉钢缆、平衡杆及正拉弹性钢缆，将风力机固定在浮子上，浮子用具有一定弹性的斜拉钢缆系在海底的斜拉混凝土墩上，平衡杆固定在浮子的正下方，平衡杆下端用正拉弹性钢缆系在其正下方的海底正拉混凝土墩上，一旦风速较高，机组倾斜较大，正拉弹性钢缆被拉伸，产生拉力F，这一拉力F将迫使机组恢复到正常位置。本发明的悬浮式风电机组具有防翻倾功能，使得海上悬浮式风力发电机组在风速较高的工况下运行时，能够避免风电机组的整体翻倾甚至毁机事故，提高了海上悬浮式风电机组的运行安全性能	CN101566130A	2009-10-28	CN200810104766.9	2008-04-23	中国科学院工程热物理研究所

续表

序号	标题	摘要	公开号	公开日	申请号	申请日	申请人
89	发电和推进装置的螺旋透平	一种可在多方向、超低水头流体下单向、高速转动的螺旋透平组件。该组件包括水平或垂直布置的螺旋透平（304）件阵列。每一透平件包括数个其翼型呈机翼形的螺旋叶片（302）。这些模件可装到由轻型结构件（316，324）支撑的转轴（322）上，而轻型结构件用牵索（318，326）固定到地面上。该螺旋透平（400）还可利用海洋波浪的动力推进海船（406）。在另一实施例中，在螺旋透平中使用一圆筒形分流器（206）把流体引向透平的叶片。装有分流器的螺旋透平可用来升降一浸没在急流中或在流体中受拖动的物体（504）。该透平也可包括两圈或多圈螺旋叶片（220，222）	CN1188526A	1998-07-22	CN96194908.2	1996-03-29	东北大学
90	一种风电互补的液压驱动海水淡化装置	本发明涉及海水淡化领域，具体是一种风电互补的液压驱动海水淡化装置，包括海水增压系统、风力驱动的液压增压系统及反渗透海水淡化设施。所述液压水压增压系统包括油箱、低压油泵、输油管及风力驱动的液压增压机组，所述液压增压机组包括机舱、安装于机舱前部的风力机叶轮及安装于机舱内部的顺次固定连接的叶轮主轴、加速齿轮箱、联轴器和液压泵。风力驱动液压泵产生高压油，液压水压增压泵以高压油为动力对海水加压进行海水反渗透淡化，当风力不足或无风时，可适当启用电动水泵加压以保证海水淡化设施工作。本发明用于反渗透海水淡化，减少了电能消耗，具有投资省、效率高等优势，特别适合在众多岛屿和沿海地区使用	CN102276016A	2011-12-14	CN201110151044.0	2011-06-08	吴速
91	基于LNG冷能利用的太阳能和风能联合驱动的海水淡化系统	本发明公开了一种基于LNG冷能利用的太阳能和风能联合驱动的海水淡化系统，包括为整个海水淡化系统提供能量的太阳能集热循环系统、与太阳能集热循环系统连接的第一级有机朗肯循环系统、与第一级有机朗肯循环系统连接的第二级有机朗肯循环系统，以及海水淡化装置，其中，所述海水淡化装置的机械泵或电动泵被第一级有机朗肯循环系统和或第二级有机朗肯循环系统产生的机械能和或电能驱动，所述第二级有机朗肯循环系统的冷源由LNG系统提供	CN102795693A	2012-11-28	CN201210277106.7	2012-08-06	西安交通大学

续表

序号	标题	摘要	公开号	公开日	申请号	申请日	申请人
92	海上组合发电系统	本发明涉及一种用于发电的组合海上系统，包括：带有用于从风中汲取能量且将其转换为电力的发电机的海上风车，连接于该风车且用于将产生的电力输送至海上或陆地消费者的电力输出电缆，以及用于从波浪中汲取能量的至少一个海上波浪动力单元。该海上波浪动力单元的特征在于：所述波浪动力单元产生的电力与通过风车单元产生的电力通过相同的电力输出电缆被传送	CN105201733A	2015-12-30	CN201510507853.9	2009-02-26	辛格尔浮筒系船公司
93	建设海上风力发电场的方法	本发明公开了一种建设海上风力发电场的方法，包括以下步骤：1）将围堰桩（11）按照预定规律固定于预定海域的海床；2）将止水带（12）固定于相邻两个所述围堰桩（11）之间，形成风机岛围堰；3）向所述风机岛围堰内填充物质，形成风机岛（1）；4）在所述风机岛（1）上按照在陆地安装风力发电机组的方法安装风力发电机组。本发明所提供的建设海上风力发电场的方法不仅能够降低风力发电场建设时对于天气情况的依赖程度，降低海上风力发电场的建设成本和维护成本；而且建设的海上风力发电场的可靠性高，避免了建设完成后的风力发电机组被船只撞击，延长了其使用寿命	CN101787686A	2010-07-28	CN201010034068.3	2010-01-13	史颜
94	原位开采海底天然气水合物的装置及其方法	原位开采海底天然气水合物的装置及其方法，属于天然气水合物开采技术领域。本发明装置包括太阳能-风能发电系统、旋转伸缩水枪、保温管道、输送管道、套管、海洋平台、海水泵、电加热器、CO_2液体储罐、分解促进剂储罐、高压泵、压力表、过滤装置、储水罐、气液分离器、气体回收装置。本发明先采用热激化法和化学试剂催化法引发天然气水合物的分解反应，然后采用高压CO_2射流技术，在发生置换反应的同时切割天然气水合物。本发明充分利用海洋区域丰富的太阳能和风能开采天然气水合物，清洁环保；将热激化法、化学试剂催化法和CO_2置换法互相配合使用，加大开采速率，降低了化学试剂的用量，有效保证了海底地质的稳定，同时在一定程度上处理了温室气体	CN102704894A	2012-10-03	CN201210172216.7	2012-05-30	上海交通大学

续表

序号	标题	摘要	公开号	公开日	申请号	申请日	申请人
95	一种基于主动平衡控制的海上悬浮式风力发电机组	本发明公开了一种基于主动平衡控制的海上悬浮式风力发电机组，在悬浮式底座（3）上设置有卷扬机构（4）、平衡传感器（6）和实时平衡控制模块，所述卷扬机构（4）对称地设置在悬浮式底座（3）上，所述斜拉钢缆（5）通过卷扬机构（4）与悬浮式底座（3）连接，平衡传感器（6）发出倾斜角度信号控制卷扬机构（4）收缩或伸长斜拉钢缆（5）；当机组向某个方向倾斜，平衡传感器（6）感应其变化，实时平衡控制模块接收平衡传感器（6）信号控制相应方向的卷扬机构（4）通过收缩或伸长钢缆来迫使风机（1）保持平衡，有效地防止风电机组因为风速较高或海浪较大而倾斜甚至倾翻，确保风电机组安全，提高风力发电效率	CN102392796A	2012-03-28	CN201110307444.6	2011-10-11	苏州市思玛特电力科技有限公司
96	一种太阳能海水淡化机、蒸馏水机、太阳能锅炉机	本发明公开了一种太阳能海水淡化机、蒸馏水机、太阳能锅炉机，一种追日机加多阳机的结构。海水淡化机可将海水直接转化为蒸馏水，蒸馏水机也可将非净水转化为蒸馏水。太阳能锅炉机分有：太阳能热水锅炉、太阳能低压蒸汽发生器、太阳能中压蒸汽发生器、太阳能高压蒸汽发生器。这是光热发电工程的设备。采用多台蒸汽发生器串联、并联、辅助热源储存在地下保温沟中的方法来获得高压蒸汽。为了实现全天候发电，还采用“风光互补发电机”辅助并联，达到电能、风能与热能并用，作夜间的辅助能源。电能的辅助可控定量定温的高压蒸汽，令汽轮机均匀运转发电	CN102887556A	2013-01-23	CN201210069591.9	2012-03-06	吴宣湖
97	垂直轴型风力发电装置及叶片的制造方法、风力发电装置的风车的安装构造及安装方法，以及防风用风力发电厂	本发明提供能使叶片稳定旋转，且通过轻量化而使叶片的旋转更顺畅，由此可提升发电效率的垂直轴型风力发电装置及叶片的制造方法、能够容易地设置在建筑物的上部的风力发电装置的风车的安装构造及安装方法，以及使用沿着海岸线设置的垂直轴型风力发电装置或风车而防风的防风用风力发电厂	CN1802503A	2006-07-12	CN200480016016.6	2004-01-07	神钢电机株式会社

续表

序号	标题	摘要	公开号	公开日	申请号	申请日	申请人
98	深强地锚钢架大立柱风能波浪能连合发电厂机组系列机组	本发明涉及了一种深强地锚钢架大立柱广口聚风密封轮斗式风力发电机组与密封中空浮箱液压波浪能、潮汐能、海啸能发电机组系列连合发电厂机组装置。旨在提供一种结构简单，易于加工制造施工，效率极高，功率极其巨大，可收集利用把风速从 0.3～50m/s 以上，高度从 10～500 米海上包括礁石高空的分散危险而巨大的能量，同时还可把波浪能、潮汐能、海啸能吸收、利用、储存直接发出 50Hz 或 60Hz 交电可与水电、火电并网互补，可替代一次能源的动力装置，可阻止台风、飓风的破坏，并利用其巨大能量发电，可向大海扩张要土地，要耕地，要养殖基地的装置，是捕鱼的工具和场地。是台风、飓风、海啸的钢铁屏障长城并兼任海上灾难最好的救生塔	CN1945011A	2007-04-11	CN200610087357.3	2006-06-12	丁陶生
99	海上风能发电风机安装的施工方法	本发明具体为一种海上风能发电风机安装的施工方法，解决了现有海上风能发电风机安装存在费用高且设备不易租赁的问题。a、工作平台上架设有带连接横梁的支撑立柱；b、支撑立柱内布置导向立柱；c、安装卷扬机且导向立柱内设有支撑环梁，支撑环梁内壁及下侧分别设有液压驱动插销及液压千斤顶；d、将塔筒的第一节塔筒滑至安装平台上；e、采用卷扬机将第一节塔筒起吊至预定高度后，液压驱动插销插入第一节塔筒的环梁上；f、卷扬机吊起第二节塔筒至液压驱动插销插入第二节塔筒的环梁上，重复上述步骤至塔筒安装完成；g、安装叶片，并在塔筒环梁与工作平台之间用加固绳索连接。本发明满足风机安装要求的同时降低了安装费用，而且保证了施工的质量	CN102444139A	2012-05-09	CN201110439944.5	2011-12-26	中铁三局集团有限公司
100	风力发电机组海上整体吊装的方法	一种风力发电机组海上整体吊装的方法，采用以下步骤：将风力发电机组各部件在陆地上预制组装成一个整体装运到驳船上。将驳船傍靠在起重船的一侧就位后，操纵吊机放下主吊钩，经过吊装框架上的钢丝绳分别与设置在风力发电机组上吊耳和吊机的上钩头拴挂，操纵吊机旋转到塔形基架的上方，将风力发电机组上的基座钢架下端对准塔形基架顶部的管口上，主钩钩头下放，风力发电机组便被安装在塔形基架上并固定。这种方法大大缩短海上吊装工期，降低了海上吊装及组装风力发电机组风险，减少安装的成本	CN101429928A	2009-05-13	CN200710177073.8	2007-11-09	中国海洋石油总公司；海洋石油工程股份有限公司

资料来源：国家知识产权局网站. http://pss-system.cnipa.gov.cn/sipopublicsearch/portal/uiIndex.shtml

附表二 部分太阳能发电技术专利清单

序号	标题	公开号	公开日	申请号	申请日	申请人
1	太阳能集聚接收器	CN1689158A	2005-10-26	CN03824035.1	2003-08-13	埃斯蒙德·T·戈艾；伯纳德·F·巴赖斯
2	光机电一体化户用太阳能热水器	CN101639293A	2010-02-03	CN200910091015.2	2009-08-18	北京天普太阳能工业有限公司
3	一种侧拉式太阳能自动跟踪装置	CN101943914A	2011-01-12	CN201010503502.8	2010-10-12	许启明
4	地面太阳能阵列	CN101359884A	2009-02-04	CN200710163494.5	2007-10-25	昂科公司
5	塔式太阳能热发电中定日镜自动跟踪太阳轨迹的控制方法	CN101614444A	2009-12-30	CN200810115370.4	2008-06-23	中国华电工程（集团）有限公司
6	用于太阳能光伏并网的逆变电路及其装置	CN101667789A	2010-03-10	CN200910106715.4	2009-04-14	赵磊
7	一种中央塔式接收器太阳能发电厂中的定日镜定标和跟踪控制	CN101918769A	2010-12-15	CN200880122596.5	2008-10-23	伊苏勒有限公司
8	利用太阳能的智能化筑路与沙漠表面硬化系统	CN101200889A	2008-06-18	CN200710161174.6	2007-12-20	张德胜
9	有机太阳能电子标签及其系统	CN101923659A	2010-12-22	CN201010245940.9	2010-08-05	苏州柔印光电科技有限公司
10	使用纳米级共金属结构的用于太阳能转换的装置和方法	CN101313404A	2008-11-26	CN200680030910.8	2006-08-24	波士顿学院董事会
11	利用天然工质以及太阳能或废热的发电、空调及供暖装置	CN1804502A	2006-07-19	CN200610010646.3	2006-01-23	杜培俭
12	带太阳能电池组件的光伏温室及发电装置	CN101444176A	2009-06-03	CN200810218323.2	2008-12-12	李毅
13	一种用于光伏发电的自适应对日跟踪装置	CN101267172A	2008-09-17	CN200710020572.6	2007-03-12	江苏振发太阳能科技发展有限公司
14	太阳能广告灯及其制造方法	CN1728911A	2006-02-01	CN200510035857.8	2005-07-19	陈五奎
15	太阳能发电模块用连接结构体	CN102197094A	2011-09-21	CN200980142098.1	2009-10-22	旭化成化学株式会社
16	一种能减少或消除太阳能跟踪传动系统回差的装置	CN101666554A	2010-03-10	CN200810013097.4	2008-09-04	沈阳捷科特科技有限公司
17	使用 III-V 族半导体太阳能电池的聚光式光伏系统模块	CN102044585A	2011-05-04	CN201010259060.7	2010-08-19	安科太阳能公司
18	防止有害的太阳能电池极化	CN102945864A	2013-02-27	CN201210443834.0	2006-01-20	太阳能公司
19	一种太阳能接线盒	CN101741035A	2010-06-16	CN201010109027.6	2010-02-08	许建方；陈乐群
20	基于数字信号处理器的光伏发电最大功率跟踪控制装置	CN101227090A	2008-07-23	CN200710150685.8	2007-12-03	天津理工大学
21	供在集中太阳能系统中使用的太阳能电池模块	CN102651415A	2012-08-29	CN201110126862.5	2011-05-12	安科太阳能公司

续表

序号	标题	公开号	公开日	申请号	申请日	申请人
22	电连接器及其生产方法和用于其的电线和太阳能模块结构	CN101106224A	2008-01-16	CN200710128750.7	2007-07-12	蒂科电子 AMP 有限责任公司
23	供在集中太阳能系统中使用的太阳能电池接纳器	CN102651414A	2012-08-29	CN201110126842.8	2011-05-12	安科太阳能公司
24	防止有害的太阳能电池极化	CN102683442A	2012-09-19	CN201210112491.X	2006-01-20	太阳能公司
25	钢缆式阵列联动太阳能利用斜轴跟踪机构	CN101976976A	2011-02-16	CN201010514556.4	2010-10-21	屈良
26	太阳能光伏三相微逆变器以及太阳能光伏发电系统	CN102185507A	2011-09-14	CN201110122492.8	2011-05-11	浙江昱能光伏科技集成有限公司
27	呼吸式太阳能光伏玻璃幕墙及其用途	CN101100880A	2008-01-09	CN200710075269.6	2007-07-25	李毅
28	一种栽培西红柿的太阳能光伏大棚	CN101455165A	2009-06-17	CN200810241339.5	2008-12-18	李毅
29	一种带有功率解耦电路的反激式微型光伏并网逆变器及其控制方法	CN102522766A	2012-06-27	CN201110347169.0	2011-11-04	浙江大学；浙江昱能光伏科技集成有限公司
30	太阳能联合供能系统及其方法	CN101964606A	2011-02-02	CN201010263093.9	2010-08-25	新奥科技发展有限公司
31	移动终端和用于控制其显示器的方法	CN101594402A	2009-12-02	CN200910128169.4	2009-03-12	LG 电子株式会社
32	太阳能充电混合动力系统	CN101802399A	2010-08-11	CN200880106598.5	2008-09-16	福特全球技术公司
33	包括直接由光伏发电设备供应的高压 DC 传输装置的电源系统	CN102272943A	2011-12-07	CN200980154465.X	2009-12-30	肖特太阳能公司；西门子股份公司
34	使同光漏斗反射法在地球上实现数倍聚光的太阳能光伏电池发电装置	CN1780136A	2006-05-31	CN200510200596.0	2005-10-12	陈应天
35	一种平流层电-电混合太阳能飞艇的能源供给系统	CN102060107A	2011-05-18	CN201010562953.9	2010-11-26	北京航空航天大学
36	二次电池；太阳能发电系统、风力发电系统和车辆；以及二次电池的制造方法	CN102163735A	2011-08-24	CN201110039410.3	2011-02-15	夏普株式会社
37	用于产生电能的太阳能模块	CN1866547A	2006-11-22	CN200610080120.2	2006-04-28	蒂科电子 AMP 有限责任公司
38	一种地面发电用太阳能电池串和太阳能电池组件及其所用的太阳能电池片	CN101867321A	2010-10-20	CN201010187517.8	2010-05-31	江西赛维 LDK 太阳能高科技有限公司
39	太阳能全自动跟日机械装置	CN101776917A	2010-07-14	CN200910215498.2	2009-12-30	刘军华
40	具有图案化玻璃集中器的光伏装置	CN102577079A	2012-07-11	CN201080036082.5	2010-07-14	北美 AGC 平板玻璃公司

续表

序号	标题	公开号	公开日	申请号	申请日	申请人
41	太阳光发电用树脂构件的室外暴露物性改良方法以及其中所使用的树脂物性改良剂	CN102471594A	2012-05-23	CN201080033058.6	2010-07-27	大日精化工业株式会社
42	由电动推杆控制的双轴自动跟踪太阳的光伏发电装置	CN102195527A	2011-09-21	CN201110140323.7	2011-05-27	常蓬彬
43	基于单片机的太阳能电池自动跟踪装置以及控制方法	CN101969280A	2011-02-09	CN201010299480.8	2010-09-27	江苏大学
44	布置太阳能电池和反射器的方法和设备	CN101496181A	2009-07-29	CN200780028485.3	2007-06-29	丹尼尔·西蒙
45	一种用于交流侧包含变压器的光伏并网逆变器并网运行方法	CN101621205A	2010-01-06	CN200910144505.4	2009-08-13	合肥阳光电源有限公司
46	钢索控制追日式太阳能发电设备	CN102868322A	2013-01-09	CN201110210440.6	2011-07-26	上阳能源科技有限公司；罗家庆
47	太阳能光伏发电——热水器复合组件及系统	CN1831447A	2006-09-13	CN200610010805.X	2006-04-11	涂济民
48	聚光透镜、复眼式透镜聚光器及复眼式聚光太阳电池组件	CN101943765A	2011-01-12	CN201010264040.9	2010-08-27	成都钟顺科技发展有限公司
49	太阳能光伏发电系统应用在苹果树嫁接上的养护装置	CN101637103A	2010-02-03	CN200910183979.X	2009-08-17	无锡市新区梅村镇同春太阳能光伏农业种植园
50	聚酯树脂组合物，其制备方法，聚酯膜和太阳能电池发电组件	CN102190868A	2011-09-21	CN201110058268.7	2011-03-08	富士胶片株式会社
51	太阳能光伏发电自动跟踪系统	CN101571321A	2009-11-04	CN200910038907.6	2009-04-23	张训
52	光伏组件用接线盒的监测方法	CN101958665A	2011-01-26	CN201010262331.4	2010-08-23	吕纪坤
53	温室的聚光太阳能发电	CN103229000A	2013-07-31	CN201180042706.9	2011-07-02	玻点太阳能有限公司
54	太阳能收集器及包括所述太阳能收集器的发电设备	CN102356284A	2012-02-15	CN201080012407.6	2010-02-08	索非亚安提珀利斯能量发展公司；原子能与替代能源委员会
55	移动终端及其控制方法	CN101877734A	2010-11-03	CN201010170423.X	2010-04-30	LG 电子株式会社
56	一种实现太阳能电池最大功率点跟踪的改良导纳增量法	CN102289240A	2011-12-21	CN201110124755.9	2011-05-13	中国电子科技集团公司第三十六研究所
57	太阳能光伏三相微逆变器以及太阳能光伏发电系统	CN102122897A	2011-07-13	CN201110101779.2	2011-04-22	浙江昱能光伏科技集成有限公司
58	太阳能光伏系统及其能量采集优化方法和故障检测方法	CN102291052A	2011-12-21	CN201110241669.6	2011-08-22	浙江昱能光伏科技集成有限公司
59	便携式终端	CN102053665A	2011-05-11	CN201010508387.3	2010-10-08	LG 电子株式会社

续表

序号	标题	公开号	公开日	申请号	申请日	申请人
60	消除直流输入端纹波的单相逆变器及太阳能光伏发电系统	CN102255482A	2011-11-23	CN201110188748.5	2011-07-05	浙江昱能光伏科技集成有限公司
61	太阳能光伏系统及其故障探测方法	CN102158129A	2011-08-17	CN201110032896.8	2011-01-30	浙江昱能光伏科技集成有限公司
62	风力发电与太阳能板整合的电力供应装置	CN101514674A	2009-08-26	CN200810080724.6	2008-02-18	杨良智；陈寿山
63	带有聚光器的光伏器件	CN101814864A	2010-08-25	CN201010155300.9	2010-02-24	肖特公开股份有限公司
64	功率调节器和太阳光发电系统	CN101834543A	2010-09-15	CN201010126156.6	2010-02-25	欧姆龙株式会社；国立大学法人东京工业大学
65	能量管理系统、能量管理装置以及能量管理方法	CN102208882A	2011-10-05	CN201110041790.4	2011-02-18	株式会社日立制作所
66	高效聚光光伏太阳追踪装置和方法	CN101674033A	2010-03-17	CN200910177897.4	2009-09-10	罢漏株式会社
67	发电系统	CN101228686A	2008-07-23	CN200680027130.8	2006-07-24	丰田自动车株式会社
68	混合型太阳能收集器和包括至少一个这样的收集器的太阳能发电厂	CN102576774A	2012-07-11	CN201080039048.3	2010-07-30	阿雷瓦核废料回收公司
69	发光物体及其应用	CN101840077A	2010-09-22	CN201010154236.2	2006-02-16	荷兰科学技术基金会
70	液晶显示面板阵列基板及其制造方法	CN101685218A	2010-03-31	CN200810222779.6	2008-09-24	北京京东方光电科技有限公司
71	光机电一体化户用太阳能热水器	CN101639293A	2010-02-03	CN200910091015.2	2009-08-18	北京天普太阳能工业有限公司
72	地面太阳能阵列	CN101359884A	2009-02-04	CN200710163494.5	2007-10-25	昂科公司
73	太阳能集聚接收器	CN1689158A	2005-10-26	CN03824035.1	2003-08-13	埃斯蒙德·T·戈艾；伯纳德·F·巴赖斯
74	塔式太阳能热发电中定日镜自动跟踪太阳轨迹的控制方法	CN101614444A	2009-12-30	CN200810115370.4	2008-06-23	中国华电工程（集团）有限公司
75	利用太阳能的智能化筑路与沙漠表面硬化系统	CN101200889A	2008-06-18	CN200710161174.6	2007-12-20	张德胜
76	有机太阳能电子标签及其系统	CN101923659A	2010-12-22	CN201010245940.9	2010-08-05	苏州柔印光电科技有限公司
77	带人阳能电池组件的光伏温室及发电装置	CN101444176A	2009-06-03	CN200810218323.2	2008-12-12	李毅
78	利用天然工质以及太阳能或废热的发电、空调及供暖装置	CN101804502A	2006-07-19	CN200610010646.3	2006-01-23	杜培俭
79	用于太阳能光伏并网的逆变电路及其装置	CN101667789A	2010-03-10	CN200910106715.4	2009-04-14	赵磊
80	一种太阳能接线盒	CN101741035A	2010-06-16	CN201010109027.6	2010-02-08	许建方；陈乐群

续表

序号	标题	公开号	公开日	申请号	申请日	申请人
81	一种用于光伏发电的自适应对日跟踪装置	CN101267172A	2008-09-17	CN200710020572.6	2007-03-12	江苏振发太阳能科技发展有限公司
82	一种栽培西红柿的太阳能光伏大棚	CN101455165A	2009-06-17	CN200810241339.5	2008-12-18	李毅
83	呼吸式太阳能光伏玻璃幕墙	CN101100880A	2008-07-09	CN200710075269.6	2007-07-25	李毅
84	使用纳米级共金属结构的用于太阳能转换的装置和方法	CN101313404A	2008-11-26	CN200680030910.8	2006-08-24	波士顿学院董事会
85	基于数字信号处理器的光伏发电最大功率跟踪控制装置	CN101227090A	2008-07-23	CN200710150685.8	2007-12-03	天津理工大学
86	光伏发电系统防雷电控制装置	CN101950956A	2011-01-19	CN201010531187.X	2010-11-03	英利能源（中国）有限公司
87	包括直接由光伏发电设备供应的高压 DC 传输装置的电源系统	CN102272943A	2011-12-07	CN200980154465.X	2009-12-30	肖特太阳能公司；西门子股份公司
88	钢缆式阵列联动太阳能利用斜轴跟踪机构	CN101976976A	2011-02-16	CN201010514556.4	2010-10-21	屈良
89	一种带有功率解耦电路的反激式微型光伏并网逆变器及其控制方法	CN102522766A	2012-06-27	CN201110347169.0	2011-11-04	浙江大学；浙江昱能科技有限公司
90	太阳能充电混合动力系统	CN101802399A	2010-08-11	CN200880106598.5	2008-09-16	福特全球技术公司
91	用于产生电能的太阳能模块	CN101866547A	2006-11-22	CN200610080120.2	2006-04-28	泰科电子 AMP 有限责任公司
92	一种平流层电-电混合太阳能飞艇的能源供给系统	CN102060107A	2011-05-18	CN201010562953.9	2010-11-26	北京航空航天大学
93	一种移相软开关高频隔离型光伏并网逆变器	CN102307020A	2012-01-04	CN201110260894.4	2011-09-05	华南理工大学
94	太阳能联合供能系统及其方法	CN101964606A	2011-02-02	CN201010263093.9	2010-08-25	新奥科技发展有限公司
95	太阳能全自动跟日机械装置	CN101776917A	2010-07-14	CN200910215498.2	2009-12-30	刘军华
96	一种地面发电用太阳能电池串和太阳能电池组件及其所用的太阳能电池片	CN101867321A	2010-10-20	CN201010187517.8	2010-05-31	江西赛维 LDK 太阳能高科技有限公司
97	一种用于交流侧包含变压器的光伏并网逆变器并网运行方法	CN101621205A	2010-01-06	CN200910144505.4	2009-08-13	合肥阳光电源股份有限公司
98	用于减小太阳能收集器系统损耗的系统和方法	CN102044885A	2011-05-04	CN201010533242.9	2010-10-20	通用电气公司
99	太阳能光伏三相微逆变器以及太阳能光伏发电系统	CN102185507A	2011-09-14	CN201110122492.8	2011-05-11	浙江昱能光伏科技集成有限公司
100	使同光漏斗实现数倍聚光的太阳能光伏电池发电装置	CN1780136A	2006-05-31	CN200510200596.0	2005-10-12	陈应天

资料来源：国家知识产权局网站. http://pss-system.cnipa.gov.cn/sipopublicsearch/portal/uiIndex.shtml

附表三　部分太阳能集热技术专利清单

序号	标题	公开号	公开日	申请号	申请日	申请人
1	太阳集热器、阳光聚集反射器、阳光聚集系统和太阳能利用系统	CN101027524A	2007-08-29	CN200580029052.0	2005-08-31	国立大学法人东京工业大学
2	光机电一体化户用太阳能热水器	CN101639293A	2010-02-03	CN200910091015.2	2009-08-18	北京天普太阳能工业有限公司
3	太阳能热收集器的改进	CN102099637A	2011-06-15	CN200980128315.1	2009-06-09	威萨尔德动力股份有限公司
4	线性菲涅尔太阳能阵列及其部件	CN101836054A	2010-09-15	CN200880112767.6	2008-08-27	奥斯拉公司
5	太阳能跟踪器	CN101454619A	2009-06-10	CN200780017811.0	2007-03-12	联合工艺公司
6	塔式太阳能热发电中定日镜自动跟踪太阳轨迹的控制方法	CN101614444A	2009-12-30	CN200810115370.4	2008-06-23	中国华电工程（集团）有限公司
7	太阳能电池板安装系统	CN101426988A	2009-05-06	CN200580015652.1	2005-05-13	安德拉太阳能公司
8	高性能多层复合太阳选择性吸收涂层及其制备方法	CN101598468A	2009-12-09	CN200910152383.3	2009-06-25	兰州大成自动化工程有限公司；兰州大成真空科技有限公司；常州大成绿色镀膜科技有限公司
9	一种中央塔式接收器太阳能发电厂中的定日镜定标和跟踪控制	CN101918769A	2010-12-15	CN200880122596.5	2008-10-23	伊苏勒有限公司
10	具有真空密闭玻璃-金属密封的真空太阳能热面板	CN102124282A	2011-07-13	CN200980132040.9	2009-07-08	TVP 太阳能股份有限公司
11	太阳能光热玻璃幕墙	CN101922189A	2010-12-22	CN200910148308.X	2009-06-15	刘伟杰
12	用于太阳能收集器系统的吸气剂支撑组件	CN1720419A	2006-01-11	CN03825785.8	2003-08-07	索莱尔太阳能系统有限公司
13	一种太阳能空调	CN101666529A	2010-03-10	CN200910102262.8	2009-09-10	顾全军
14	利用天然工质以及太阳能或废热的发电、空调及供暖装置	CN1804502A	2006-07-19	CN200610010646.3	2006-01-23	杜培俭
15	太阳能收集器	CN101688693A	2010-03-31	CN200880017414.8	2008-05-30	金斯潘控股有限公司
16	一种太阳能选择性吸收涂层及其制备方法	CN101266080A	2008-09-17	CN200810016012.8	2008-05-08	山东桑乐太阳能有限公司
17	太阳能收集器	CN102165269A	2011-08-24	CN200980137407.6	2009-09-25	索尔法斯特私人有限公司

续表

序号	标题	公开号	公开日	申请号	申请日	申请人
18	单元式住宅太阳能集中供热水系统	CN101726036A	2010-06-09	CN201010111686.3	2010-02-08	河海大学常州校区
19	线性菲涅尔太阳能阵列	CN101836055A	2010-09-15	CN200880112788.8	2008-08-27	奥斯拉公司
20	太阳集热器以及相关系统	CN101825349A	2010-09-08	CN201010145554.2	2005-08-31	国立大学法人东京工业大学
21	用于太阳能蓄热器的传热流体的仅在蒸汽状态下的循环	CN102483263A	2012-05-30	CN201080038863.8	2010-06-30	威萨尔德动力股份有限公司
22	支撑支臂、柱状抛物面太阳能收集器支撑件及制造所述支臂的方法	CN101305247A	2008-11-12	CN200680042257.7	2006-07-18	SENER 工程系统私人控股公司
23	太阳能系统的辐射热量护罩	CN1608189A	2005-04-20	CN02826061.9	2002-11-13	索勒尔太阳能系统有限公司
24	用于大型太阳能模组的固定结构和太阳能模组	CN102119305A	2011-07-06	CN200980131386.7	2009-07-10	格尔丽舍太阳能有限公司
25	一种能减少或消除太阳能跟踪传动系统回差的装置	CN101666554A	2010-03-10	CN200810013097.4	2008-09-04	沈阳捷科特科技有限公司
26	一种外置的太阳能遮阳板系统	CN1873157A	2006-12-06	CN200610061349.1	2006-06-28	李毅
27	太阳能反射镜面板及其制造	CN102460032A	2012-05-16	CN201080024531.4	2010-04-06	威萨尔德动力股份有限公司
28	太阳能蓄热地源热泵供热水系统	CN101556082A	2009-10-14	CN200910068803.X	2009-05-11	天津大学
29	用于太阳能采集的系统和方法及相关的制造方法	CN102216695A	2011-10-12	CN200980146342.1	2009-09-18	加利福尼亚大学董事会
30	可由销售店组装的太阳能吸收器热交换器	CN101868676A	2010-10-20	CN200980101086.4	2009-10-23	巴布科克和威尔科克斯能量产生集团公司
31	可移动太阳灶支承机构	CN101063562A	2007-10-31	CN200610026101.1	2006-04-27	都本强
32	多管式太阳能收集器结构	CN101839563A	2010-09-22	CN200910224940.8	2005-02-17	澳斯拉有限公司
33	具有太阳能集热功能的复合导热构件	CN1804259A	2006-07-19	CN200610013046.2	2006-01-13	天津大学
34	太阳能用吸热管	CN101893340A	2010-11-24	CN201010234023.0	2003-07-08	肖特股份有限公司
35	太阳能电池模块的安装结构	CN101151429A	2008-03-26	CN200680009925.6	2006-03-24	夏普株式会社

续表

序号	标题	公开号	公开日	申请号	申请日	申请人
36	太阳能电池模块的固定构造、太阳能电池模块用的框架及固定构件	CN101802324A	2010-08-11	CN200780051295.3	2007-09-26	株式会社屋根技术研究所
37	一种用于光伏建筑一体化的太阳能电池组件	CN101812904A	2010-08-25	CN201010141222.7	2010-04-01	深圳市创益科技发展有限公司
38	太阳辐射收集装置	CN1823247A	2006-08-23	CN200480019829.0	2004-05-27	森恩基 PTY 有限公司
39	异形太阳能光伏幕墙玻璃及其制造方法	CN101487308A	2009-07-22	CN200910105067.0	2009-01-15	李毅
40	呼吸式太阳能光伏玻璃幕墙及其用途	CN101100880A	2008-01-09	CN200710075269.6	2007-07-25	李毅
41	太阳能选择性吸收表面涂层	CN1159553A	1997-09-17	CN96102331.7	1996-06-19	澳大利亚悉尼大学
42	用于吸收太阳能的光学作用多层系统	CN102782422A	2012-11-14	CN201080051119.1	2010-11-05	阿尔姆科–蒂诺克斯有限责任公司
43	太阳能用吸热管	CN101893341A	2010-11-24	CN201010234024.5	2003-07-08	肖特股份有限公司
44	多功能建筑集成墙面安装太阳能空气集热器组合模块	CN101650080A	2010-02-17	CN200910187278.3	2009-09-05	大连理工大学
45	太阳能收集器	CN1875227A	2006-12-06	CN200480032460.7	2004-11-04	肖特股份有限公司
46	太阳能转换装置	CN101466984A	2009-06-24	CN200780020600.2	2007-04-05	桑塞考国际有限责任公司
47	浮动太阳平台	CN101014811A	2007-08-08	CN200580030207.2	2005-09-07	尼古拉斯·约翰尼斯·莱恩
48	一种太阳能中高温选择性吸热涂层	CN101876490A	2010-11-03	CN200910214222.2	2009-12-25	中国科学院广州能源研究所；广州科凌新技术有限公司
49	低热损的平板式太阳能集热器	CN101231036A	2008-07-30	CN200810018507.4	2008-02-15	赵二斤
50	太阳能围栏柱结构	CN102939428A	2013-02-20	CN201080066233.1	2010-10-05	高丝达格电子工业贸易公司
51	具有集成的化学热泵的太阳能板	CN102753907A	2012-10-24	CN201080056205.1	2010-12-08	克莱美特韦尔公司
52	防爆太阳能全玻璃真空集热管	CN1563847A	2005-01-12	CN200410012193.9	2004-03-18	王恒月；黄永年
53	太阳能吸收器	CN101023305A	2007-08-22	CN200580026394.7	2005-08-05	肖特股份有限公司

续表

序号	标题	公开号	公开日	申请号	申请日	申请人
54	一种太阳能热水器水箱	CN101769647A	2010-07-07	CN201010033714.4	2010-01-11	北京市太阳能研究所有限公司
55	太阳能蓄能通风采暖系统	CN101324352A	2008-12-17	CN200810069972.0	2008-07-11	重庆大学
56	用于太阳能收集器的热管	CN101646906A	2010-02-10	CN200880010652.6	2008-04-07	金斯潘控股有限公司
57	太阳能电池模块及太阳能电池阵列	CN102137976A	2011-07-27	CN200980133914.2	2009-09-02	株式会社钟化
58	太阳能收集装置	CN101523000A	2009-09-02	CN200780036294.1	2007-09-28	B-波茨控股有限公司
59	太阳能电池模块、太阳能电池模块的铺设构造以及太阳能电池模块的铺设方法	CN102137977A	2011-07-27	CN200980133933.5	2009-09-02	株式会社钟化
60	用于太阳能吸收板的横截面可变的薄壁集流器	CN101379350A	2009-03-04	CN200780004233.7	2007-01-31	SENER 工程系统私人控股公司
61	太阳能烹饪设备	CN102597649A	2012-07-18	CN201080033195.X	2010-07-19	W&E 国际（加拿大）公司；林华洛
62	小弯管式太阳能热水器	CN102563928A	2012-07-11	CN201110416405.X	2011-12-14	镇江新梦溪能源科技有限公司
63	太阳能光伏发电——热水器复合组件及系统	CN1831447A	2006-09-13	CN200610010805.X	2006-04-11	涂济民
64	二级太阳能聚光系统	CN101460788A	2009-06-17	CN200780019775.1	2007-10-05	卢嫩堡铸造工程有限公司；彼得·J·金利
65	聚集型太阳能收集器	CN102906513A	2013-01-30	CN201180024069.2	2011-04-12	科根纳太阳能公司
66	太阳能光伏发电自动跟踪系统	CN101571321A	2009-11-04	CN200910038907.6	2009-04-23	张训
67	多层结构式太阳热平板集热器模块	CN1705851A	2005-12-07	CN200380101706.7	2003-10-18	莱茵青克有限公司及两合公司
68	太阳电池组件的固定构造	CN102282325A	2011-12-14	CN200980154408.1	2009-12-25	株式会社屋根技术研究所
69	温室的聚光太阳能发电	CN103229000A	2013-07-31	CN201180042706.9	2011-07-02	玻点太阳能有限公司
70	微通道管太阳能集热器	CN102159903A	2011-08-17	CN200980136341.9	2009-07-21	加利福尼亚大学董事会
71	光机电一体化户用太阳能热水器	CN101639293A	2010-02-03	CN200910091015.2	2009-08-18	北京天普太阳能工业有限公司

续表

序号	标题	公开号	公开日	申请号	申请日	申请人
72	阳光聚集反射器和太阳能利用系统	CN101027524A	2007-08-29	CN200580029052.0	2005-08-31	国立大学法人东京工业大学
73	塔式太阳能热发电中定日镜自动跟踪太阳轨迹的控制方法	CN101614444A	2009-12-30	CN200810115370.4	2008-06-23	中国华电工程（集团）有限公司
74	太阳能跟踪器	CN101454619A	2009-06-10	CN200780017811.0	2007-03-12	联合工艺公司
75	高性能多层复合太阳选择性吸收涂层及其制备方法	CN101598468A	2009-12-09	CN200910152383.3	2009-06-25	兰州大成科技股份有限公司；兰州大成真空科技有限公司；常州大成绿色镀膜科技有限公司
76	一种太阳能空调	CN101666529A	2010-03-10	CN200910102262.8	2009-09-10	顾全军
77	太阳能收集器	CN102165269A	2011-08-24	CN200980137407.6	2009-09-25	索尔法斯特私人有限公司
78	用于太阳能收集器系统的吸气剂支撑组件	CN1720419A	2006-01-11	CN03825785.8	2003-08-07	索莱尔太阳能系统有限公司
79	太阳能光热玻璃幕墙	CN101922189A	2010-12-22	CN200910148308.X	2009-06-15	刘伟杰
80	太阳能收集器	CN101688693A	2010-03-31	CN200880017414.8	2008-05-30	金斯潘控股有限公司
81	利用天然工质以及太阳能或废热的发电、空调及供暖装置	CN1804502A	2006-07-19	CN200610010646.3	2006-01-23	杜培俭
82	太阳能系统的辐射热量护罩	CN1608189A	2005-04-20	CN02826061.9	2002-11-13	索勒尔太阳能系统有限公司
83	太阳能蓄热地源热泵供热水系统	CN101556082A	2009-10-14	CN200910068803.X	2009-05-11	天津大学
84	用于太阳能蓄热器的传热流体的仅在蒸汽状态下的循环	CN102483263A	2012-05-30	CN201080038863.8	2010-06-30	威萨尔德动力股份有限公司
85	具有真空密闭玻璃-金属密封的真空太阳能热面板	CN102124282A	2011-07-13	CN200980132040.9	2009-07-08	TVP 太阳能股份有限公司
86	一种光伏中空玻璃的光伏构件及用途	CN101538905A	2009-09-23	CN200910106676.8	2009-04-17	李毅
87	用于太阳能采集的系统和方法及相关的制造方法	CN102216695A	2011-10-12	CN200980146342.1	2009-09-18	加利福尼亚大学董事会
88	太阳能电池板安装系统	CN101426988A	2009-05-06	CN200580015652.1	2005-05-13	安德拉太阳能公司
89	用于吸收太阳能的光学作用多层系统	CN102782422A	2012-11-14	CN201080051119.1	2010-11-05	阿尔姆科–蒂诺克斯有限责任公司

续表

序号	标题	公开号	公开日	申请号	申请日	申请人
90	太阳能电池模块的安装结构	CN101151429A	2008-03-26	CN200680009925.6	2006-03-24	夏普株式会社
91	具有太阳能集热功能的复合导热构件	CN1804259A	2006-07-19	CN200610013046.2	2006-01-13	天津大学
92	一种用于光伏建筑一体化的太阳能电池组件	CN101812904A	2010-08-25	CN201010141222.7	2010-04-01	深圳市创益科技发展有限公司
93	太阳能选择性吸收表面涂层及其形成方法	CN1159553A	1997-09-17	CN96102331.7	1996-06-19	澳大利亚悉尼大学
94	呼吸式太阳能光伏玻璃幕墙	CN101100880A	2008-01-09	CN200710075269.6	2007-07-25	李毅
95	太阳能电池模块的固定构造、太阳能电池模块用的框架及固定构件	CN101802324A	2010-08-11	CN200780051295.3	2007-09-26	株式会社屋根技术研究所
96	多功能建筑集成墙面安装太阳能空气集热器组合模块	CN101650080A	2010-02-17	CN200910187278.3	2009-09-05	大连理工大学
97	太阳能转换装置	CN101466984A	2009-06-24	CN200780020600.2	2007-04-05	桑塞考国际有限责任公司
98	易排空的平板太阳能收集器	CN1856683A	2006-11-01	CN200480027410.X	2004-01-22	欧洲原子能研究组织
99	二级太阳能聚光系统	CN101460788A	2009-06-17	CN200780019775.1	2007-10-05	卢嫩堡铸造工程有限公司；彼得·J·金利
100	多层结构式太阳热平板集热器模块	CN1705851A	2005-12-07	CN200380101706.7	2003-10-18	莱茵青克有限公司及两合公司

资料来源：国家知识产权局网站. http://pss-system.cnipa.gov.cn/sipopublicsearch/portal/uiIndex.shtml